元脱脱等撰

宋史

第四册

卷四八至卷六〇（志）

中華書局

宋史卷四十八

志第一

天文一

儀象　極度　黄赤道　中星　土圭

夫不言而信，天之道也。天於人君有告戒之道焉，示之以象而已。故自上古以來，天文有世掌之官，唐虞羲、和，夏昆吾，商巫咸，周史佚、甘德、石申之流。居是官者，專察天象之常變，而述天心告戒之意，進言於其君，以致交脩之儆焉。易曰「天垂象，見吉凶，聖人則之」，又曰「觀乎天文，以察時變」是也。然考堯典，中星不過正人時以興民事。夏仲康之世，胤征之篇：「乃季秋月朔，辰弗集于房。」然後日食之變昉見於書。觀其數羲、和以「俶擾天紀」、「昏迷天象」之罪而討之，則知先王克謹天戒，所以責成於司天之官者，豈輕任哉！

箕子洪範論休咎之徵曰：「王省惟歲，卿士惟月，師尹惟日。」「庶民惟星，星有好風，星有好雨。」禮記言體信達順之效，則以天降膏露先之。至於周詩，屢言天變，所謂「旻天疾威，敷于下土」，又所謂「雨無其極，傷我稼穡」，「正月繁霜，我心憂傷」，以及「彼月而微，此日而微」，「爗爗震電，不寧不令」。孔子刪詩而存之，以示戒也。他日約魯史而作春秋，則日食、星變屢書而不爲煩。聖人以天道戒謹後世之旨，昭然可覩矣。於是司馬遷史記而下，歷代皆志天文。第以羲、和既遠，官乏世掌，賴世以有專門之學焉。然其說三家：曰周髀，曰宣夜，曰渾天。宣夜先絕，周髀多差，渾天之學遭秦而滅，洛下閎、耿壽昌晚出，始物色得之。故自魏、晉以至隋、唐，精天文之學者犖犖名世，豈非難得其人歟！

宋之初興，近臣如楚昭輔，文臣如竇儀，號知天文。太宗之世，召天下伎術有能明天文者，試隸司天臺；匿不以聞者，罪論死。既而張思訓、韓顯符輩以推步進。其後學士大夫如沈括之議，蘇頌之作，亦皆底於幼眇。靖康之變，測驗之器盡歸金人。高宗南渡，至紹興十三年，始因祕書丞嚴抑之請，命太史局重創渾儀。自是厥後，窺測占候蓋不廢焉爾。寧宗慶元四年九月，太史言月食於晝，草澤上書言食于夜。及驗視，如草澤言。乃更造統天曆，命祕書正字馮履參定。以是推之，民間天文之學蓋有精於太史者，則太史召試之法亦豈徒哉！

今東都舊史所書天文禎祥、日月薄蝕、五緯凌犯、彗孛飛流、暈珥虹霓、精祲雲氣等事，其言時日災祥之應，分野休咎之別，視南渡後史有詳略焉。蓋東都之日，海內爲一人，君遇變脩德，無或他諉。南渡土宇分裂，太史所上必謹星野之書；且君臣恐懼脩省之餘，故於天文休咎之應有不容不縷述而申言之者，是亦時勢使然，未可以言星翁、日官之術有精觕敬怠之不同也。今合累朝史臣所錄爲一志，而取歐陽脩新唐書、五代史記爲法，凡徵驗之說有涉於傅會，咸削而不書，歸於傳信而已矣。

儀象

曆象以授四時，璣衡以齊七政，二者本相因而成。故璣衡之設，史謂起於帝嚳，或謂作於宓犧。又云璿璣玉衡乃羲、和舊器，非舜創爲也。漢馬融有云：「上天之體不可得知，測天之事見於經者，惟有璣衡一事。璣衡者，即今之渾儀也。」吳王蕃〔一〕之論亦云：「渾儀之制，置天梁、地平以定天體，爲四游儀以綴赤道者，此謂璣也；置望筩橫簫於游儀中，以窺七曜之行，而知其躔離之次者，此謂衡也。」若六合儀、三辰儀與四游儀並列爲三重者，唐李淳風所作。而黃道儀者，一行所增也。如張衡祖洛下閎、耿壽昌之法，別爲渾象，寘諸密室，以漏水轉之，以合璿璣所加星度，則渾象本別爲一器。唐李淳風、梁令瓚祖之，始與渾儀並用。

太平興國四年正月，巴中人張思訓創作以獻。太宗召工造於禁中，踰年而成，詔置於文明殿東鼓樓下。其制：起樓高丈餘，機隱於內，規天矩地。下設地輪、地足；又爲橫輪、側輪、斜輪、定身關、中關、小關、天柱；七直神，左搖鈴，右扣鍾，中擊鼓，以定刻數，每一晝夜，周而復始；又以木爲十二神，各直一時，至其時則自執辰牌，循環而出，隨刻數以定晝夜短長；上有天頂、天牙、天關、天指、天抱〔三〕、天束、天條，布三百六十五度，爲日、月、五星、紫微宮、列宿〔三〕、斗建、黃赤道，以日行度定寒暑進退。開元遺法，運轉以水，至冬中凝凍遲澀，遂爲疎略，寒暑無準。今以水銀代之，則無差失。冬至之日，日在黃道表，去北極最遠，爲小寒，晝短夜長。夏至之日，日在赤道裏，去北極最近，爲小暑，晝長夜短。春秋二分，日在兩交，春和秋涼，晝夜平分。寒暑進退，皆由於此。并著日月象，皆取仰視。按舊法，日月晝夜行度皆人所運行。新制成於自然，尤爲精妙。以思訓爲司天渾儀丞。

銅候儀，司天冬官正韓顯符所造，其要本淳風及僧一行之遺法。顯符自著經十卷上之書府。銅儀之制有九：

一曰雙規，皆徑六尺一寸三分，圍一丈八尺三寸九分，廣四寸五分，上刻周天三百六十五度，南北並立，置水臬以爲準，得出地三十五度，乃北極出地之度也。以釭貫之，四面皆七十二度，屬紫微宮，星凡三十七坐，一百七十有五星，四時常見，謂之上規。中一百一十度，四面二百二十度，屬黃赤道內外官，星二百四十六坐，一千二百八十九星，近日而隱，遠而見，謂之中規。置臬之下，繞南極七十二度，除老人星外，四時常隱，謂之下規。

二曰游規，徑五尺二寸，圍一丈五尺六寸，廣一寸二分，厚四分，上亦刻周天，以釭貫於雙規巔軸之上，令得左右運轉。凡置管測驗之法，衆星遠近，隨天周徧。

三曰直規二，各長四尺八寸，闊一寸二分，厚四分，於兩極之間用夾窺管〔四〕，中置關軸，令其游規運轉〔五〕。

四曰窺管一，長四尺八寸，廣一寸二分，關軸在直規中。

五曰平準輪，在水臬之上，徑六尺一寸三分，圍一丈八尺三寸九分，上刻八卦、十干、十二辰、二十四氣、七十二候於其中，定四維日辰，正晝夜百刻。

六曰黃道，南北各去赤道二十四度，東西交於卯酉，以爲日行盈縮、月行九道之限。凡冬至日行南極，去北極一百一十五度，故景長而寒；夏至日在赤道北二十四度，去北極六十七度，故景短而暑。月有九道之行，歲匝十二辰，正交出入黃道，遠不過六度。五星順、留、伏、逆行度之常數也。

七曰赤道，與黃道等，帶天之紘〔六〕以隔黃道，去兩極各九十一度強。黃道之交也，按經東交角宿五度少，西交奎宿一十四度強。日出於赤道外，遠不過二十四度，冬至之日行斗宿；日入於赤道內，亦不過二十四度，夏至之日行井宿；及晝夜分，炎涼等。日、月、五星陰陽進退盈縮之常數也。

八曰龍柱四，各高五尺五寸，立於平準輪下。

九曰水臬，十字爲之，其水平滿，北辰正。以置四隅，各長七尺五寸，高三寸半，深一寸。四隅水平，則天地準。

唐貞觀初，李淳風於浚儀縣古岳臺測北極出地高三十四度八分，差陽城四分〔七〕。今測定北極高三十五度以爲常準。

熙寧七年七月，沈括上渾儀、浮漏、景表三議。

渾儀議曰：

五星之行有疾舒，日月之交有見匿，求其次舍經劘之會，其法一寓於日。冬至之日，日之端南者也。日行周天而復集於表鋭，凡三百六十有五日四分日之幾一，而謂之歲。周天之體，日別之謂之度。度之離，其數有二：日行則舒則疾，會而均，別之曰赤道之度；日行自南而北，升降四十有八度而迤，別之曰黃道之度。度不可見，其可見者星也。日、月、五星之所由，有星焉。當度之畫者凡二十有八，而謂之舍。舍所以絜度，度所以生數也。度在天者也，爲之璣衡，則度在器。度在器，則日月五星可摶乎器中，而天無所豫也。天無所豫，則在天者不爲難知也。

自漢以前，爲曆者必有璣衡以自驗跡。其後雖有璣衡，而不爲曆作；爲曆者亦不復以器自考，氣朔星緯，皆莫能知其必當之數。至唐僧一行改大衍曆法，始復用渾儀參實，故其術所得，比諸家爲多。

臣嘗歷考古今儀象之法，虞書所謂璿璣玉衡，唯鄭康成粗記其法；至洛下閎製圓儀，賈逵又加黃道，其詳皆不存于書。其後張衡爲銅儀於密室中，以水轉之，蓋所謂渾象，非古之璣衡也。吳孫氏時王蕃、陸績皆嘗爲儀及象，其說以謂舊以二分爲一度，而患星辰稠概；張衡改用四分，而復椎重難運〔八〕。故蕃以三分爲度，周丈有九寸五分寸之三，而具黃赤道焉。績之說以天形如鳥卵小橢，而黃赤道短長相害，不能應法。至劉曜時，南陽孔定〔九〕製銅儀，有雙規，規正距子午以象天；有橫規，判儀之中以象地；有時規〔一〇〕，斜絡天腹以候赤道；南北植幹，以法二極；其中乃爲游規、窺管，劉曜太史令晁崇、斛蘭〔一一〕皆嘗爲鐵儀，其規有六，四常定，一象地〔一二〕，一象赤道，其二象二極，乃是定所謂雙規者也。其制與定法大同，唯南北柱曲抱雙規，下有縱衡水平，以銀錯星度，小變舊法。而皆不言有黃道，疑其失傳也。唐李淳風爲圓儀三重：其外曰六合，有天經雙規、金渾緯規、金常規；次曰三辰，轉於六合之內，圓徑八尺，有璿璣規、月游規，所謂璿璣者，黃、赤道屬焉；又次曰四游，南北爲天樞，中爲游筩可以升降游轉，別爲月道，傍列二百四十九交以攜月游。一行以爲難用，而其法亦亡。其後率府兵曹梁令瓚更以木爲游儀，因淳風之法而稍附新意，詔與一行雜校得失，改鑄銅儀，古今稱其詳確。至道中，初鑄渾天儀于司天監，多因斛蘭、晁崇之法。皇祐中，改鑄銅儀于天文院，姑用令瓚、一行之論，而去取交有失得。

臣今輯古今之說以求數象，有不合者十有三事：

其一，舊說以謂今中國於地爲東南，當令西北望極星，置天極不當中北。又曰：「天常傾西北，極星不得居中。」臣謂以中國規觀之，天常北倚可也，謂極星偏西則不然。所謂東西南北者，何從而得之？豈不以日之所出者爲東，日之所入者爲西乎？臣觀古之候天者，自安南都護府至浚儀大岳臺纔六千里，而北極之差凡十五度，稍北不已，庸詎知極星之不直人上也？臣嘗讀黃帝素書：「立於午而面子，立於子而面午，至於自卯而望酉，自酉而望卯，皆曰北面。立於卯而負酉，立於酉而負卯，至于自午而望南，自子而望北，則皆曰南面。」臣始不諭其理，逮今思之，乃常以天中爲北也。常以天中爲北，則蓋以極星常居天中也。素問尤爲善言天者。今南北纔五百里，則北極輒差一度以上；而東西南北數千里間，日分之時候之，日未嘗不出於卯半而入於酉半，則又知天樞既中，則日之所出者定爲東，日之所入者定爲西，天樞則常爲北無疑矣。以衡窺之，日分之時，以渾儀抵極星以候日之出沒，則常在卯酉之半少北。此殆放乎四海而同者，何從而知中國之爲東南也？彼徒見中國東南皆際海而爲是說也。臣以謂極星之果中，果非中，皆無足論者。彼北極之出地六千里之間所差者已如是，又安知其茫昧幾千萬里之外邪？今直當據建邦之地，人目之所及者，裁以爲法；不足爲法者，宜置而勿議可也。

其二曰：紘平設以象地體，今渾儀置于崇臺之上，下瞰日月之所出，則紘不與地際相當者。臣詳此說雖粗有理，然天地之廣大，不爲一臺之高下有所推遷。蓋渾儀考天地之體，有實數，有準數。所謂實者，此數即彼數也，此移赤彼亦移赤之謂也。所謂準者，以此準彼，此之一分，則準彼之幾千里之謂也。今臺之高下乃所謂實數，一臺之高不過數丈，彼之所差者亦不過此，天地之大豈數丈足累其高下？若衡之低昂，則所謂準數者也。衡移一分，則彼不知其幾千里，則衡之低昂當審，而臺之高下非所當卹也。

其三曰：月行之道，過交則入黃道六度而稍却，復交則出於黃道之南亦如之。月行周於黃道，如繩之繞木，故月交而行日之陰，則日爲之虧；入蝕法而不虧者，行日之陽也。每月退交，二百四十九周有奇然後復會。今月道既不能環繞黃道，又退交之漸當每日差池，今必候月終而頓移，亦終不能符會天度，當省去月環。其候月之出入，專以曆法步之。

其四，衡上下二端皆徑一度有半，用日之徑也。若衡端不能全容日月之體，則無由審日月定次。欲日月正滿上衡之端，不可動移，此其所以用一度有半爲法也。下端亦一度有半，則不然。若人目迫下端之東以窺上端之西，則差幾三度。凡求星之法，必令所求之星正當穿之中心。今兩端既等，則人目游動，無因知其正中。今以鉤股法求之，下徑三分，上徑一度有半，則兩竅相覆，大小略等。人目不搖，則所察自正。

其五，前世皆以極星爲天中，自祖暅以璣衡窺考天極不動處，乃在極星之末猶一度有餘。今銅儀天樞內徑一度有半，乃謬以衡端之度爲率。若璣衡端平，則極星常游天樞之外；璣衡小偏，則極星乍出乍入。令瓚舊法，天樞乃徑二度有半，蓋欲使極星游於樞中也。臣考驗極星更三月，而後知天中不動處遠極星乃三度有餘，則祖暅窺考猶爲未審。今當爲天樞徑七度，使人目切南樞望之，星正循北極樞裏周，常見不隱，天體方正。

其六，令瓚以辰刻、十干、八卦皆刻於紘，然紘平正而黃道斜運，當子午之間，則日徑度而道促；卯酉之際，則日迤行而道舒。如此，辰刻不能無謬。新銅儀則移刻於緯，四游均平，辰刻不失。然令瓚天中單環，直中國人頂之上，而新銅儀緯斜絡南北極之中，與赤道相直。舊法設之無用，新儀移之爲是。然當側窺如車輪之牙〔三〕，而不當衡規如鼓陶，其旁迫狹，難賦辰刻，而又蔽映星度。

其七，司天銅儀，黃赤道與紘合鑄，不可轉移，雖與天運不符，至於窺測之時，先以距度星考定三辰所舍，復運游儀抵本宿度，乃求出入黃道與去極度，所得無以異於令瓚之術。其法本於晁崇、斛蘭之舊制，雖不甚精縟，而頗爲簡易。李淳風嘗謂斛蘭所作鐵儀，赤道不動，乃如膠柱，以考月行，差或至十七度，少不減十度。此正謂直以赤道候月行，其差如此。今黃赤道度，再運游儀抵所舍宿度求之，而月行則以月曆每日去極度算率之，不可謂之膠也。新法定宿而變黃道，此定黃道而變宿，但可賦三百六十五度而不能具餘分，此其爲略也。

其八，令瓚舊法，黃道設於月道之上，赤道又次月道，而璣最處其下。每月移一交，則黃赤道輒變。今當省去月道，徙璣於赤道之上，而黃道居赤道之下，則二道與衡端相迫，而星度易審。

其九，舊法規環一面刻周天度，一面加銀丁。所以施銀丁者，夜候天晦，不可目察，則以手切之也。古之人以璿爲之，璿者珠之屬也。今司天監三辰儀，設齒于環背，不與橫簫會，當移列兩旁，以便參察。

其十，舊法重璣皆廣四寸，厚四分。其他規軸，椎重樸拙，不可旋運。今小損其制，使之輕利。

其十一，古之人知黃道歲易，不知赤道之因變也。黃道之度，與赤道之度相偶者也。黃道徙而西，則赤道不得獨膠。今當變赤道與黃道同法。

其十二，舊法黃赤道平設，正當天度，掩蔽人目，不可占察。其後乃別加鑽孔，尤爲拙謬。今當側置少偏，使天度出北際之外，自不淩蔽。

其十三，舊法地紘正絡天經之半，凡候三辰出入，則地際正爲地紘所伏。今當徙紘稍下，使地際與紘之上際相直。候三辰伏見，專以紘際爲率，自當默與天合。

又言渾儀製器：

渾儀之爲器，其屬有三〔四〕，相因爲用。其在外者曰體，以立四方上下之定位；其次曰象，以法天之運行，常與天隨；其在內璣衡，璣以察緯，衡以察經。求天地端極三明匿見者，體爲之用；察黃道降陟辰刻運徙者，象爲之用；四方上下無所不屬者，璣衡爲之用。

體之爲器，爲圓規者四。其規之別：一曰經，經之規二並峙，正抵子午，若車輪之植。二規相距四寸，夾規爲齒，以別去極之度。北極出紘之上三十有四度十分度之八強，南極下紘亦如之。對銜二釭，聯二規以爲一，釭中容樞。二曰緯，緯之規一，與經交於二極之中，若車輪之倚，南北距極皆九十一度強。夾規爲齒，以別周天之度。三曰紘，紘之規一，上際當經之半，若車輪之仆，以考地際，周賦十二辰，以定八方。紘之下有趺，從一衡一，刻溝受水以爲平。中溝爲地，以受注水。四末建趺，爲升龍四以負紘。凡渾儀之屬皆屬焉。龍吭爲綱維之四揵以爲固。

象之爲器，爲圓規者四。其規之別：一曰璣，璣之規二並峙，相距如經之度。夾規爲齒，對銜二釭，釭中容樞，皆如經之率。設之亦如經，其異者經膠而璣可旋。二曰赤道，赤道之規一，刻璣十分寸之三以銜赤道。赤道設之如緯，其異者緯膠於經，而赤道銜於璣，有時而移，度穿一竅，以移歲差。三曰黃道，黃道之規一，刻赤道十分寸之二以銜黃道，其南出赤道之北際二十有四度，其北入赤道亦如之。交於奎、角，度穿一竅，以銅編屬於赤道。歲差盈度，則幷赤道徙而西。黃赤道夾規爲齒，以別均迤之度。

璣衡之爲器，爲圓規二，曰璣，對峙，相距如象璣之度，夾規爲齒，皆如象璣。其異者，象璣對衡二釭，而璣對衡二樞，貫于象璣天經之釭中。三物相重，而不相膠，爲間十分寸之三，無使相切，所以利旋也。爲橫簫二，兩端夾樞，屬于璣，其中挾衡爲橫一，棲於橫簫之間。中衡爲轊，以貫橫簫，兩末入于璣之鐏而可旋。璣可以左右，以察四方之祥；衡可以低昂，以察上下之祥。

浮漏議曰：

播水之壺三，而受水之壺一。曰求壺、廢壺，方中皆圓尺有八寸〔三五〕，尺有四寸五分以深，其食二斛，爲積分四百六十六萬六千四百六十。曰復壺，如求壺之度，中離以爲二，元一斛介八斗，而中有達。曰建壺，方尺植三尺有五寸，其食斛有半。求壺之水，復壺之所求也。壺盈則水馳，壺虛則水凝。復壺之脇爲枝渠，以爲水節。求壺進水暴，則流怒以搖，復以壺，又折以爲介〔三六〕。復爲枝渠，達其濫溢。枝渠之委，所謂廢壺也，以受廢水。三壺皆所以播水，爲水制也。自復壺之介，以玉權釃于建壺，建壺所以受水爲刻者也。建壺一易箭，則發土室以瀉之。求、復、建壺之泄，皆欲迫下，水所趣也。玉權下水之槩寸，矯而上之然後發，則水撓而不躁也。復壺之達半求壺之注，玉權半復壺之達。枝渠博皆分，高如其博，平方如砥，以爲水槩。壺皆爲之冪，無使穢遊，則水道不慧〔一七〕。求壺之羃龍紐，以其出水不窮也。複壺士紐，士所以生法者，複壺制法之器也。廢壺鯢紐，止水之瀋，鯢所伏也。銅史令刻，執漏政也。冬設熅燎，以澤凝也。注水以龍噣直頸附于壺體，直則易浚，附于壺體則難敗。複壺玉爲之喙，銜于龍噣，謂之權，所以權其盈虛也。建壺之執窒，瓬塗而彌之以重帛，窒則不吐也。管之善利者，水所溲也，非玉則不能堅良以久。權之所出高則源輕，源輕則其委不悍而溲物不利。箭不效於璣衡，則易權、洗箭而改畫，覆以璣衡，謂之常不弊之術。今之下漏者，始嘗甚密，久復先大者管泐也。管泐而器皆弊者，無權也。弊而不可復壽者，術固也。察日之晷以璣衡，而制箭以日之晷跡，一刻之度，以賦餘刻，刻有不均者，建壺有眚也。贅者磨之，創者補之，百刻一度，其壺乃善。晝夜已復，而箭有餘才者，權鄙也。晝夜未復，而壺吐者，權沃也。如是，則調其權，此制器之法也。

下漏必用甘泉，惡其垽之爲壺眚也。必用一源，泉之冽者，權之而重，重則敏於行，而爲箭之情慓；泉之鹵者，權之而輕，輕則椎於行，而爲箭之情鶩。一井不可他汲，數汲則泉濁。陳水不可再注，再注則行利。此下漏之法也。

箭一如建壺之長，廣寸有五分，三分去二以爲之厚，其陽爲百刻，爲十二辰。博牘二十有一，如箭之長，廣五分，去半以爲之厚〔一八〕。陽爲五更，爲二十有五籌；陰刻消長之衰。三分箭之廣，其中刻契以容牘。夜算差一刻，則因箭而易牘。鐐匏，箭舟也。其虛五升，重一鎰有半。鍛而赤柔者金之美者也，然後漬而不墨，墨者其久必蝕。銀之有銅則墨，銅之有錫則屑，特銅久𣸣則腹敗而飲，皆工之所不材也。

景表議曰：

步景之法，惟定南北爲難。古法置槷爲規，識日出之景，與日入之景。晝參諸日中之景，夜考之極星。極星不當天中，而候景之法取晨夕景之最長者規之，兩表相去中折以參驗，最短之景爲日中。然測景之地，百里之間，地之高下東西不能無偏；其間又有邑屋山林之蔽，倘在人目之外，則與濁氛相雜，莫能知其所蔽；而濁氛又繫其日之明晦風雨，人間烟氣塵坌變作不常。臣在本局候景，入濁出濁之節，日日不同，此又不足以考見出沒之實，則晨夕景之短長未能得其極數。

參考舊聞，別立新術。候景之表三，其崇八尺，博三寸三分，殺一以爲厚者。圭首剡其南使偏銳。其趺方厚各二尺，環趺刻渠受水以爲準。以銅爲之。表四方志墨以爲中刻之，綴四繩，垂以銅丸，各當一方之墨。先約定四方，以三表南北相重，令趺相切，表別相去二尺，各使端直。四繩皆附墨，三表相去左右上下以度量之，令相重如一。自日初出，則量西景三表相去之度，又量三表之端景之所至，各別記之。至日欲入，候東景亦如之。長短同，相去之疎密又同，則以東西景端隨表景規之，半折以求最短之景。五者皆合，則半折最短之景爲北，表南墨之下爲南，東西景端爲東西。五候一有不合，未足以爲正。既得四方，則惟設一表，方首，表下爲石席，以水平之，植表于席之南端。席廣三尺，長如九服冬至之景，自表趺刻以爲分，分積爲寸，寸積爲尺。爲密室以棲表，當極爲霤，以下午景使當表端。副表并趺崇四寸，趺博二寸，厚五分，方首，剡其南，以銅爲之。凡景表景薄不可辨，即以小表副之，則景墨而易度。元祐間蘇頌更作者，上置渾儀，中設渾象，旁設昏曉更籌，激水以運之。三器一機，脗合躔度，最爲奇巧。宣和間，又嘗更作之。而此五儀者悉歸于金。

中興更謀制作，紹興三年正月，工部員外郎袁正功獻渾儀木樣，太史局令丁師仁始請募工鑄造，且言：「東京舊儀用銅二萬斤，今請折半用八千斤有奇。」已而不就，蓋在廷諸臣罕通其制度者。乃召蘇頌子攜取頌遺書，考質舊法，而攜亦不能通也。至十四年，乃命宰臣秦檜提舉鑄渾儀，而以內侍邵諤專領其事，久而儀成。三十二年，始出其二置太史局。而高宗先自爲一儀置諸宮中，以測天象，其制差小，而邵諤所鑄蓋祖是焉，後在鍾鼓院者是也。

淸臺之儀，後其一在祕書省。按儀制度，表裏凡三重：其第一重曰六合儀，陽經徑四尺九寸六分，闊三寸二分，厚五分。南北正位，兩面各列周天度數，南北極出入地皆三十一度少，度闊三分。陰緯單環大小如陽經，闊三寸二分，厚一寸八分。上置水平池，闊九分，深四分，沿環通流，亦如舊制。內外八幹、十二枝，畫艮、巽、坤、乾卦於四維。第二重曰三辰儀，徑四尺三分，闊二寸二分，厚五分。釭釧刻畫如陽經。赤道單環，徑四尺一寸四分，闊一寸二分〔一九〕，厚五分。上列二十八宿，均天度數，闊二分七釐。黃道單環，徑四尺一寸四分，闊一寸二分，厚五分，上列七十二候，均分卦策，與赤道相交，出入各二十四度弱。百刻單環，徑四尺五寸六分，闊一寸二分，厚五分，上列晝夜刻數。第三重曰四游儀，徑三尺九寸，闊一寸九分，厚五分。釭釧刻畫如璿璣，度闊二分半。望筩長三尺六寸五分，內圓外方，中通孔竅，四面闊一寸四分七釐，窺眼闊三分，夾窺徑五尺三分。鼇雲以負龍柱，龍柱各高五尺二寸。十字平水臺高一尺一寸七分，長五尺七寸，闊五寸二分。水槽闊七分，深一寸二分。若水運之法與夫渾象，則不復設。

其後朱熹家有渾儀，頗考水運制度，卒不可得。蘇頌之書雖在，大抵於渾象以爲詳，而其尺寸多不載，是以難遽復云。舊制有白道儀以考月行，在望筩之旁。自熙寧沈括以爲無益而去之，南渡更造，亦不復設焉。

極度

極度　極星之在紫垣，爲七曜、三垣、二十八宿衆星所拱，是謂北極，爲天之正中。而自唐以來，曆家以儀象考測，則中國南北極之正，實去極星之北一度有半，此蓋中原地勢之度數也。中興更造渾儀，而太史令丁師仁乃言：「臨安府地勢向南，於北極高下當量行移易。」局官呂璨言：「渾天無量行更易之制，若用於臨安與天參合，移之他往必有差忒。」遂罷議。後十餘年邵諤鑄儀，則果用臨安北極高下爲之。以淸臺儀校之，實去極星四度有奇也。

黃赤道

黃赤道　占天之法，以二十八宿爲綱維，分列四方，南北去極各九十有一度有奇，南低而北昂，去地各三十有六度，一定不易者，名之曰赤道。以日躔半在赤道內，半在赤道外，出入內外極遠者皆二十有四度，以其行赤道之中者名之曰黃道。凡五緯皆隨日由黃道行，惟月之行有九道，四時交會歸於黃道而轉變焉，故有青、黑、白、赤四者之異名。

夫赤道終古不移，則星舍宜無盈縮矣。然自唐一行作大衍曆，以儀揆測之，得畢、觜、參、鬼四宿，分度與古不同。皇祐初，日官周琮以新儀測候，與唐一行尤異。紹聖二年，淸臺以赤道度數有差，復命考正。惟牛、尾、室、柳四宿與舊法合，其他二十四宿躔度或多或寡。蓋天度之不齊，古人特紀其大綱，後世漸極於精密也。

若夫黃道橫絡天體，列宿躔度自隨歲差而增減。中興以來，用統元、紀元及乾道、淳熙、開禧、統天、會元，每一曆更一黃道，其多寡之異有不可勝載者，而步占家亦隨各曆之躔度焉。

中星

中星　四時中星見於堯典，蓋聖人南面而治天下，卽日行而定四時，虛、鳥、火、昴之度在天，夷隩析因之候在人，故書首載之，以見授時爲政之大也。而後世考驗冬至之日，堯時躔虛，至於三代則躔于女，春秋時在牛，至後漢永元已在斗矣。大略六十餘年輒差一度。開禧占測已在箕宿，校之堯時幾退四十餘度。蓋自漢太初至今，已差一氣有餘。而太陽之躔十二次，大約中氣前後，乃得本月宮次。蓋太陽日行一度，近歲紀元曆定歲差，約退一分四十餘秒。蓋太陽日行一度而微遲緩，一年周天而微差，積累分秒而躔度見焉。曆家考之，萬五千年之後，所差半周天，寒暑將易位，世未有知其說者焉。

土圭

土圭　周官大司徒以土圭之法正日景，以求地中。而馮相氏春夏致日，秋冬致月，以辨四時之敍。漢之造曆必先定東西，立晷儀，唐詔太史測天下之晷，蓋校定日景，推驗氣節，必先乎此也。宋朝測景在浚儀之岳臺，崇寧間姚舜輔造紀元曆，求岳臺晷景，冬至後初限六十二日二十二分。蓋立八尺之表，俟圭尺上正八尺之景去冬至多寡日辰，立爲初限，用減二至，得一百二十日四十二分爲夏至後初限，以爲後法。蓋冬至之景，長短實與歲差相應，而地里遠近古今亦不同焉。中興後，淸臺亦立晷圭，如汴京之制，冬至必測驗焉。統天曆、開禧曆亦皆以六十二日數分爲冬至初限，而議者謂臨安之晷景當與岳臺異。或謂當立八尺之表，俟圭景上八尺之景在四十九日有奇，當用四十九日五分爲臨安冬至後初限，用減二至限，得一百三十三日有奇爲夏至後初限。參合天道，其法爲密焉。然土圭之法本以致日景，求地中，而表景不應，災祥繫焉。占家知之，而亦不能知其所以然也。

校勘記

〔一〕吳王蕃　「吳」，原作「宋」，據後文沈括渾儀議、三國志卷六五吳書本傳及殿本考證改。

〔二〕天抱　玉海卷四作「天托」。

〔三〕列宿　原作「別宿」。參照玉海卷四、宋會要運曆二之二一、蘇頌新儀象法要進儀象表所記，當爲「列宿」之訛，據改。

〔四〕於兩極之間用夾窺管　「間」字原脫，據玉海卷四補。

〔五〕令其游規運轉　「轉」字原脫，據玉海卷四補。

〔六〕帶天之紘　「紘」，原作「紭」，殿本考證：「紭當爲紘。」按晉書卷一一天文志、新唐書卷三一天文志及玉海卷一都作「紘」，殿本考證是，據改。

〔七〕差陽城四分　「四分」，原作「九」。按舊唐書卷三五天文志、新唐書卷三一天文志都說：以覆矩斜視，陽城北極出地三十四度四分；自浚儀表視之，高三十四度八分。兩者相差應爲四分。據改。

〔八〕椎重難運　「椎」，原作「推」，據宋會要運曆二之四、玉海卷四、張元濟宋史校勘記稿本改。

〔九〕孔定　按本書卷七六律曆志、隋書卷一九天文志及新儀象法要卷上都作「孔挺」，宋會要運曆二之四、玉海卷四都同原刊。

〔一〇〕時規　原作「特規」，據宋會要運曆二之四改。

〔一一〕劉曜太史令晁崇斛蘭　按魏書卷九一晁崇傳，崇爲魏（後魏）太史令；新唐書卷三一天文志僧一行說：「靈臺鐵儀後魏斛蘭作。」二人都不是劉曜的太史令。

〔一二〕一象地　「一」，原作「以」，據宋會要運曆二之四、隋書卷一九天文志改。

〔一三〕當側窺如車輪之牙　殿本考證：「側窺當作側規。」玉海卷四亦作「側規」。疑作「側規」是。

〔一四〕其屬有三　「三」，原作「二」，據玉海卷四改。

〔一五〕方中皆圓尺有八寸　此句疑有訛誤。宋會要運曆二之一〇，「圓」作「圍」。

〔一六〕求壺進水暴則流怒以搖複以壺又折以爲介　按宋會要運曆二之一〇，無「複以壺」之「以」字。

〔一七〕無使穢遊則水道不慧　按宋會要運曆二之一〇，「則」上重「穢遊」二字，疑爲脫文。

〔一八〕去半以爲之厚　「厚」，原作「後」，據宋會要運曆二之一一改。

〔一九〕闊一寸二分　「寸」下原衍「徑」字，據宋會要運曆二之一六刪。

宋史卷四十九

志第二

天文二

紫微垣　太微垣　天市垣

紫微垣

紫微垣東蕃八星，西蕃七星，在北斗北，左右環列，翊衞之象也。一曰大帝之坐，天子之常居也，主命、主度也。東蕃近閶闔門第一星爲左樞，第二星爲上宰〔一〕，三星曰少宰，四星曰上弼，一曰上輔。五星爲少弼，一曰少輔。六星爲上衞，七星爲少衞，八星爲少丞。或曰上丞。其西蕃近閶闔門第一星爲右樞，第二星爲少尉，第三星爲上輔，第四星爲少輔，第五星爲上衞，第六星爲少衞，第七星爲上丞。其占，欲均明，大小有常，則內輔盛；垣直，天子自將出征；門開，兵起宮垣。兩蕃正南開如門，曰閶闔。有流星自門出四野者，當有中使御命，視其所往分野論之；不依門出入者，外蕃國使也。太陰、歲星犯紫微垣，有喪。太白、辰星犯之，改世。熒惑守宮，君失位。客星守，有不臣，國易政。國皇星，兵。彗星犯，有異王立。流星犯之，爲兵、喪，水旱不調。使星入北方，兵起。石氏云：東西兩蕃總十六星，西蕃亦八星，一右樞，二上尉，三少尉，四上輔，五少輔，六上衞，七少衞，八少丞。上宰一星，上輔二星，三公也。少宰一星，少輔二星，三孤也。此三公、三孤在朝者也。左右樞、上少丞，疑丞輔弼，四鄰之謂也。尉二星，衞四星，六軍大副尉，四衞將軍也。

北極五星在紫微宮中，北辰最尊者也，其紐星爲天樞，天運無窮，三光迭耀，而極星不移，故曰「居其所而衆星共之。」樞星在天心，四方去極各九十一度。賈逵、張衡、蔡邕、王蕃、陸績皆以北極紐星之樞，是不動處。在紐星末猶一度有餘〔三〕。今清臺則去極四度半。第一星主月，太子也；二星主日，帝王也，亦太一之坐，謂最赤明者也；第三星主五行，庶子也。乾象新星書曰：「第三星主五行，第四星主諸王，第五星爲後宮。」閎云：「北極五星，初一曰帝，次二曰后，次三曰妃，次四曰太子，次五曰庶子。」四曰太子者，最赤明者也。後四星勾曲以抱之者，帝星也。太公望以爲北辰，以爲耀魄寶，以爲帝極者是也。或以勾陳口中一星爲耀魄寶者，非是。北極中星不明，主不用事；右星不明，太子憂；左星不明，庶子憂；明大動搖，主好出游；色青微者，凶。客星入，爲兵、喪。彗入，爲易位。流星入，兵起地動。

北斗七星在太微北，杓攜龍角，衡殷南斗，魁枕參首，是爲帝車，運於中央，臨制四海，以建四時、均五行、移節度、定諸紀，乃七政之樞機，陰陽之元本也。魁第一星曰天樞，正星，主天，又曰樞爲天，主陽德，天子象。其分爲秦，漢志主徐州。天象占曰：「天子不恭宗廟，不敬鬼神，則不明，變色。」二曰璇，法星，主地，又曰璇爲地，主陰刑，女主象。其分爲楚，漢志主益州。天象占曰：「若廣營宮室，妄鑿山陵，則不明，變色。」三曰璣，爲人，主火，爲令星，主中禍。其分爲梁，漢志主冀州。若王者不恤民，驟征役，則不明，變色。四曰權，爲時，主水，爲伐星，主天理，伐無道。其分爲吳，漢志主荊州。若號令不順四時，則不明，變色。五曰玉衡，爲音，主土，爲殺星，主中央，助四方，殺有罪。其分爲燕，漢志主兗州。若廢正樂，務淫聲，則不明，變色。六曰闓陽，爲律，主木，爲危星，主天倉、五穀。其分爲趙，漢志主揚州。若不勸農桑，峻刑法，退賢能，則不明，變色。七曰搖光，爲星，主金，爲部星，爲應星，主兵。其分爲齊，漢志主豫州。王者聚金寶，不修德，則不明，變色。又曰一至四爲魁，魁爲璇璣；五至七爲杓，杓爲玉衡：是爲七政，星明其國昌。第八曰弼星，在第七星右，不見，漢志主幽州。第九曰輔星，在第六星左，常見，漢志主并州。晉志，輔星傅乎闓陽，所以佐斗成功，丞相之象也。其色在春靑黃，在夏赤黃，秋爲白黃，冬爲黑黃。變常則國有兵殃，明則臣強。斗旁欲多星則安，斗中星少則人恐。太陰犯之，爲兵、喪、大赦。白暈貫三星，王者惡之。星孛于北斗，主危。彗星犯，爲易主。流星犯，主客兵。客星犯，爲兵。五星犯之，國亂易主。

按北斗與輔星爲八，而漢志云九星，武密及楊維德皆采用之。史記索隱云：「北斗星間相去各九千里。其二陰星不見者，相去八千里。」而丹元子步天歌亦云九星，漢書必有所本矣。

勾陳六星，在紫宮中，五帝之後宮也，太帝之正妃也，大帝之帝居也。樂緯曰：「主後宮。」巫咸曰：「主天子護軍。」荊州占：「主大司馬。」或曰主六軍將軍。或曰主三公、三師，爲萬物之母。六星比陳，象六宮之化，其端大星曰元始，餘星乘之曰庶妾，在北極配六輔。甘氏曰：勾陳在辰極左，是爲鉤陳衞六軍將軍。或以爲後宮，非是。勾陳口中一星爲陽德，天皇大帝內坐。或即以爲天皇大帝，非是。其占，色不欲甚明，明即女主惡之。星盛，則輔強；主不用諫，佞人在側，則不見。客星入之，色蒼白，將有憂；白，爲立將；赤黑，將死。客星出而色赤，戰有功；守之，後宮有女使欲謀。彗星犯之，后宮有謀，近臣憂。流星入，爲迫主。青氣入，大將憂。

天皇大帝一星，在勾陳口中，其神曰耀魄寶，主御羣靈，執萬神圖，大人之象也。客星犯之，爲除舊布新。彗、孛犯，大臣叛。流星犯，國有憂。雲氣入之，潤澤，吉。黃白氣入，連大帝坐，臣獻美女；出天皇上者，改立王。

四輔四星，又名四弼，在極星側，是曰帝之四鄰，所以輔佐北極，而出度授政也。去極星各四度。閎云：「四輔一名中斗。」或以爲後宮，非是。武密曰：「光浮而動，凶；明小，吉；暗，則不理。」客星犯之，大臣憂。彗、孛犯，權臣死。流星犯，大臣黜。黃白氣入，四輔有喜。白氣入，相失位。

五帝內坐五星，在華蓋下，設叙順，帝所居也。色正，吉；變色，爲災。客星犯紫宮中坐，占爲大臣犯主。彗、孛犯之，民饑，大臣憂，三年有兵起。流星犯，爲兵起、臣叛；出，爲有誅戮。雲氣入，色黃，太子卽位，期六十日；赤黃，人君有異。

六甲六星，在華蓋杠旁，主分陰陽，配節候，故在帝旁，所以布政教、授農時也。明，則陰陽和；不明，則寒暑易節；星亡，水旱不時。客星犯之，色赤，爲旱；黑，爲水；白，則人多疫。彗、孛犯，女主出政令。流星犯，爲水旱，術士誅。雲氣犯，色黃，術士興。蒼白，史官受爵。

柱史一星，在北極東，主記過，左右史之象。一云在天柱前，司上帝之言動。星明，爲史官得人；不明，反是。客星犯之，史官有黜者。彗、孛犯，太子憂，若百官黜。流星犯，君有咎。雲氣犯，色黃，史有爵祿。蒼白氣入，左右史死。

女史一星，在柱史北，婦人之微者，主傳漏。

天柱五星，在東垣下，一云在五帝左稍前，主建政教。一曰法五行，主晦朔、晝夜之職。明正，則吉，人安，陰陽調；不然，則司歷過。客星犯之，國中有賊。彗、孛犯，宗廟不安，君憂，一曰三公當之。雲氣赤黃，君喜；黑，三公死。

女御四星，在大帝北，一云在勾陳腹，一云在帝坐東北，御妻之象也。星明，多內寵。客星犯之，後宮有謀，一云自戮。孛、彗犯，後宮有誅。流星犯，後宮有出者，一云外國進美女。雲氣化黃，爲後宮有子喜；蒼白，多病。

尙書五星，在紫微東蕃內，大理東北，晉志在東南維，一云在天柱右稍前，主納言，夙夜咨謀，龍作納言之象。彗、孛犯之，官有叛，或太子憂。流星若出，則尙書出使；犯之，諫官黜，八坐憂。雲氣入，黃，爲喜；黃而赤，尙書出鎭；黑，尙書有坐罪者。

大理二星，在宮門左，一云在尙書前，主平刑斷獄。明，則刑憲平；不明，則獄有冤酷。客星犯之，貴臣下獄；色黃，赦；白，受戮；赤黃，無罪；守之，則刑獄冤滯，或刑官有黜。彗犯，獄官憂；流星，占同。雲氣入，黃白，爲赦；黑，法官黜。

陰德二星，巫咸圖有之，在尙書西，甘氏云：「陰德外坐在尙書右，陽德外坐在陰德右，太陰太陽入垣翊衞也。」天官書則以「前列直斗口三星，隨北耑銳，若見若不見，曰陰德。」謂施德不欲人知也。主周急振撫。明，則立太子，或女主治天下。客星犯之，爲旱、饑；守之，發粟振給。彗、孛犯，後宮有逆謀。流星犯，君令不行。雲氣入，黃，爲喜；靑黑，爲憂。

天牀六星，在紫微垣南門外，主寢舍解息燕休。一曰在二樞之間，備幸之所也。陶隱居云：「傾則天王失位。」客星入宮中，有刺客，或內侍憂。彗、孛犯之，主憂，大臣失位。流星犯，后妃叛，女主立，或人君易位。雲氣入，色黃，天子得美女，後宮喜有子；蒼白，主不安，靑黑，憂；白，凶。

華蓋七星，杠九星如蓋有柄下垂，以覆大帝之坐也，在紫微宮臨勾陳之上。正，吉；傾，則凶。客星犯之，王室有憂，兵起。彗、孛犯，兵起，國易政。流星犯，兵起宮內，以赦解之；貫華蓋，三公災。雲氣入，黃白，主喜；赤黃，侯王喜。

傳舍九星，在華蓋上，近河，賓客之館，主北使入中國。客星犯，邦有憂；一曰客星守之，備姦使；亦曰北地兵起。彗、孛犯，守之，亦爲北兵。黑雲氣入，北兵侵中國。

八穀八星，在華蓋西，五車北，一曰在諸王西。武密曰：「主候歲豐儉，一稻、二黍、三大麥、四小麥、五大豆、六小豆、七粟、八麻。」甘氏曰：「八穀在宮北門之右，司親耕，司候歲，司尙食。」星明，吉；一星亡，一穀不登；八星不見，大饑。客星入，穀貴。彗星入，爲水。黑雲氣犯之，八穀不收。

內階六星，在文昌東北，天皇之階也。一曰上帝幸文館之內階也。明，吉；傾動，憂。

彗、孛、客、流星犯之，人君遜避之象。

文昌六星，在北斗魁前，紫微垣西，天之六府也，主集計天道。一曰上將、大將軍，建威武；二曰次將、尙書，正左右；三曰貴相、大常，理文緒；四曰司祿、司中、司隸，賞功進；五曰司命、司怪、太史，主滅咎；六曰司寇、大理，佐理寶。所謂一者，起北斗魁前近內階者也。明潤色黃，大小齊，天瑞臻，四海安；青黑微細，則多所殘害；動搖，三公黜。月暈其宿，大赦。歲星守之，兵起。熒惑守之，將凶。太白守入，兵興。塡星守，國安。客星守，大臣叛。彗、孛犯，大亂。流星犯，宮內亂。

三公三星，在北斗杓南，及魁第一星西，一云在斗柄東，爲太尉、司徒、司空之象。在魁西者名三師，占與三公同，皆主宣德化，調七政，和陰陽之官也。移徙，不吉；居常，則安；一星亡，天下危；二星亡，天下亂；三星不見，天下不治。客星犯，三公憂。彗、孛及流星犯之，三公死。

天牢六星，在北斗魁下，貴人之牢也，主繩愆禁暴。甘氏云：「賤人之牢也。」月暈入，多盜。熒惑犯之，民相食，國有敗兵。太白、歲星守，國多犯法。客星、彗星犯之，三公下獄；或將相憂。流星犯之，有赦宥之令。

勢四星，在太陽守西北，一曰在璣星北。勢，腐形人也，主助宣王命，內常侍官也。以不明爲吉，明則閹人擅權。

天理四星，在北斗魁中，貴人之牢也。星不欲明，其中有星則貴人下獄。客星犯，多獄。彗、孛犯之，國危。赤雲氣犯之，兵大起，將相行兵。

相一星，在北斗第四星南，總百司，集衆事，掌邦典，以佐帝王。一曰在中斗文昌之南，在朝少師行大宰者。明，吉；暗，凶；亡，則相黜。

太陽守一星，在相星西北，斗第三星西南，大將大臣之象，主設武備以戒不虞。一曰在下台北，太尉官也，在朝少傅行大司馬者。明，吉；暗，凶。客、彗、孛犯之，爲易政，將相憂，兵亂。雲氣入，黃，爲喜；蒼白，將死；赤，大臣憂。

內廚二星，在紫微垣西南外，主六宮之內飲食，及后妃夫人與太子燕飲。彗、孛或流星犯之，飲食有毒。

天廚六星，在扶筐北，一曰在東北維外，主盛饌，今光祿廚也。星亡，則饑；不見，爲凶。客星、流星犯之，亦爲饑。

天一一星，在紫微宮門右星南，天帝之神也，主戰鬭，知吉凶。明，則陰陽和，萬物盛，人君吉；亡，則天下亂。客星犯，五穀貴。彗、孛犯之，臣叛。流星犯，兵起，民流。雲氣犯，黃，君臣和；黑，宰相黜。

太一一星，在天一南相近一度，亦天帝神也，主使十六神，知風雨、水旱、兵革、饑饉、疾疫、災害所在之國也。明，吉；暗，凶；離位，有水旱。客星犯，兵起，民流，火災，水旱，饑饉。彗、孛犯，兵、喪。流星犯，宰相、史官黜。雲氣犯，黃白，百官受賜；赤爲旱、兵；蒼白，民多疫。

天槍三星，在北斗杓東。一曰天鉞，天之武備也，故在紫微宮左右，所以禦難也。明，吉；暗、小，兵敗；芒角動，兵起。客星、彗星、流星犯，皆爲兵、饑。

天棓五星，在女牀北，天子先驅也，主分爭與刑罰藏兵，亦所以禦難，備非常也。一星不具，其國兵起；明，有憂；細微，吉。客星入，兵、喪。彗星守，兵起。流星犯，諸侯多爭。雲氣犯，蒼白、黑，爲凶。

天戈一星，又名玄戈，在招搖北，主北方。芒角、動搖，則北兵起。客星守之，北兵敗。彗、孛、流星犯之，占同。雲氣犯，黑，爲北兵退；蒼白，北人病。

太尊一星，在中台北，貴戚也。不見，爲憂。客、彗、流星犯之，並爲貴戚將敗之徵。

按步天歌載，中宮紫微垣經星常宿可名者三十五坐，積數一百六十有四。而晉志所載太尊、天戈、天槍、天棓皆屬太微垣，八穀八星在天市垣，與步天歌不同。

太微垣

太微垣十星，漢志曰：「南宮朱鳥，權、衡。」晉志曰：「天子庭也，五帝之坐也，十二諸侯之府也。其外蕃，九卿也。一曰太微爲衡，衡主平也；又爲天庭，理法平辭，監升授德，列宿受符，諸神考節，舒情稽疑也。南蕃中二星間曰端門。東曰左執法，廷尉之象。西曰右執法，御史大夫之象。執法所以舉刺凶邪。左執法東，左掖門也。右執法西，右掖門也東蕃四星：南第一曰上相，其北東太陽門也；第二曰次相，其北中華東門也；第三曰次將，其北東太陰門也；第四曰上將，所謂四輔也。西蕃四星：南第一曰上將，其北西太陽門也；第二曰次將，其北中華西門也；第三曰次相，其北西太陰門也；第四曰上相，亦曰四輔也。」漢志：「環衞十二星，蕃臣：西，將；東，相；南四星，執法；中，端門；左右，掖門。」乾象新書：十星，東西各五，在翼、軫北。其西蕃北星爲上相，南門右星爲右執法。東西蕃有芒及動搖者，諸侯謀上。執法移，刑罰尤急。月、五星，入太微軌道，吉；其所犯中坐，成刑。月犯太微垣，輔臣惡之，又君弱臣強，四方兵不制；犯執法，海中占云：「將相有免者期三年。」月入東西門、左右掖門，而南出端門，有叛臣，君憂；入西門，出東門，君憂，大臣假主威。月中犯乘守四輔，爲臣失禮，輔臣有誅。月暈，天子以兵自衞。一月三暈太微，有赦。月食太微，大臣憂，王者惡之。歲星入，有赦；犯之，執法臣有憂；入東門，天下有急兵；

守之，將、相、執法憲臣死；入端門，守天庭，大禍至；入南門，出東門，旱；入南門，逆出西門，國有喪；逆行入東門，出西門，國破亡。塡星、熒惑犯之〔三〕，逆行入，爲兵、喪；犯上將，上將憂；守端門，國破亡，或三公謀上，有戮臣；犯西上將，天子戰于野，上相死；入太微，色白無芒，天下饑；退行不正，有大獄；犯太微門，左右將死；入天庭在屏星南，出左掖門左將死，右掖門右將死，直出端門無咎；入太微，凌犯、留止，爲兵，入二十日廷尉當之，留天庭十日有赦；犯太微東南陬，歲饑，執法大臣憂；犯上相，大臣死。塡星犯入太微，有德令，女主執政。若逆行執法、四輔，守之，有憂；守太微，國破；守西蕃，王者憂。太白犯入太微，爲兵，大臣相殺；留守，有兵、喪；與塡星犯太微中，王者惡之；入右掖門，從端門出，貴人奪勢；晝見太微，國有兵、喪。月掩太白于端門，外國受兵。辰星犯太微，天子當之，有內亂；入天庭，後宮憂，大水；守左右執法，入，兵起，有赦；入西門，後宮災，大水；入西門，出東門，爲兵、喪、水災。客星犯入太微，色黃白，天子喜；出入端門，國有憂；左掖門，旱；右掖門，國亂；出天庭，有苛令，兵起；入太微三十日，有赦；犯四輔，輔臣凶。彗星犯太微，天下易；出太微，宮中憂，火災；犯執法，執法者黜；犯天庭，王者有立；孛于翼，近太微上將，爲兵、喪；孛于西蕃，主革命；孛五帝，亡國殺君。流星出太微，大臣有外事；出南門甚衆，貴人有死者；縱橫太微宮，主弱臣強；由端門入翼，光照地有聲，有立王。雲氣出入，色微青，君失位。青白黑雲氣入左右掖，爲喪；出，無咎。赤氣入東掖門，內兵起。黃白雲氣入太微垣，人主喜，年壽長。入左右掖門，天子有德令。黑及蒼白氣入，天子憂，出則無咎。黑氣如蛇入垣門，有喪。

內五帝坐五星，內一星在太微中，黃帝坐，含樞紐之神也。天子動得天度，止得地意，從容中道則明以光，不明則人主當求賢以輔法；不則奪勢。四帝星夾黃帝坐，四方各去二度。東方，蒼帝靈威仰之神也。南方，赤帝赤熛怒之神也。西方，白帝白招拒之神也。北方，黑帝叶光紀之神也。黃帝坐明，天子壽，威令行；小，則反是，勢在臣下；若亡，大人當之。月出坐北，禍大；出坐南，禍小；出近之，大臣誅，或饑；犯黃帝坐，有亂臣。抵帝坐，有土功事。月暈帝坐，有赦。海中占：月犯帝坐，人主惡之。五星守黃帝坐，大人憂。熒惑、太白入，有強臣。歲星犯，有非其主立。熒惑犯，兵亂；入天庭，至帝坐，有赦。太白入之，兵在宮中。塡逆行，守黃帝坐，亡君之戒。五星入，色白，爲亂。客星色黃白抵帝坐，臣獻美女。彗星入，宮亂；抵帝坐，或如粉絮，兵、喪並起。流星犯之，大臣憂；抵四帝坐，輔臣憂，人多死。蒼白氣抵帝坐，天子有喪；青赤，近臣欲謀其主；黃白，天子有子孫喜。月犯四帝，天下有喪，諸侯有憂。五星犯四帝，爲憂。

太子一星，在帝坐北，帝儲也。儲有德，則星明潤。雲氣入，黃爲喜，黑爲憂。太白、熒惑、客星、流星守犯，皆爲憂。一云金、火守之，或入，太子不廢則爲篡逆之事。

內五諸侯五星，在九卿西，內侍天子，不之國也。乾象新書：在郎位南，辟雍禮得，則星明；亡，則諸侯黜。

從官一星，在太子北，侍臣也。以不見爲安，一曰不見則帝不安，如常則吉。

幸臣一星，在帝坐東北，常侍太子，以暗爲吉。新書：在太子東，青赤氣入之，近臣謀君不成。

內屏四星，在端門內，近右執法。屏者所以擁蔽帝庭也。

左右執法各一星，在端門兩旁，左爲廷尉之象，右爲御史大夫之象，主舉刺凶姦。君臣有禮，則光明潤澤。乾象新書：在中台南，明，則法令平。月、五星及客星犯守，則君臣失禮，輔臣黜。熒惑、太白入，爲兵。流星犯之，尙書憂。

郎位十五星，在帝坐東北，一曰依烏郎府也。周之元士，漢之光祿、中散、諫議、議郎、郎中是其職，主衞守也。其星不具，后妃災，幸臣誅。星明大，或客星入之，大臣爲亂，元士憂。彗、孛犯，郎官失勢。彗星、枉矢出其次，郎佐謀叛。熒惑守之，兵、喪。赤氣入，兵起；黃白，吉；黑，凶。

郎將一星，在郎位北，主閱具，以爲武備也。若今之左右中郎將。新書曰：在太微垣東北。明，大臣叛。客星犯守，郎將誅。黄白氣入，則受賜。流星犯，將軍憂。

常陳七星，如畢狀，在帝坐北，天子宿衞虎賁之士，以設强禦也。星搖動，天子自出將；明，則武兵用；微，則弱。客星犯，王者行誅。

九卿三星，在三公北，主治萬事，今九卿之象也。乾象新書：在内五諸侯南，占與天紀同。

三公三星，在謁者東北，内坐朝會之所居也。乾象新書：在九卿南，其占與紫微垣三公同。

謁者一星，在左執法東北，主贊賓客，辨疑惑。乾象新書：在太微垣門内，左執法北。明盛，則四夷朝貢。

三台六星，兩兩而居，起文昌，列抵太微。一曰天柱，三公之位也。在人曰三公，在天曰三台，主開德宣符。西近文昌二星，曰上台，爲司命，主壽；次二星曰中台，爲司中，主宗室；東二星曰下台，爲司祿，主兵：所以昭德塞違也。又曰三台爲天階，太一躡以上下。一曰泰階，上階上星爲天子，下星爲女主；中階上星爲諸侯三公，下星爲卿大夫；下階上星爲士，下星爲庶人：所以和陰陽而理萬物也。又曰上台，上星主兗、豫，下星主荆、揚；中台上星主梁、雍，下星主冀；下台上星主靑，下星主徐。人主好兵，則上階上星疏而色赤。修宮廣囿，肆聲色，則上階合而橫。君弱則上階迫而色暗。公侯背叛，率部動兵，則中階上星赤。外夷來侵，邊國騷動，則中階下星疏而橫，色白。卿大夫廢正向邪，則中階下星疏而色赤。民不從令，犯刑爲盜，則上階下星色黑。去本就末，奢侈相尙，則下階上星闊而橫，色白。君臣有道，賦省刑淸，則上階爲之戚。諸侯貢聘，公卿盡忠，則中階爲之比。庶人奉化，徭役有叙，則下階爲之密。若主奢欲，數奪民時，則上階爲之奪。諸侯僭強，公卿專貪，則中階爲之疏。士庶逐末，豪傑相凌，則下階爲之闊。三階平，則陰陽和，風雨時，穀豐世泰；不平，則反是。三台不具，天下失計。色明齊等，君臣和而政令行；微細，反是。一曰天柱不見，王者惡之。司命星亡，春不得耕。司中不具，夏不得耨。司祿不具，秋不得穫。一曰三台色青，天下疾；赤，爲兵；黃潤，爲德；白，爲喪；黑，爲憂。月入，君憂，臣亂，公族叛。月入而暈，三公下獄。客星入之，貴臣賜爵邑；出而色蒼，臣奪爵；守之，大臣黜，或貴臣多病。彗星犯，三公黜。流星入，天下兵將憂；抵中台，將相憂，人主惡之。雲氣入，蒼白，民多傷；黃白潤澤，民安君喜；黃，將相喜；赤，爲憂；青黑，憂在三公；蒼白，三公黜。

按上台二星在柳北，其北星入柳六度。中台二星其北入張二度。下台二星在太微垣西蕃北，其北星入翼二度。武密書：三台屬鬼，又屬柳、屬張。乾象新書：上台屬柳，中台屬張，下台屬翼。

長垣四星，在少微星南，主界域，及北方。熒惑入之，北人入中國。太白入，九卿謀，邊將叛。彗、孛犯之，北地不安。流星入，北方兵起，將入中國。

少微四星，在太微西，士大夫之位也。一名處士，亦天子副主，或曰博士官，一曰主衞掖門。南第一星處士，第二星議士，第三星博士，第四星大夫。明大而黄，則賢士舉。月五星犯守處士，女主憂，宰相易。歲犯，小人用，忠臣危。火犯，賢德退。土犯，宰相易，女主憂。金犯，大臣誅，又曰以所居主占之。客星、孛星犯之，王者憂，姦臣衆。彗星犯，功臣有罪，一曰法令臣誅。流星出，賢良進，道術用。雲氣入，色蒼白，賢士憂，大臣黜。

靈臺三星，在明堂西，神之精明曰靈，四方而高曰臺，主觀雲物，察符瑞，候災變也。武密曰：與司怪占同。

虎賁一星，在下台星南，一曰在太微西蕃北，下台南，靜室旄頭之騎官也。明，則臣順，與車騎星同占。

明堂三星，在太微西南角外，天子布政之宮。明吉，暗凶。五星、客星及彗犯之，主不安其宮。

右上元太微宮常星一十九坐，積數七十有八，而晉志所載，少微、長垣各四星，屬天市垣，與步天歌不同。

天市垣

天市垣二十二星，在氐、房、心、尾、箕、斗內宮之內。東蕃十一星：南一曰宋，二曰南海，三曰燕，四曰東海，五曰徐，六曰吳越，七曰齊，八曰中山，九曰九河，十曰趙，十一曰魏。西蕃十一星：南一曰韓，二曰楚，三曰梁，四曰巴，五曰蜀，六曰秦，七曰周，八曰鄭，九曰晉，十曰河間，十一曰河中。象天王在上，諸侯朝王，王出皐門大朝會，西方諸侯在應門左，東方諸侯在應門右。其率諸侯幸都市也亦然。一曰在房、心東北，主權衡，主聚衆。又曰天旗庭，主斬戮事。乾象新書曰：市中星衆潤澤，則歲實。熒惑守之，戮不忠之臣。彗星掃之，爲徙市易都。客星入，爲兵起；出，爲貴喪。天文錄曰：天子之市，天下所會也。星明大，則市吏急，商人無利；小，則反是；忽然不明，糴貴；中多小星，則民富。月入天市，易政更弊，近臣有抵罪，兵起。月守其中，女主憂，大臣災。五星入，將相憂，五官災；守之，主市驚更弊。又曰：五星入，兵起。熒惑守，大饑，火災。或芒角色赤如血，市臣叛。塡星守，糴貴。太白入，起兵，糴貴。辰星守，蠻夷君死。客星守，度量不平；星色白，市亂；出天市，有喪。彗星守，穀貴；出天市，豪傑起，徙易市都；掃帝坐，出天市，除舊布新。流星入，色蒼白，物貴；赤，火災，民疫。一曰出天市，爲外兵。雲氣入，色蒼白，民多疾；蒼黑，物貴；

出，物賤；黃白，物賤；黑，爲嗇夫死。

帝坐一星，在天市中，天皇大帝外坐也。光而潤澤，主吉，威令行；微小，大人憂。月犯之，人主憂。五星犯，臣謀主，下有叛；熒惑，尤甚。客星入，色赤，有兵；守之，大臣爲亂。彗、孛犯，人民亂，宮廟徙。流星犯，諸侯兵起，臣謀主，貴人更令。

候一星，在帝坐東北，候，一作后。主伺陰陽也。明大，輔臣強；細微，國安；亡，則主失位；移，則不安居。太陰犯之，輔臣憂。客、彗守之，輔臣黜。孛犯，臣謀叛。

宦者四星，在帝坐西南侍，主刑餘之臣也。星微，吉；失常，宦者有憂。

斗五星，在宦者南，主平量。乾象新書：在帝坐西，覆則歲熟，仰則荒。客、彗犯，爲饑。

斛四星，在斗南，主度量、分銖、算數。其星不明，凶；亡，則年饑。一曰在市樓北，名天斛。

列肆二星在斛西北，主貨金、玉、珠、璣。

屠肆二星，在帛度東北，主屠宰、烹殺。乾象新書：在天市垣內十五度。

車肆二星，在天市門中，主百貨。星不明，則車蓋盡行；明，則吉。客星、彗星守之，天下兵車盡發。乾象新書：在天市垣南門偏東。

宗正二星，在帝坐東南，宗大夫也。武密曰：主□司宗得失之官。乾象新書：在宗人西。彗星守之，若失色，宗正有事。客星守之，更號令也；犯之，主不親宗廟。星孛，其分宗正黜。

宗人四星，在宗正東，主錄親疏享祀。宗族有序，則星如綺文而明正；動，則天子親屬有變。客星守之，貴人死。

宗星二星，在候星東，宗室之象，帝輔血脈之臣。乾象新書：在宗人北。客星守之，宗支不和；暗，則宗支弱。

帛度二星，在宗星東北，主度量買賣平貨易者。乾象新書：在屠肆南。星明大，尺量平，商人不欺。客星、彗星守之，絲綿大貴。

市樓六星，在天市中，臨箕星之上，市府也，主市賈律度。其陽爲金錢，陰爲珠玉，變見各以其所占之。乾象新書：主闤闠，度律制令，在天市中。星明，吉；暗，則市吏不理。彗星、客星守之，市門多閉。

七公七星，在招搖東，爲天相，三公之象也，主七政。明，則輔佐強；大而動，爲兵；齊政，則國法平；戾，則獄多囚；連貫索，則世亂；入河中，糴貴，民饑。太白守之，天下亂，兵起。客星守，歲饑，主危。流星出，其分主將黜。

貫索九星，在七公星前，賤人之牢也。一曰連索，一曰連營，一曰天牢，主法律，禁強暴。牢口一星爲門，欲其開也。星在天市垣北。星皆明，天下獄繁；七星見，小赦；五星、六星，大赦；動，則斧鑕用；中空，改元。石申曰：一星亡，則有賜爵；三星亡，大赦，遠期八十日；入河中，爲饑；中星衆，則囚多。辰星犯之，主水，米貴。彗星出，其分中外豪傑起。客星入，有枉死者；色黃，諸侯獻地；青，爲憂；赤，爲兵；白，乃爲吉。流星入，女主憂，或赦；出，則貴女死。雲氣入，色蒼白，天子亡地；青，兵起；黑，獄多枉死；白，天子喜。

天紀九星，在貫索東，九卿之象，萬事綱紀，主獄訟。星明，則天下多訟；亡，則政理壞，國紀亂；散絕，則地震山崩；與女牀合，則君失禮，女謁行。客星守之，主危，民饑。客星犯，諸侯舉兵。彗、孛犯之，地震。客星、彗星合守，天下獄訟不理。

女牀三星，在天紀北，後宮御女侍從官也，主女事。明，則宮人恣；舒，則妾代女主；不動，則吉；不見，女子多疾。客星、彗星守之，宮人謀上。客星入，女子憂，後宮恣動，女謁行。雲氣出，色黃，後宮有福；白，爲喪；黑，凶；青，女多疾。

右天市垣常星可名者一十七坐，積數八十有八。而市樓、天斛、列肆、車肆、斗、帛度、屠肆等星，晉志皆不載，隋志有之，屬天市垣，與步天歌合。又貫索、七公、女牀、天紀，晉志屬太微垣。按乾象新書：天紀在天市垣北，女牀屬箕宿，貫索屬房宿，七公屬氐宿。武密以七公屬房，又屬尾；貫索屬房，又屬氐、屬心；女牀屬於尾、箕。說皆不同。

校勘記

〔一〕第二星爲上宰　「宰」，原作「帝」，據新儀象法要卷中、通志卷三九天文二、觀象玩占卷二五改。

〔二〕在紐星末猶一度有餘　按隋書卷一九天文志：「賈逵、張衡、蔡邕、王蕃、陸績皆以北極紐星爲樞，是不動處也。祖暅以儀準候不動處，在紐星之末猶一度有餘。」又本志上卷引沈括渾儀議：「臣考驗極星更三月，而後知天中不動處遠極星乃三度有餘，則祖暅窺考猶爲未審。」殿本考證認爲「在紐星末」上脫「祖暅以儀準候不動處」九字，「猶一度有餘」下脫「熙寧中沈括測去極三度有餘」等字。

〔三〕塡星熒惑犯之　按自此至「犯上相，大臣死」一段與開元占經卷三六、觀象玩占卷二四所記熒惑犯入太微情況略同；下文「塡星犯入太微」情況與開元占經卷四三、觀象玩占卷二四所記塡星犯入太微情況略同；又上文記歲星，下文記太白、辰星犯太微情況皆分別記述，疑「塡星」二字爲衍文。

宋史卷五十

志第三

天文三

二十八舍上

二十八舍

東方

角宿二星，爲天關，其間天門也，其內天庭也。故黃道經其中，七曜之所行也。左角爲天田，爲理，主刑。其南爲太陽道。右角爲將，主兵。其北爲太陰道。蓋天之三門，猶房之四表。星明大，吉，王道太平，賢者在朝；動搖、移徙，王者行；左角赤明，獄平；暗而微小，王道失。陶隱居曰：「左角天津，右角天門，中爲天關。」日食角宿，王者惡之；暈于角內，有陰謀，陰國用兵得地，又主大赦。月犯角，大臣憂獄事，法官憂黜，又占憂在宮中。月暈，其分兵起；右角，右將災；左，亦然，或曰主水；色黃，有大赦。月暈三重，入天門及兩角，兵起，將失利。歲星犯，爲饑。熒惑犯之，國衰，兵敗；犯左角，有赦；右角，兵起；守之，讒臣進，政事急；居陽，有喜。塡星犯角爲喪，一曰兵起。太白犯角，羣臣有異謀。辰星犯，爲小兵；守之，大水。客星犯，兵起，五穀傷；守左角，色赤，爲旱；守右角，大水。彗星犯之，色白，爲兵；赤，所指破軍；出角，天下兵亂。星孛于角，白，爲兵；赤，軍敗；入天市，兵、喪。流星犯之，外國使來；入犯左角，兵起。雲氣黃白入右角，得地；赤入左，有兵；入右，戰勝；黑白氣入于右，兵將敗。

按漢永元銅儀，以角爲十三度；而唐開元游儀，角二星十二度。舊經去極九十一度，今測九十三度半。距星正當赤道，其黃道在赤道南，不經角中；今測角在赤道南二度半，黃道復經角中，卽與天象合。景祐測驗，角二星十二度，距南星去極九十七度，在赤道外六度，與乾象新書合，今從新書爲正。

南門二星，在庫樓南，天之外門也，主守兵禁。星明，則遠方來貢；暗，則夷叛；中有小星，兵動。客、彗守之，兵起。

庫樓十星，六大星庫也，南四星樓也，在角宿南。一曰天庫，兵車之府也。旁十五星，三三而聚者柱也，中央四小星衡也。芒角，兵起；星亡，臣下逆；動，則將行；實，爲吉；虛，乃凶。歲星犯之，主兵。熒惑犯之，爲兵、旱。月入庫樓，爲兵。彗、孛入，兵，饑。客星入，夷兵起。流星入，兵盡出。赤雲氣入，內外不安。天庫生角，有兵。

平星二星，在庫樓北，角南，主平天下法獄，廷尉之象。正，則獄訟平；月暈，獄官憂。熒惑犯之，兵起，有赦。彗星犯，政不行，執法者黜。

平道二星，在角宿間，主平道之官。武密曰：「天子八達之衢，主轍軾。」明正，吉；動搖，法駕有虞。歲星守之，天下治。熒惑、太白守，爲亂。客星守，車駕出行。流星守，去賢用姦。

天田二星，在角北，主畿內封域。武密曰：「天子籍田也。」歲星守之，穀稔。熒惑守之，爲旱。太白守，穀傷。辰星守，爲水災。客星守，旱，蝗。

天門二星，在平星北。武密云：「在左角南，朝聘待客之所。」星明，萬方歸化；暗，則外兵至。月暈其外，兵起。熒惑入，關梁不通；守之，失禮。太白守，有伏兵。客星犯，有謀上者。

進賢一星，在平道西，主卿相舉逸材。明，則賢人用；暗，則邪臣進。太陰、歲星犯之，大臣死。熒惑犯，爲喪，賢人隱。太白犯之，賢者退。歲星、太白、塡星、辰星合守之，其占爲天子求賢。黃白紫氣貫之，草澤賢人出。

周鼎三星，在角宿上，主流亡。星明，國安；不見，則運不昌；動搖，國將移。乾象新書引郟鄏定鼎事，以周衰秦無道鼎淪泗水，其精上爲星。李太異曰：「商巫咸星圖已有周鼎，蓋在秦前數百年矣。」

按步天歌，庫樓十星，柱十五星，衡四星，平星、平道、天田、天門各二星，進賢一星，周鼎三星，俱屬角宿。而晉志以左角爲天田，别不載天田二星，隋志有之。平道、進賢、周鼎晉志皆屬太微垣，庫樓并衡星、柱星、南門、天門、平星皆在二十八宿之外。唐武密及景祐書乃與步天歌合。

亢宿四星，爲天子內朝，總攝天下奏事。聽訟、理獄、錄功。一曰疏廟，主疾疫。星明大，輔忠民安；動，則多疾。爲天子正坐，爲天符。秋分不見，則穀傷糴貴。太陽犯之，諸侯謀國，君憂。日暈，其分大臣凶，多雨，民饑，疫。月犯之，君憂或大臣當之；左爲水，右爲兵。月暈，其分先起兵者勝；在冬，大人憂。歲星犯之，有赦，穀有成；守之，有兵，人多病；留三十日以上，有赦；又曰：「犯則逆臣爲亂。」熒惑犯，居陽，爲喜；陰，爲憂；有芒角，大人惡之；守之久，民憂，多雨水，又爲兵。塡星犯，穀傷，民亡；逆行，女專政，逆臣爲謀；守之，有兵。太白犯之，國亡，民災；逆行，爲兵亂；有芒角，貴臣戮；守之，有水旱災，或爲喪。辰星犯之，爲水，又爲大兵；守之，米貴，民疾，歲旱，盜起，民相惡。客星犯，國不安；色赤爲兵、旱，黃爲土功；青黑，使者憂；守之穀傷，一云有赦令；黑，民流。彗犯，國災；出，則有水、兵、疫、臣叛；白，爲喪。孛星犯，國危，爲水，爲兵；入，則民流；出，則其國饑。流星入，外國使來，穀熟；出，爲天子遣使，赦令出。李淳風曰：「流星入亢，幸臣死。」雲氣犯之，色蒼，民疫；白，爲土功；黑，水；赤，兵。一云白，民虐疾；黃，土功。

右亢宿四星，漢永元銅儀十度，唐開元游儀九度。舊去極八十九度，今九十一度半。景祐測驗，亢九度，距南第二星去極九十五度。

大角一星，在攝提間，天王坐也。又爲天棟，正經紀也。光明潤澤，爲吉；青，爲憂；赤，爲兵；白，爲喪；黑，爲疾；色黃而靜，民安；動，則人主好游。月犯之，大臣憂，王者惡之。月暈，其分人主有服。五星犯之，臣謀主，有兵。太白守之，爲兵。彗星出，其分主更改，或爲兵。天子失仁則守之。孛星犯，爲兵；守之，主憂。客星犯守，臣謀上；出，則人主受制。流星入，王者惡之；犯之，邊兵起。雲氣青，主憂；白，爲喪；黃氣出，有喜。

折威七星，在亢南，主斬殺，斷軍獄。月犯之，天子憂。五星犯，將軍叛。彗、孛犯，邊將死。雲氣犯，蒼白，兵亂；赤，臣叛主；黃白，爲和親；出，則有赦；黑氣入，人主惡之。

攝提六星，左右各三，直斗杓南，主建時節，伺禨祥。其星爲楯，以夾擁帝坐，主九卿。

星明大，三公恣，主弱；色溫不明，天下安；近大角，近戚有謀。太陰入，主受制。月食，其分主惡之。熒惑、太白守，兵起，天下更主。彗、孛入，主自將兵；出，主受制。流星入，有兵；出，有使者出；犯之，公卿不安。雲氣入，赤，爲兵，九卿憂；色黃，喜；黑，大臣戮。

陽門二星，在庫樓東北，主守隘塞，禦外寇。五星入，五兵藏。彗星守之，外夷犯塞，兵起。赤雲氣入，主用兵。

頓頑二星，在折威東南，主考囚情狀，察詐僞也。星明，無咎；暗，則刑濫。彗星犯之，貴人下獄。

按步天歌，大角一星，折威七星，左右攝提總六星，頓頑、陽門各二星，俱屬角宿。而晉志以大角、攝提屬太微垣，折威、頓頑在二十八宿之外。陽門則見於隋志，而晉史不載。武密書以攝提、折威、陽門皆屬角、亢。乾象新書以右攝提屬角，左攝提屬亢，餘與武密書同。景祐測驗，乃以大角、攝提、頓頑、陽門皆屬於亢，其說不同。

氐宿四星，爲天子舍室，后妃之府，休解之房。前二星適也，後二星妾也。又爲天根，主疫。後二星大，則臣奉度，主安；小，則臣失勢；動，則徭役起。日食，其分卿相有讒諛，一曰王者后妃惡之，大臣憂。日暈，女主恣，一曰國有憂，日下興師。月食其宿，大臣凶，后妃惡之，一曰糴貴。月暈，大將凶，人疫；在冬，爲水，主危，以赦解之。月犯，左右郎將有誅，一曰有兵、盜。犯右星，主水；掩之，有陰謀，將軍當之。歲星犯，有赦，或立后；守之，地動，年豐；逆行，爲兵。熒惑犯之，臣僭上，一云將軍憂；守，有赦。塡星犯，左右郎將有誅；守之，有赦；色黃，后喜，或册太子；留舍，天下有兵；齊明，赦。太白犯之，郎將誅；入，其分疾疫；或云犯之，拜將；乘右星，水災。辰星犯，貴臣暴憂；守之，爲水，爲旱，爲兵；入守，貴人有獄；乘左星，天子自將。客星犯，牛馬貴；色黃白，爲喜，有赦，或曰邊兵起，後宮亂；五十日不去，有刺客。彗星犯，有大赦，糴貴；滅之，大疫；入，有小兵，一云主不安。孛星犯，糴貴；出，則有赦；入，爲小兵；或云犯之，臣干主。流星犯，秘閣官有事；在冬夏，爲水、旱；乙巳占，後宮有喜；色赤黑，後宮不安。雲氣入，黃爲土功；黑主水；赤爲兵；蒼白爲疾疫；白，後宮憂。

按漢永元銅儀，唐開元游儀，氐宿十六度，去極九十四度。景祐測驗與乾象新書皆九十八度。

天乳一星，在氐東北，當赤道中。明，則甘露降。彗、客入，天雨。

將軍一星，騎將也，在騎官東南，總領車騎軍將、部陣行列。色動搖，兵外行。太白、熒惑、客星犯之，大兵出，天下亂。

招搖一星，在梗河北，主北兵。芒角、變動，則兵大行；明，則兵起；若與棟星、梗河、北斗相直，則北方當來受命中國。又占：動，則近臣恣；離次，則庫兵發；色青，爲憂；白，爲君怒；赤，爲兵；黑，爲軍破；黃，則天下安。彗星犯，北邊兵動；出，其分夷兵大起。孛犯，蠻夷亂。客星出，蠻夷來貢，一云北地有兵、喪。流星出，有兵。雲氣犯，色黃白，相死；赤，爲內兵亂；色黃，兵罷；白，大人憂。

帝席三星，在大角北，主宴獻酬酢。星明，王公災；暗，天下安；星亡，大人失位；動搖，主危。彗犯，主憂，有亂兵。客星犯，主危。

亢池六星，在亢宿北。亢，舟也；池，水也。主渡水，往來送迎。微細，凶；散，則天下不通；移徙不居其度中，則宗廟有怪。五星犯之，川溢。客星犯，水，蟲多死。武密云：「主斷軍獄，掌棄市殺戮。」與舊史異說。

騎官二十七星，在氐南，天子虎賁也，主宿衞。星衆，天下安；稀，則騎士叛；不見，兵起。五星犯，爲兵。客星守之，將出有憂，士卒發。流星入，兵起；色蒼白，將死。

梗河三星，在帝席北，天矛也，一曰天鋒，主北邊兵，又主喪，故其變動應以兵、喪。星亡，國有兵謀。彗星犯之，北兵敗。客星入，兵出，陰陽不和；一云北兵侵中國。流星出，爲兵。赤雲氣犯，兵敗；蒼白，將死。

車騎三星，在騎官南，總車騎將，主部陣行列。變色動搖，則兵行。太白、熒惑、客星犯之，大兵出，天下亂。

陣車三星，在氐南，一云在騎官東北，革車也。太白、熒惑守之，主車騎滿野，內兵無禁。天輻二星，在房西斜列，主乘輿，若周官巾車官也。近尾，天下有福。五星、客、彗犯之，則輦轂有變。一作天福。

按步天歌，已上諸星俱屬氐宿。乾象新書以帝席屬角，亢池屬亢；武密與步天歌合，皆屬氐，而以梗河屬亢。占天錄又以陣車屬於亢，乾象新書屬氐，餘皆與步天歌合。

房宿四星，爲明堂，天子布政之宮也，亦四輔也。下第一星，上將也；次，次將也；次，次相也；上星，上相也。南二星君位，北二星夫人位。又爲四表，中爲天衢、爲天闕，黃道之所經也。南間曰陽環，其南曰太陽；北間曰陰環，其北曰太陰。七曜由乎天衢，則天下和平；由陽道，則旱、喪；由陰道，則水、兵。亦曰天駟，爲天馬，主車駕。南星曰左驂，次左服，次右服，次右驂。亦曰天廐，又主開閉，爲畜藏之所由。星明，則王者明；驂大，則兵起；星離，則民流；左驂、服亡，則東南方不可舉兵；右亡，則西北不可舉兵。日食，其分爲兵，大臣專權。日暈，亦爲兵，君臣失政，女主憂。月食其宿，大臣憂，又爲王者昏，大臣專政。月暈，爲兵；三宿，主赦，及五舍不出百日赦。太陰犯陽道，爲旱；陰道，爲雨；中道，歲稔，又占上將誅。當天門、天駟，穀熟。歲星犯之，更政令，又爲兵，爲饑，民流；守之，大赦，天下和平，一云良馬出。熒惑犯，馬貴，人主憂；色青，爲喪；赤，爲兵；黑，將相災；白芒，火災；守之，有赦令；十日勾巳者，臣叛。塡星犯之，女主憂；勾巳，相有誅；守之，土功興，一曰旱、兵，一曰有赦。太白犯，四邊合從；守之，爲土功；出入，霜雨不時。辰星犯，有殃；守之，水災，一云北兵起，將軍爲亂。客星犯，歷陽道，爲旱；陰道，爲水，國空，民饑；色白，有攻戰；入，爲糴貴。彗星犯，國危，人亂，其分惡之。孛星犯，有兵，民饑，國災。流星犯之，在春夏，爲土功；秋冬，相憂；入，有喪。乙巳占：出，其分天子恤民，下德令。雲氣入，赤黃，吉；如人形，后有子；色赤，宮亂；蒼白氣出，將相憂。

按漢永元銅儀，唐開元游儀，房宿五度。舊去極百八度，今百十度半。景祐測驗，房距南第二星去極百十五度，在赤道外二十三度。乾象新書在赤道外二十四度。

鍵閉一星，在房東北，主關籥。明，吉；暗，則宮門不禁。月犯之，大臣憂，火災。歲星守之，王不宜出。塡星占同。太白犯，將相憂。熒惑犯，主憂。彗星、客星守之，道路阻，兵起，一云兵滿野。

鉤鈐二星，在房北，房之鈐鍵，天之管籥。王者至孝則明；又曰明而近房，天下同心。房、鉤鈐間有星及疏拆，則地動，河淸。月犯之，大人憂，車駕行。月食，其分將軍死。歲星守之，爲饑；去其宿三寸，王失政，近臣起亂。熒惑守之，有德令。太白守，喉舌憂。塡星守，王失土。彗星犯，宮庭失業。客星、流星犯，王有奔馬之敗。

東咸西咸各四星，東咸在心北，西咸在房西北，日、月、五星之道也。爲房之戶，以防淫泆也。明，則信吉。東咸近鉤鈐，有讒臣入。西咸近上及動，有知星者入。月、五星犯之，有陰謀，又爲女主失禮，民饑。熒惑犯之，臣謀上。與太白同犯，兵起。歲星、塡星犯之，有陰謀。流星犯，后妃恣，王有憂。客星犯，主失禮，后妃恣。

罰三星，在東、西咸正南，主受金罰贖。曲而斜列，則刑罰不中。彗星、客星犯之，國無政令，憂多，枉法。

日一星，在房宿南，太陽之精，主昭明令德。明大，則君有德令。月犯之，下謀上。歲星守，王得忠臣，陰陽和，四夷賓，五穀豐。太白、熒惑犯之，主有憂。客星、彗星犯之，主失位。

從官二星，在房宿西南，主疾病巫醫。明大，則巫者擅權。彗、孛犯之，巫臣作亂。雲氣犯，黑，爲巫臣戮；黃，則受爵。

按步天歌，以上諸星俱屬在房。日一星，晉、隋志皆不載，以他書考之，雖在房宿南，實入氐十二度半。武密書及乾象新書惟以東咸屬心，西咸屬房，與步天歌不同，餘皆脗合。

心宿三星，天王正位也。中星曰明堂，天子位，爲大辰，主天下之賞罰；前星爲太子；後星爲庶子。星直，則王失勢。明大，天下同心；天下變動，心星見祥；搖動，則兵離民流。日食，其分刑罰不中，將相疑，民饑，兵、喪。日暈，王者憂之。月食其宿，王者惡之，三公憂，下有喪。月暈，爲旱，穀貴，蟲生，將凶。與五星合，大凶。太陰犯之，大臣憂；犯中央及前後星，主惡之；出心大星北，國旱；出南，君憂，兵起。歲星犯之，有慶賀事，穀豐，華夷奉化；色不明，有喪，旱。熒惑犯之，大臣憂；貫心，爲饑；與太白俱守，爲喪。又曰熒惑居其陽，爲喜；陰，爲憂。又曰守之，主易政；犯，爲民流，大臣惡之；守星南，爲水；北，爲旱；逆行，大臣亂。塡星犯之，大臣喜，穀豐；守之，有土功；留舍三十日有赦；居久，人主賢；中犯明堂，火災；逆行，女主干政。太白犯，糴貴，將軍憂，有水災，不出一年有大兵；舍之，色不明，爲喪；逆行環繞，大人惡之。辰星犯明堂，則大臣當之，在陽爲燕，在陰爲塞北，不則地動、大雨；守之，爲水，爲盜。客星犯之，爲旱；守之，爲火災；舍之，則糴貴，民饑。彗星犯之，大臣相疑；守之而出，爲蝗、饑，又曰爲兵。星孛，其分有兵、喪，民流。流星犯，臣叛；入之，外國使來；色青，爲兵，爲憂；黃，有土功；黑，爲凶。雲氣入，色黃，子孫喜；白，亂臣在側；黑，太子有罪。

按漢永元銅儀，唐開元游儀，心三星皆五度，去極百八度。景祐測驗，心三星五度，距西第一星去極百十四度。

積卒十二星，在房西南，五營軍士之象，主衞士掃除不祥。星小，爲吉；明，則有兵；一星亡，兵少出；二星亡，兵半出；三星亡，兵盡出。五星守之，兵起；不則近臣誅。彗星、客星守之，禁兵大出，天子自將。雲氣犯之，青赤，爲大臣持政，欲論兵事。

按步天歌，積卒十二星屬心，晉志在二十八宿之外，唐武密書與步天歌合。乾象新書乃以積卒屬房宿爲不同，今兩存其說。

尾宿九星，爲天子後宮，亦主后妃之位。上第一星，后也；次三星，夫人；次星，嬪妾也。亦爲九子。均明，大小相承，則後宮有序，子孫蕃昌。明，則后有喜，穀熟；不明，則后有憂，穀荒。日食，其分將有疾，在燕風沙，兵、喪，後宮有憂，人君戒出。日暈，女主喪，將相憂。月食，其分貴臣犯刑，後宮有憂。月暈，有疫，大赦，將相憂，其分有水災，后妃憂。太陰犯之，臣不和，將有憂。歲星犯，穀貴；入之，妾爲嫡，臣專政；守之，旱，火災。熒惑犯之，有兵；留二十日，水災；留三月，客兵聚；入之，人相食，又云宮內亂。塡星犯之，色黃，后妃喜；入，爲兵、饑、盜賊；逆行，妾爲女主；守之而有芒角，更姓易政。太白犯入，大臣起兵；久留，爲水災；出、入、舍、守，糴貴，兵起，後宮憂；失行，軍破城亡。辰星犯守，爲水災，民疾，後宮有罪者，兵起；入，則萬物不成，民疫。客星犯入，宮人惡之；守之，賤女暴貴；出，則爲風，爲水，後宮惡之，兵罷，民饑多死。彗星犯，后惑主，宮人出，兵起，宮門多土功；出入，貴臣誅，有水災。孛犯，多土功，大臣誅；守之，宮人出；出，爲大水，民饑。流星入犯，色青，舊臣歸；在春夏，後宮有口舌；秋冬，賢良用事；出，則後宮喜，有子孫；色白，後宮妾死；出入，風雨時，穀熟；入，后族進祿；青黑，則后妃喪。雲氣入，色青，外國來降；出，則臣有亂。赤氣入，有使來言兵。黑氣入，有諸侯客來。

按漢永元銅儀，尾宿十八度，唐開元游儀同。舊去極百二十度，一云百四十度；今百二十四度。景祐測驗，亦十八度，距西行從西第二星去極百二十八度，在赤道外二十二度。乾象新書二十七度。

神宮一星，在尾宿第三星旁，解衣之內室也。

天江四星，在尾宿北，主太陰。明動，爲水，兵起；星不具，則津梁不通；參差，馬貴。月犯，爲兵，爲臣彊，河津不通。熒惑犯，大旱；守之，有立主。太白犯，暴水。彗星犯，爲大兵。客星入，河津不通。流星犯，爲水，爲饑。赤雲氣犯，車騎出；青，爲多水；黃白，天子用事，兵起；入，則兵罷。

傅說一星，在尾後河中，主章祝官也，一曰後宮女巫也，司天王之內祭祀，以祈子孫。明大，則吉，王者多子孫，輔佐出；不明，則天下多禱祠；亡，則社稷無主；入尾下，多祝詛。左氏傳「天策焞焞」，卽此星也。彗星、客星守之，天子不享宗廟。赤雲氣入，巫祝官有誅者。

魚一星，在尾後河中，主陰事，知雲雨之期。明大，則河海水出；不明，則陰陽和，多魚；亡，則魚少；動搖，則大水暴出；出，則河大魚多死。月暈或犯之，則旱，魚死。熒惑犯其陽，爲旱；陰，爲水。塡星守之，爲旱。赤雲氣犯出，兵起，將憂；入，兵罷；黃白氣出，兵起。

龜五星，在尾南，主卜，以占吉凶。星明，君臣和；不明，則上下乖。熒惑犯，爲旱；守，爲火。客星入，爲水憂。流星出，色赤黃，爲兵；青黑，爲水，各以其國言之。赤雲氣出，卜祝官憂。

按神宮、傳說、魚各一星，天江四星，龜五星，步天歌與他書皆屬尾。而晉志列天江於天市垣，以傳說、魚、龜在二十八宿之外，其說不同。

箕宿四星，爲後宮妃后之府，亦曰天津，一曰天鷄，主八風，又主口舌，主蠻夷。星明大，穀熟；不正，爲兵；離徙，天下不安；中星衆亦然，糴貴。凡日月宿在箕、壁、翼、軫者，皆爲風起；舌動，三日有大風。日犯或食其宿，將疾，佞臣害忠良，皇后憂，大風沙。日暈，國有妖言。月食，爲風，爲水、旱，爲饑，后惡之。月暈，爲風，穀貴，大將易，又王者納后。月犯，多風，糴貴，爲旱，女主憂，君將死，后宮干政。歲星入，宮內口舌，歲熟；在箕南，爲旱；在北，爲有年；守之，多惡風，穀貴，民饑死。熒惑犯，地動；入，爲旱；出，則有赦；久守，爲水；逆行，諸侯相謀，人主惡之。塡星犯，女主憂；久留，有赦；守之，后喜，有土功；色黃光潤，則太后喜；又占：守，有水；守九十日，人流，兵起，蝗。太白犯，女主喜；入，則有赦；出，爲土功，糴貴；守之，爲旱，爲風，民疾；出入留箕，五穀不登，多蝗。辰星犯，有赦；守，則爲旱；動搖、色青，臣自戮；又占爲水溢、旱、火災、穀不成。客星入犯，有土功，宮女不安，民流；守之，爲饑；色赤，爲兵；守其北，小熟；東，大熟；南，小饑；西，大饑；出，其分民饑，大臣有棄者；一云守之，秋冬水災。彗星犯守，東夷自滅；出，則爲旱，爲兵，北方亂。孛犯，爲外夷亂，糴貴；守之，外夷災；出，爲穀貴，民死，流亡；春夏犯之，金玉貴；秋冬，土功興；入，則多風雨；色黃，外夷來貢。雲氣出，色蒼白，國災除；入，則蠻夷來見；出而色黃，有使者；出箕口，斂，爲雨；開，爲多風少雨。

按漢永元銅儀，箕宿十度，唐開元游儀十一度。舊去極百十八度，今百二十度。景祐測驗，箕四星十度，距西北第一星去極百二十三度。

糠一星，在箕舌前，杵西北。明，則豐熟；暗，則民饑，流亡。杵三星在箕南，主給庖舂。動，則人失釜甑；縱，則豐；橫，則大饑；亡，則歲荒；移徙，則人失業。熒惑守，民流。客星犯守，歲饑。彗、孛犯，天下有急兵。

按晉志，糠一星、杵三星在二十八宿之外。乾象新書與步天歌皆屬箕宿。

北方

南斗六星，天之賞祿府，主天子壽算，爲宰相爵祿之位，傳曰天廟也。丞相太宰之位，褒賢進士，稟受爵祿，又主兵。一曰天機。南二星魁，天梁也。中央二星，天相也。北二星，天府廷也。又謂南星者，魁星也；北星，杓也，第一星曰北亭，一曰天開，一曰鈇鑕。石申曰：「魁第一主吳，二會稽，三丹陽，四豫章，五廬江，六九江。」星明盛，則王道和平，帝王長齡，將相同心；不明，則大小失次；芒角、動搖，國失忠臣，兵起，民愁。日食在斗，將相憂，兵起，皇后災，吳分有兵。日暈，宰相憂，宗廟不安。月食，其分國饑，小兵，后、夫人憂。月暈，大將死，穀不生。月犯，將臣黜，風雨不時，大臣誅；一歲三入，大赦；又占：入，爲女主憂，趙、魏有兵；色惡，相死。歲星犯，有赦；久守，水災，穀貴；守及百日，兵用，大臣死。熒惑犯，有赦，破軍殺將，火災；入二十日，糴貴；四十日，有德令；守之，爲兵、盜；久守，災甚；出斗上行，天下憂；不行，臣憂；入，內外有謀；守七日，太子疾。填星犯，爲亂；入，則失地；逆行，地動；出、入、留二十日，有大喪；守之，大臣叛；又占：逆行，先水後旱；守之，國多義士。太白犯之，有兵，臣叛；留守之，破軍殺將；與火俱入，白爍，臣子爲逆；久，則禍大。辰星犯，水，穀不成，有兵；守之，兵、喪。客星犯，兵起，國亂；入，則諸侯相攻，多盜，大旱，宮廟火，穀貴；七日不去，有赦。彗星犯，國主憂；出，則其分有謀，又爲水災，宮中火，下謀上，有亂兵；入，則爲火，大臣叛。孛犯入，下謀上，有亂兵；出，則爲兵，爲疾，國憂。流星入，蠻夷來貢；犯之，宰相憂，在春天子壽，夏爲水，秋則相黜，冬大臣逆；色赤而出斗者，大臣死。雲氣入，蒼白，多風；赤，旱；出，有兵起，宮廟火；入，有兩赤氣，兵；黑，主病。

按漢永元銅儀，斗二十四度四分度之一；唐開元游儀，二十六度。去極百十六度，今百十九度。景祐測驗，亦二十六度，距魁第四星去極百二十二度。

鼈十四星，在南斗南，主水族，不居漢中，川有易者。熒惑守之，爲旱。辰星守，爲火。客星守，爲水。流星出，色青黑，爲水；黃，爲旱。雲氣占同。一曰有星守之，白衣會，主有水。

天淵十星，一曰天池，一曰天泉，一曰天海，在鼈星東南九坎間，又名太陰，主灌漑溝渠。五星守之，大水，河決。熒惑入，爲旱。客星入，海魚出。彗星守之，川溢傷人。

狗二星，在南斗魁前，主吠守，以不居常處爲災。熒惑犯之，爲旱。客星入，多土功，北邊饑；守之，守禦之臣作亂。

建六星，在南斗魁東北，臨黃道，一曰天旗，天之都關。爲謀事，爲天鼓，爲天馬。南二星，天庫也。中二星，市也，鈇鑕也。上二星，爲旗跗。斗建之間，三光道也，主司七曜行度得失，十一月甲子天正冬至，大曆所起宿也。星動，人勞役。月犯之，臣更天子法；掩之，有降兵。月食，其分皇后娣姪當黜。月暈，大將死，五穀不成，蛟龍見，牛馬疫。月與五星犯之，大臣相譖有謀，亦爲關梁不通，大水。歲星守，爲旱，糴貴，死者衆，諸侯有謀；入，則有兵。熒惑守之，臣有黜者，諸侯有謀，糴貴；入，則關梁不通，馬貴；守旗跗三十日，有兵。塡星守之，王者有謀。太白守，外國使來。辰星守，爲水災，米貴，多病。彗、孛、客星犯之，王失道，忠臣黜。客星守之，道路不通，多盜。流星入，下有謀；色赤，昌。

天弁九星，弁一作辨。在建星北，市官之長，主列肆、闤闠、市籍之事，以知市珍也。明盛，則萬物昌；不明及彗、客犯之，糴貴；久守之，囚徒起兵。

天鷄二星，在牛西，一在狗國北，主異鳥，一曰主候時。熒惑舍之，爲旱，鷄多夜鳴。太白、熒惑犯之，爲兵。塡星犯之，民流亡。客星犯，水旱失時；入，爲大水。

狗國四星，在建星東南，主三韓、鮮卑、烏桓、玁狁、沃且之屬。星不具，天下有盜；不明，則安；明，則邊寇起。月犯之，烏桓、鮮卑國亂。熒惑守之，外夷兵起。太白守之，鮮卑受攻。客星守，其王來中國。

天籥八星，在南斗杓第二星西，主開閉門戶。明，則吉；不備，則關籥無禁。客星、彗星守之，關梁閉塞。

農丈人一星，在南斗西南，老農主稼穡者，又主先農、農正官。星明，歲豐；暗，則民失業；移徙，歲饑。客星、彗星守之，民失耕，歲荒。

按步天歌，已上諸星皆屬南斗。晉志以狗國、天鷄、天弁、天籥、建星皆屬天市垣，餘在二十八宿之外。乾象新書以天籥、農丈人屬箕，武密又以天籥屬尾，互有不同。

牛宿六星，天之關梁，主犧牲事。其北二星，一曰卽路，一曰聚火。又曰上一星主道路，次二星主關梁，次三星主南越。明大，則王道昌，關梁通，牛貴；怒，則馬貴；動，則牛災，多死；始出而色黃，大豆賤；赤，則豆有蟲；青，則大豆貴；星直，糴賤；曲，則貴。日食，其分兵起；暈，爲陰國憂，兵起。月食，有兵；暈，爲水災，女子貴，五穀不成，牛多暴死，小兒多疾。月暈在冬三月，百四十日外有赦；暈中央大星，大將被戮。月犯之，有水，牛多死，其國有憂。歲星入犯，則諸侯失期；留守，則牛多疫，五穀傷；在牛東，不利小兒；西，主風雪；北，爲民流；逆行，宮中有火；居三十日至九十日，天下和平，道德明。熒惑犯之，諸侯多疾，臣謀主；守，則穀不成，兵起；入或出守斗南，赦。塡星犯之，有土功；守之，雨雪，民人、牛馬病。太白犯之，諸侯不通；守，則國有兵起；入，則爲兵謀，人多死。辰星犯，敗軍移將，臣謀主。客星犯守之，牛馬貴，越地起兵；出，牛多死，地動，馬貴。彗星犯之，吳分兵起；出，爲糴貴，牛死。孛犯，改元易號，糴貴，牛多死，吳、越兵起，下當有白立者。流星犯之，王欲改事；春夏，穀熟；秋冬，穀貴；色黑，牛馬昌，關梁入貢。雲氣蒼白橫貫，有兵、喪；赤，亦爲兵；黃白氣入，牛蕃息；黑，則牛死。

按漢永元銅儀，以牽牛爲七度；唐開元游儀，八度。舊去極百六度，今百四度。景祐測驗，牛六星八度，距中央大星去極百十度半。

天田九星，在斗南，一曰在牛東南，天子畿內之田。其占與角北天田同。客星犯之，天下憂。彗、孛犯守之，農夫失業。

河鼓三星，在牽牛西北，主天鼓，蓋天子及將軍鼓也。一曰三武，主天子三將軍〔一〕，中央大星爲大將軍，左星爲左將軍，右星爲右將軍。左星南星也，所以備關梁而拒難也，設守險阻，知謀徵也。鼓欲正直而明，色黃光澤，將吉；不正，爲兵、憂；星怒，則馬貴；動，則兵起；曲，則將失計奪勢；有芒角，將軍凶猛象也；動搖，差度亂，兵起。月犯之，軍敗亡。五星犯之，兵起。彗星、客星犯，將軍被戮。流星犯，諸侯作亂。黃白雲氣入之，天子喜；赤，爲兵起；出，則戰勝；黑，爲將死。青氣入之，將憂；出，則禍除。

左旗九星，在河鼓左旁，右旗九星在牽牛北、河鼓西南，天之鼓旗旌表也。主聲音、設險、知敵謀。旗星明大，將吉。五星犯守，兵起。

織女三星，在天市垣東北，一曰在天紀東，天女也，主果蓏、絲帛、珍寶。王者至孝，神祇咸喜，則星俱明，天下和平；星怒而角，布帛貴。陶隱居曰：「常以十月朔至六七日晨見東方。」色赤精明者，女工善；星亡，兵起，女子爲候。織女足常向扶筐，則吉；不向，則絲綿大貴。月暈，其分兵起。熒惑守之，公主憂，絲帛貴，兵起。彗星犯，后族憂。星孛，則有女喪。客星入，色青，爲饑；赤，爲兵；黃，爲旱；白，爲喪；黑，爲水。流星入，有水、盜，女主憂。雲氣入，蒼白，女子憂；赤，則爲女子兵死；色黃，女有進者。

漸臺四星，在織女東南，臨水之臺也，主晷漏、律呂事。明，則陰陽調，而律呂和；不明，則常漏不定。客星、彗星犯之，陰陽反戾。

輦道五星，在織女西，主王者游嬉之道。漢輦道通南北宮，其象也。太白、熒惑守之，御路兵起。

九坎九星，在牽牛南，主溝渠、導引泉源、疏瀉盈溢，又主水旱。星明，爲水災；微小，吉。月暈，爲水；五星犯之，水溢。客星入，天下憂。雲氣入，青，爲旱；黑，爲水溢。

羅堰三星，在牽牛東，拒馬也，主隄塘，壅蓄水源以灌溉也。星明大，則水泛溢。

天桴四星，在牽牛東北橫列，一曰在左旗端，鼓桴也，主漏刻。暗，則刻漏失時。武密曰：「主桴鼓之用。」動搖，則軍鼓用；前近河鼓，若桴鼓相直，皆爲桴鼓用。太白、熒惑守之，兵鼓起。客星犯之，主刻漏失時。

按步天歌，已上諸星俱屬牛宿。晉志以織女、漸臺、輦道皆屬太微垣，以河鼓、左旗、右旗、天桴屬天市垣，餘在二十八宿之外。武密以左旗屬箕屬斗，右旗亦屬斗，漸臺屬斗，又屬牛，餘與步天歌同。乾象新書則又以左旗、織女、漸臺、輦道、九坎皆屬於斗。

須女四星，天之少府，賤妾之稱，婦職之卑者也，主布帛裁製、嫁娶。星明，天下豐，女巧，國富；小而不明，反是。日食在女，戒在巫祝、后妃禱祠，又占越分饑，后妃疾。日暈，後宮及女主憂。月食，爲兵、旱，國有憂。月暈，有兵謀不成；兩重三重，女主死。月犯之，有女惑，有兵不戰而降，又曰將軍死。歲星犯之，后妃喜，外國進女；守之，多水，國饑，喪，糴貴，民大災。熒惑犯之，大臣、皇后憂，布帛貴，民大災；守之，土人不安，五穀不熟，民疾，有女喪，又爲兵；入，則糴貴；逆行犯守，大臣憂；居陽，喜；陰，爲憂。塡星犯守，有苛政，山水出，壞民舍，女謁行，后專政，多妖女；留五十日，民流亡。太白犯之，布帛貴，兵起，天下多寡女；留守，有女喪，軍發。辰星犯，國饑，民疾；守之，天下水，有赦，南地火，北地水，又兵起，布帛貴。客星犯，兵起，女人爲亂；守之，宮人憂，諸侯有兵，江淮不通，糴貴。

彗星犯，兵起，女爲亂；出，爲兵亂，有水災，米鹽貴。星孛，其分兵起，女爲亂，有奇女來進；出入，國有憂，王者惡之。流星犯，天子納美女，又曰有貴女下獄；抵須女，女主死。乙巳占：出入而色黃潤，立妃后；白，爲後宮妾死。雲氣入，黃白，有嫁女事；白，爲女多病；黑，爲女多死；赤，則婦人多兵死者。

按漢永元銅儀，以須女爲十一度。景祐測驗，十二度，距西南星去極百五度，在赤道外十四度。

十二國十六星，在牛女南，近九坎，各分土居列國之象。九坎之東一星曰齊，齊北二星曰趙，趙北一星曰鄭，鄭北一星曰越，越東二星曰周，周東南北列二星曰秦，秦南二星曰代，代西一星曰晉，晉北一星曰韓，韓北一星曰魏，魏西一星曰楚，楚南一星曰燕，有變動各以其國占之。陶隱居曰：「越星在婺女南，鄭一星在越北，趙二星在鄭南，周二星在越東，楚一星在魏西南，燕一星在楚南，韓一星在晉北，晉一星在代北，代二星在秦南，齊一星在燕東。」

離珠五星，在須女北，須女之藏府，女子之星也。又曰主天子旒珠，后、夫人環珮。去陽，旱；去陰，潦。客星犯之，後宮有憂。

奚仲四星，在天津北，主帝車之官。凡太白、熒惑守之，爲兵祥。

天津九星，在虛宿北，橫河中，一曰天漢，一曰天江，主四瀆津梁，所以度神通四方也。一星不備，津梁不通；明，則兵起；參差，馬貴；大，則水災；移，則水溢。彗、孛犯之，津敗，道路有賊。客星犯，橋梁不修；守之，水道不通，船貴。流星出，必有使出，隨分野占之。赤雲氣入，爲旱；黃白，天子有德令；黑，爲大水；色蒼，爲水，爲憂；出，則禍除。

敗瓜五星，在匏瓜星南，主修瓜果之職，與匏瓜同占。

匏瓜五星一作瓠瓜。在離珠北，天子果園也，其西觜星主後宮。不明，則后失勢；不具或動搖，爲盜；光明，則歲豐；暗，則果實不登。彗、孛犯之，近臣僭，有戮死者。客星守之，魚鹽貴，山谷多水；犯之，有游兵不戰。蒼白雲氣入之，果不可食；青，爲天子攻城邑；黃，則天子賜諸侯果；黑，爲天子食果而致疾。

扶筐七星，爲盛桑之器，主勸蠶也，一曰供奉后與夫人之親蠶。明，吉；暗，凶；移徙，則女工失業。彗星犯，將叛。流星犯，絲綿大貴。

按步天歌，已上諸星俱屬須女，而十二國及奚仲、匏瓜、敗瓜等星，晉志不載，隋志有之。晉志又以離珠、天津屬天市垣，扶筐屬太微垣。乾象新書以周、越、齊、趙屬牛，秦、代、韓、魏、燕、晉、楚、鄭屬女。武密以離珠、匏瓜屬牛又屬女，以奚仲屬危。乾象新書以離珠、匏瓜屬牛，敗瓜屬斗又屬牛，以天津西一星屬斗，中屬牛，東五星屬女。

虛宿二星，爲虛堂，冢宰之官也，主死喪哭泣，又主北方邑居、廟堂祭祀祝禱事。宋均曰：「危上一星高，旁兩星下，似蓋屋也。」蓋屋之下，中無人，但空虛似乎殯宮，主哭泣也。明，則天下安；不明，爲旱；欹斜上下不正，享祀不恭；動，將有喪。日食其分，其邦有喪。日暈，民饑，后妃多喪。月食，主刀劍官有憂，國有喪。月暈，有兵謀，風起則不成，又爲民饑。月犯之，宗廟兵動，又國憂，將死。歲星犯，民饑；守之，失色，天王改服；與塡星同守，水旱不時。熒惑犯之，流血滿野；守之，爲旱，民饑，軍叛；入，爲火災，功成見逐；或勾巳，大人戰不利。塡星犯之，有急令；行疾，有客兵；入，則有赦，穀不成，人不安；守之，風雨不時，爲旱，米貴，大人欲危宗廟，有客兵。太白犯，下多孤寡，兵，喪；出，則政急；守之，臣叛君；入，則大臣下獄。辰星犯，春秋有水；守之，亦爲水災，在東爲春水，南爲夏水，西爲秋水，北冬有雷雨、水。客星犯，糴貴；守之，兵起，近期一年，遠則二年，有哭泣事；出，爲兵、喪。彗星犯之，國凶，有叛臣；出，爲野戰流血；出入，有兵起，芒燄所指國必亡。星孛其宿，有哭泣事；出，則爲野戰流血，國有叛臣。流星犯，光潤出入，則冢宰受賞，有赦令；色黑，大臣死；入而色青，有哭泣事；黃白，有受賜者；出，則貴人求醫藥。雲氣黃入，爲喜；蒼，爲哭；赤，火；黑，水；白，有幣客來。

按漢永元銅儀，以虛爲十度，唐開元游儀同。舊去極百四度，今百一度。景祐測驗，距南星去極百三度，在赤道外十二度。

司命二星，在虛北，主舉過、行罰、滅不祥，又主死亡。逢星出司命，王者憂疾，一曰宜防祆惑。

司祿二星，在司命北，主增年延德，又主掌功賞、食料、官爵。

司危二星，在司祿北，主矯失正下，又主樓閣臺榭、死喪、流亡。

司非二星，在司危北，主司候內外，察愆尤，主過失。乾象新書：命、祿、危、非八星主天子已下壽命、爵祿、安危、是非之事。明大，爲災；居常，爲吉。

哭二星，在虛南，主哭泣、死喪。月、五星、彗、孛犯之，爲喪。

泣二星在哭星東，與哭同占。

天壘城十三星，在泣南，圜如大錢，形若貫索，主鬼方、北邊丁零類，所以候興敗存亡。熒惑入守，夷人犯塞。客星入，北方侵。赤雲氣掩之，北方驚滅，有疾疫。

離瑜三星，在十二國東，乾象新書在天壘城南。離，圭衣也；瑜，玉飾：皆婦人見舅姑衣服也。微，則後宮儉約；明，則婦人奢縱。客星、彗星入之，後宮無禁。

敗臼四星，在虛、危南，兩兩相對，主敗亡、災害。石申曰：「一星不具，民賣甑釜；不見，民去其鄉。」五星入，除舊布新。客星、彗星犯之，民饑，流亡。黑氣入，主憂。

按步天歌，已上諸星俱屬虛宿。司命、司祿、司危、司非、離瑜、敗臼，晉志不載，隋志有之。乾象新書以司命、司祿、司危、司非屬須女；泣星、敗臼屬危。武密書與步天歌合。

危宿三星，在天津東南，爲天子宗廟祭祀，又爲天子土功，又主天府、天市、架屋、受藏之事。不明，客有誅，土功興；動或暗，營宮室，有兵事。日食，陵廟摧，有大喪，有叛臣。日暈，有喪。月食，大臣憂，有喪，宮殿圮。月暈，有兵、喪，先用兵者敗。月犯之，宮殿陷，臣叛主，來歲糴貴，有大喪。歲星犯守，爲兵、役徭，多土功，有哭泣事，又多盜。熒惑犯之，有赦；守之，人多疾，兵動，諸侯謀叛，宮中火災；守上星人民死，中星諸侯死，下星大臣死，各期百日十日；守三十日，東兵起，歲旱，近臣叛；入，爲兵，有變更之令。塡星守之，爲旱，民疾，土功興，國大戰；犯之，皇后憂，兵，喪；出、入、留、舍，國亡地，有流血；入，則大亂，賊臣起。太白犯之，爲兵，一曰無兵兵起，有兵兵罷，五穀不成，多火災；守之，將憂，又爲旱，爲火；舍之，有急事。辰星犯之，大臣誅，法官憂，國多災；守之，臣下叛，一云皇后疾，兵、喪起。客星犯，有哭泣，一曰多雨水，穀不收；入之，有土功，或三日有赦；出，則多雨水，五穀不登；守之，國敗，民饑。彗星犯之，下有叛臣兵起；出，則將軍出國，易政，大水，民饑。孛犯，國有叛者兵起。流星犯之，春夏爲水災，秋冬爲口舌；入，則下謀上；抵危，北地交兵。乙巳占：流星出入色黃潤，人民安，穀熟，土功興；色黑，爲水，大臣災。雲氣入，蒼白，爲土功；青，爲國憂；黑，爲水，爲喪；赤，爲火；白，爲憂，爲兵；黃出入，爲喜。

按漢永元銅儀，以危爲十六度；唐開元游儀，十七度。舊去極九十七度，距南星去極九十八度，在赤道外七度。

虛梁四星，在危宿南，主園陵寢廟、禱祝。非人所處，故曰虛梁。一曰宮宅屋幃帳寢。太白、熒惑犯之，爲兵。彗、孛犯，兵起，宗廟改易。

天錢十星，在北落師門西北，主錢帛所聚，爲軍府藏。明，則庫盈；暗，爲虛。太白、熒惑守之，盜起。彗、孛犯之，庫藏有賊。

墳墓四星，在危南，主山陵、悲慘、死喪、哭泣。大曰墳，小曰墓。五星守犯，爲人主哭泣之事。

杵三星，在人星東，一云臼星北，主舂軍糧。不具，則民賣甑釜。

臼四星，在杵星下，一云危東。杵臼不明，則民饑；星衆，則歲樂；疏，爲饑；動搖，亦爲饑；杵直下對臼，則吉；不相當，則軍糧絕；縱，則吉；橫，則荒；又曰星覆，歲饑；仰，則歲熟。彗星犯之，民饑，兵起，天下急。客星守之，天下聚會米粟。

蓋屋二星，在危宿南九度，主治宮室。五星犯之，兵起。彗、孛犯守，兵災尤甚。

造父五星，在傳舍南，一曰在螣蛇北，御官也。一曰司馬，或曰伯樂，主御營馬廄、馬乘、轡勒。移處，兵起，馬貴；星亡，馬大貴。彗、客入之，僕御謀主，有斬死者，一曰兵起；守之，兵動，廄馬出。

人五星，在虛北，車府東，如人形，一曰主萬民，柔遠能邇；又曰臥星，主夜行，以防淫人。星亡，則有詐作詔者，又爲婦人之亂；星不具，王子有憂。客、彗守犯，人多疾疫。

車府七星，在天津東，近河，東西列，主車府之官，又主賓客之館。星光明，潤澤，必有外賓，車駕華潔。熒惑守之，兵動。彗、客犯之，兵車出。

鈎九星，在造父西河中，如鈎狀。星直，則地動；他星守，占同。一曰主輦輿、服飾。明，則服飾正。

按步天歌，已上諸星俱屬危宿。晉志不載人星、車府，隋志有之。杵、臼星，晉、隋志皆無。造父、鈎星，晉志屬紫薇垣，蓋屋、虛梁、天錢在二十八宿外。乾象新書以車府西四星屬虛，東三星屬危。武密書以造父屬危又屬室，餘皆與步天歌合。按乾象新書又有天綱一星在危宿南，入危八度，去極百三十二度，在赤道外四十一度。晉、隋志及諸家星書皆不載，止載危、室二宿間與北落師門相近者。近世天文乃載此一星，在鬼、柳間，與外廚、天紀相近。然新書兩天綱雖同在危度，其說不同，今姑附于此。

營室二星，天子之宮，一曰玄宮，一曰清廟，又爲軍糧之府，主土功事。一曰室一星爲天子宮，一星爲太廟，爲王者三軍之廩，故置羽林以衞；又爲離宮閣道，故有離宮六星在其側。一曰定室，詩曰「定之方中」也。星明，國昌；不明而小，祠祀鬼神不享；動，則有土功事；不具，憂子孫；無芒、不動，天下安。日食在室，國君憂，王者將兵，一曰軍絕糧，士卒亡。日暈，國憂，女主憂黜。月食，其分有土功，歲饑。月暈，爲水，爲火，爲風。月犯之，爲土功，有哭泣事。歲星犯之，有急而爲兵；入，天子有赦，爵祿及下；舍室東，民多死；舍北，民憂；又曰守之，宮中多火災，主不安，民疫。熒惑犯，歲不登；守之，有小災，爲旱，爲火，糴貴；逆行守之，臣謀叛；入，則創改宮室；成勾巳者，主失宮。塡星犯，爲兵；守之，天下不安，人主徙宮，后、夫人憂，關梁不通，貴人多死；久守，大人惡之，以赦解，吉；逆行，女主出入恣；留六十日，土功興。太白犯五寸許，天子政令不行；守，則兵大忌之，以赦令解；一曰太子、后妃有謀；若乘守勾巳、逆行往來，主廢后妃，有大喪，宮人恣；去室一尺，威令不行；留六十日，將死；入，則有暴兵。辰星犯之，爲水；入，則后有憂，諸侯發動於西北。客星犯入，天子有兵事，軍饑，將離，外兵來；出於室，兵先起者敗。彗星出，占同；或犯之，則弱不能戰；出入犯之，則先起兵者勝，一曰出室爲大水。孛犯或出入，先起兵者勝；出，有小災，後宮亂。武密曰：「孛出，其分有兵、喪；道藏所載，室專主兵。」流星犯，軍乏糧，在春夏將軍貶，秋冬水溢。乙巳占曰：「流星出入色黃潤，軍糧豐，五穀成，國安民樂。」雲氣入，黃，爲土功；蒼白，大人惡之；赤，爲兵，民疫；黑，則大人憂。

按漢永元銅儀，營室十八度；唐開元游儀，十六度。舊去極八十五度。景祐測驗，室十六度，距南星去極八十五度，在赤道外六度。

雷電六星，在室南，明動，則雷電作。

離宮六星，兩兩相對爲一坐，夾附室宿上星，天子之別宮也，主隱藏止息之所。動搖，爲土功；不具，天子憂。太白、熒惑入，兵起；犯或勾巳環繞，爲后妃咎。彗星犯之，有修除之事。

壘壁陣十二星，一作壁壘。在羽林北，羽林之垣壘，主天軍營。星明，國安；移動，兵起；不見，兵盡出，將死。五星入犯，皆主兵。太白、辰星，尤甚。客星入，兵大起，將吏憂。流星入南，色青，后憂；入北，諸侯憂；色赤黑，入東，后有謀；入西，太子憂；黃白，爲吉。

騰蛇二十二星，在室宿北，主水蟲，居河濱。明而微，國安；移向南，則旱；向北，大水。彗、孛犯之，水道不通。客星犯，水物不成。

土功吏二星，在壁宿南，一曰在危東北，主營造宮室，起土之官。動搖，則版築事起。

北落師門一星，在羽林軍南，北宿在北方，落者天軍之藩落也，師門猶軍門。長安城北門曰「北落門」，象此也。主非常以候兵。星明大，安；微小、芒角，有大兵起。歲星犯之，吉。熒惑入，兵弱不可用。客星犯之，光芒相及，爲兵，大將死；守之，邊人入塞。流星出而色黃，天子使出；入，則天子喜；出而色赤，或犯之，皆爲兵起。雲氣入，蒼白，爲疾疫；赤，爲兵；黃白，喜；黑雲氣入，邊將死。

八魁九星，在北落東南，主捕張禽獸之官也。客、彗入，多盜賊，兵起。太白、熒惑入守，占同。

天綱一星，在北落西南，一曰在危南，主武帳宮舍，天子游獵所會。客、彗入，爲兵起，一云義兵。

羽林軍四十五星，三三而聚散，出壘壁之南，一曰在營室之南，東西布列，北第一行主天軍，軍騎翼衞之象。星衆，則國安；稀，則兵動；羽林中無星，則兵盡出，天下亂。月犯之，兵起。歲星入，諸侯悉發兵，臣下謀叛，必敗伏誅。太白入，兵起。塡星入，大水。五星入，爲兵。熒惑、太白經過，天子以兵自守。熒惑入而芒赤，興兵者亡。客星入，色黃白，爲喜；赤，爲臣叛。流星入南，色靑，后有疾；入北，諸侯憂；入東而赤黑，后有謀；入西，太子憂。雲氣蒼白入南，后有憂；北，諸侯憂；黑，太子、諸侯忌之；出，則禍除；黃白，吉。

斧鉞三星，在北落師門東，芟刈之具也，主斬芻稾以飼牛馬。明，則牛馬肥腯；動搖而暗，或不見，牛馬死。隋志、通志皆在八魁西北，主行誅、拒難、斬伐姦謀。明大，用兵將憂；暗，則不用；移動，兵起。月入，大臣誅。歲星犯，相誅。熒惑犯，大臣戮。填星入，大臣憂。太白入，將誅。客、彗犯，斧鉞用；又占：客犯，外兵被擒，士卒死傷，外國降；色青，憂；赤，兵；黃白，吉。

按步天歌，已上諸星皆屬營室。雷電、土功吏、斧鉞，晉志皆不載，隋志有之。壘壁陣、北落師門、天綱、羽林軍，晉志在二十八宿外，騰蛇屬天市垣。武密書以騰蛇屬營室，又屬壁宿。乾象新書以西十六星屬尾、屬危，東六星屬室；羽林軍西六星屬危，東三十九星屬室；以天綱屬危，斧鉞屬奎。通占錄又以斧鉞屬壁、屬奎，說皆不同。

壁宿二星，主文章，天下圖書之秘府。明大，則王者興，道術行，國多君子；星失色，大小不同，王者好武，經術不用，圖書廢；星動，則有土功。日食于壁，陽消陰壞，男女多傷，國不用賢。日暈，名士憂。月食，其分大臣憂，文章士廢，民多疫。月暈，爲風、水，其分有憂。月犯之，國有憂，爲饑，衞地有兵。歲星犯之，水傷五穀；久守或淩犯、勾巳，有兵起。熒惑犯之，衞地憂；守之，國旱，民饑，賢不用；一占：王有大災。填星犯守，圖書興，國王壽，天下豐，國用賢；一占：物不成，民多病；逆行成勾巳者，有土功；六十日，天下立王。太白犯之一二寸許，則諸侯用命；守之，文武並用，一曰有軍不戰，一曰有兵喪，一曰水災，多風雨；一曰犯之，多火災。辰星犯，國有蓋藏保守之事，王者刑法急；守之，近臣憂，一曰其分有喪，有兵，姦臣有謀；逆行守之，橋梁不通。客星犯之，文章士死，一曰有喪；入，爲土功，有水；守之，歲多風雨；舍，則牛馬多死。彗星犯之，爲兵，爲火，一曰大水，民流。孛犯，爲兵，有火水災。流星犯，文章廢；乙巳占曰：「若色黃白，天下文章士用。」赤雲氣入之，爲兵；黑，其下國破；黃，則外國貢獻，一曰天下有烈士立。

按漢永元銅儀，東壁二星九度。舊去極八十六度。景祐測驗，壁二星九度，距南星去極八十五度。

天廄十星，在東壁之北，主馬之官，若今驛亭也，主傳令置驛，逐漏馳騖，謂其急疾與晷漏競馳也。月犯之，兵馬歸。彗星入，馬廄火。客星入，馬出行。流星入，天下有驚。

霹靂五星，在雲雨北，一曰在雷電南，一曰在土功西，主陽氣大盛，擊碎萬物。與五星合，有霹靂之應。

雲雨四星在雷電東，一云在霹靂南，主雨澤，成萬物。星明，則多雨水。辰星守之，有大水；一占：主陰謀殺事，孳生萬物。

鈇鑕五星，在天倉西南，刈具也，主斬芻飼牛馬。明，則牛馬肥；微暗，則牛馬饑餓。

按步天歌，壁宿下有鈇鑕五星，晉、隋志皆不載。隋志八魁西北三星曰鈇鑕，又曰鈇鉞，其占與步天歌室宿內斧鉞略同，恐卽是此誤重出之。霹靂五星、雲雨四星，晉志無之，隋志有之。武密書以雲雨屬室宿，天廐十星晉志屬天市垣，其說皆不同。

校勘記

〔一〕主天子三將軍　「三」下原脫「將」字，據史記卷二七天官書、晉書卷一一天文志、隋書卷一九天文志、太平御覽卷六引天文錄改。

宋史卷五十一

志第四

天文四

二十八舍下

西方

奎宿十六星，天之武庫，一曰天豕，一曰封豕，主以兵禁暴，又主溝瀆。西南大星曰天豕目，亦曰大將。明動，則兵、水大出。日食，魯國凶，邊兵起及水旱。日暈，爲兵，爲火。月食，聚斂之臣有憂。月暈，兵敗，糴貴，將戮，人疾疫。月犯之，其分亂。歲星犯之，近臣爲逆；守之，蟲爲災，人飢，盜起，多獄訟；久守，北兵降；色潤澤，大熟；守二十日以上，兵起魯地；逆行守之，君好兵，民流亡。熒惑犯之，環繞三十日以上，將相凶，大水，民流；

守二十日以上，魯地有兵；動搖、進退，有赦；舍，歲大熟；留，臣下專權，多獄訟；守百日以上，多盜。塡星入犯，吳、越有兵，一曰齊、魯，一曰兵、喪；守之，有貴女執政；出入，水泉溢。太白犯之，大水，有兵，霜殺物；入，則外兵入國；晝見，將相死。辰星犯之，江河決，有兵，爲旱，爲火。守之，王者憂，兵、旱。客星犯之，有溝瀆事；守，則王者有憂，軍敗，賊臣在側；入之，破軍殺將；舍留不去，人飢；出，則爲謀臣惑天子。彗犯，爲飢，爲兵、喪；出，則有水災。星孛之，其下兵出，民飢，國無繼嗣；出，則西北有兵起。流星入犯之，有溝瀆事，破軍殺將。乙巳占：流星出入，色黃白光潤，文昌武偃；赤如火光作聲，爲弓弩用；一曰入則有聚衆事。赤雲氣入犯，爲兵；黃，爲天子喜；黑，則大人有憂。

按漢永元銅儀，以奎爲十七度；唐開元游儀，十六度。舊去極七十六度，景祐測驗同。

天溷七星，在外屏南，主天廁養豬之所，一曰天之廁溷也。暗，則人不安；移徙，則憂。

土司空一星，在奎南，一曰天倉，主土事。凡營城邑、浚溝洫、修隄防，則議其利，建其功，四方小大功課，歲盡則奏其殿最而行賞罰。星大、色黃，則天下安。五星犯之，男女不得耕織。彗、客犯之，水旱，民流，兵大起，土功興。客星守之，有土功、哭泣事。黃雲氣入，土功興，移京邑。

策一星，在王良北，天子僕也，主執策御。流星、彗、孛、客星犯之，皆爲大兵起，天子自將于野；近之，下有謀亂者。

附路一星，附一作傅。在閣道南旁，別道也。一曰在王良東，主太僕，主禦風雨。芒角，則車騎在野；星亡，有道路之變；不具，則兵起。太白、熒惑入，兵起。彗、孛犯之，道路不通。客星入，馬賤。蒼白雲氣入，太僕有憂；赤，爲太僕誅；黃白，太僕受賜；黑，爲太僕死。

閣道六星，在王良前，飛道也，從紫宮至河神所乘也。一曰主輦閣之道，天子游別宮之道也。星不見，則輦閣不通；動搖，則宮掖有兵。彗、孛、客星犯之，主不安國，有喪。白雲氣入，有急事；黑，主有疾；黃，則天子有喜。

王良五星，在奎北，居河中，天子奉車御官也。其四星曰天駟，旁一星曰王良，亦曰天馬星，動則車騎滿野。一曰爲天橋，主禦風雨、水道。星不具，或客星守之，津梁不通。與閣道近，有江河之變。星明，馬賤；暗，則馬災。太白、熒惑入守，爲兵。彗、客犯之，爲兵、喪，天下橋梁不通。流星犯，大兵將出。靑雲氣入犯之，王良奉車憂墜車。雲氣赤，王良有斧鑕憂。

外屏七星，在奎南，主障蔽臭穢。

軍南門，在天大將軍南，天大將軍之南門也。主誰何出入。星不明，外國叛；動搖，則兵起；明，則遠方來貢。

按步天歌，以上諸星俱屬奎宿。以晉志考之，王良、附路、閣道、軍南門、策星，俱在天市垣，別無外屏、天溷、土司空等星，隋志有之。而武密以王良、外屏、天溷皆屬于壁，或以外屏又屬奎。乾象新書以王良西一星屬壁，東四星屬奎，外屏西一星屬壁，東六星屬奎，與步天歌各有不合。

婁三星，爲天獄，主苑牧犧牲，供給郊祀，亦爲興兵聚衆。明大，則賦斂以時。星直，則有執主命者；就聚，國不安。日食于婁，宰相、大人當之，郊祀神不享。日暈，有兵，大人多死。月食，其分后妃憂，民飢。月暈，在春百八十日有赦，又爲糴貴，三日內雨解之。月犯，多畋獵，其分憂，將死，民流，一曰多寃獄。歲星犯之，牛多死，米賤，有赦；守之，國安，一曰民多疫，六畜貴，有兵自罷。熒惑犯守，爲旱，爲火，穀貴；又曰守二十日以上，大臣死。星動，人多死；若逆行入成勾巳者，國廩災。塡星犯之，天子戒邊境，不可遠行，將兵凶；守之，穀豐，民樂；若逆行，女謁行；留舍于婁，外國兵來。太白犯之，有聚衆事；守之，期三十日有兵，民飢。辰星犯之，刑罰急，多水旱，大臣憂，王者以赦除之；守而芒角、動搖、色赤黑者，臣下起兵。客星犯，爲大兵；守之，五穀不成，又曰臣惑主，專政，歲多獄訟；環繞三日，大赦。彗星犯之，民飢死；出，則先旱後水，穀大貴，六畜疾，倉庫空，又曰國有大兵。星孛，其分爲兵，爲饑。流星出犯之，有法令淸獄。青赤雲氣入，爲兵、喪；黑，爲大水。

按漢永元銅儀，以婁爲十二度；唐開元游儀，十三度。舊去極八十度。景祐測驗，婁宿十二度，距中央大星去極八十度，在赤道內十一度。

天倉六星，在婁宿南，倉穀所藏也，待邦之用。星近而數，則歲熟粟聚；遠而疏，則反是。月犯之，主發粟。五星犯，兵起，歲饑，倉粟出。熒惑、太白合守，軍破將死。熒惑入，軍轉粟千里；近之，天下旱。太白犯之，外國人相食，兵起西北。辰星守之，大水。客、彗犯之，五穀不成。客星入，歲饑糴貴。流星入，色赤，爲兵；犯之，粟以兵出；色黃白，歲大稔。蒼白雲氣入，歲饑；赤，爲兵、旱，倉廩災；黃白，歲大熟。

右更五星，在婁西，秦爵名，主牧師官，亦主禮義。星不具，天下道不通。太白、熒惑犯守，山澤兵起。

左更五星，在婁東，亦秦爵名，山虞之官，主山澤林藪竹木蔬菜之屬，亦主仁智。占同右更。

天大將軍十一星，在婁北，主武兵。中央大星，天之大將也；外小星，吏士也。動搖，則兵起，大將出；小星動搖，或不具，亦爲兵；旗直揚者，隨所擊勝。五星犯守，大將憂。客星守之，大將不安，軍吏以飢敗。流星入，大將憂。蒼白雲氣犯之，兵多疾；赤，爲軍出。

天庾四星，在天倉東南，主露積。占與天倉同。

按晉志，天倉、天庾在二十八宿之外，天大將軍屬天市垣，左更、右更惟隋志有之。乾象新書以天倉屬奎。武密亦以屬奎，又屬婁。步天歌皆屬婁宿。

胃宿三星，天之廚藏，主倉廩，五穀府也。明，則天下和平，倉廩實，民安；動，則輸運；暗，則倉空；就聚，則穀貴、民流；中星衆，穀聚；星小，穀散；芒，則有兵。日食，大臣誅，一曰乏食，其分多疾，穀不實，又曰有委輸事。日暈，穀不熟。月食，王后有憂〔一〕，將亡，亦爲饑，郊祀有咎。月暈，兵先動者敗，妊婦多死，又曰國主死，天多雨，或山崩，有破軍。歲星在暈內，天子有德令。月暈在四孟之月，有赦。熒惑在暈中，爲兵。月犯之，鄰國有暴兵，天下饑，外國憂，穀不實，民多疾；變色，將軍凶。歲星犯之，大人憂，兵起；守，則國昌；入，則國令變更，天下獄空；若逆行，五穀不成，國無積蓄。熒惑犯之，兵亂，倉粟出，貴人憂；守之，旱饑，民疫，客軍大敗；入，則改法令，牢獄空；進退環繞勾巳、凌犯及百日以上，天下倉庫並空，兵起。填星犯之，大臣爲亂；守之，無蓄積，有德令，歲穀大貴；若逆行守勾巳者，有兵；色赤，兵起流血；青，則有德令。辰星犯，其分不寧；守之，有兵；國有立侯，巫咸曰：「爲旱，穀不成，有急兵」；又逆行守之，倉空，水災。客星犯之，王者憂，倉廩用；退行入，則有赦；守之，強臣凌國，穀不熟；乘之，爲火；舍而不去，人飢；出，其分君有憂。彗星犯之，兵動，臣叛，有水災，穀不登。星孛，其分兵起，王者惡之。流星犯之，倉庫空；色赤，爲火災。蒼白雲氣出入犯之，以喪糴粟事；黑，爲倉穀敗腐；青黑，爲兵；黄白，倉實。

按漢永元銅儀，胃宿十五度；景祐測驗，十四度。

天囷十三星，如乙形，在胃南，倉廩之屬，主給御廩粢盛。星明，則豐稔；暗，則饑。月犯之，有移粟事。五星犯之，倉庫空虚。客、彗入，倉庫憂，水火焚溺。青白雲氣入，歲饑，民流亡。

大陵八星，在胃北，亦曰積京，主大喪也。中星繁，諸侯喪，民疫，兵起。月犯之，爲兵，爲水、旱，天下有喪。月暈前足，大赦。五星入，爲水、旱、兵、喪。熒惑守之，天下有喪。客、彗入，民疫。流星出犯之，其下有積尸。蒼白雲氣犯之，天下兵、喪；赤，則人多戰死。

積尸一星，在大陵中。明，則有大喪，死人如山。月犯之，有叛臣。五星犯之，天下大疾。客、彗犯，有大喪。蒼色雲氣入犯之，人多死；黑，爲疫。

天船九星，在大陵北，河之中，天之船也，主通濟利涉。石申曰：「不在漢中，津河不通。」明，則天下安；不明及移徙，天下兵、喪。月犯之〔三〕，百川流溢，津梁不通。五星犯之，水溢，民移居。彗星犯之，爲大水。客星犯，爲水，爲兵。青雲氣入，天子憂，不可御船；赤，爲兵，船用；黄白，天子喜。

天廩四星，在昴宿南，一曰天廥，主蓄黍稷，以供享祀。春秋所謂御廩，此之象也。又主賞功，掌九穀之要。明，則國實歲豐；移，則國虛；黑而希，則粟腐敗。月犯之，穀貴。五星犯之，歲饑。客星犯，倉庫空虛。流星入，色青爲憂；赤，爲旱，爲火；黃白，天下熟。青雲氣入，蝗，饑，民流；赤，爲旱；黑，爲水；黃，則歲稔。

積水一星，在天船中，候水災也。明動上行，舟船用。熒惑犯，有水。

按晉志，大陵、積尸、天船、積水俱屬天市垣，天囷、天廩在二十八宿之外。武密以天囷、大陵屬婁，又屬胃；天船屬胃，又屬昴。乾象新書，天囷五星屬婁，餘星屬胃，大陵西三星屬婁，東五星屬胃，與步天歌互有不同。

昴宿七星，天之耳目也〔三〕，主西方及獄事。又爲旄頭，北星也，又主喪。昴、畢間爲天街，天子出，旄頭、罕畢以前驅，此其義也。黃道所經。明，則天下牢獄平；六星皆明與大星等，爲大水。七星皆黃，兵大起。一星亡，爲兵、喪。搖動，有大臣下獄及有白衣之會。大而數盡動，若跳躍者，北兵大起。一星獨跳躍而動，北兵欲犯邊。日食，王者疾，宗姓自立，又占邊兵起。日暈，陰國失地，北主憂，趙地凶，又云大饑。月食，大臣誅，女主憂，爲饑，邊兵起，將死，北地叛。月歲三暈，弓弩貴，民饑；暈在正月上旬，有赦；犯之，爲饑，北主憂，天子破北兵；變色，民流，國亡，下有暴兵，有赦；出昴北，天下有福；乘之，法令峻，大水，穀不登。歲星犯之，獄空；乘之，陰國有兵，北主憂；守之，王急刑罰，獄空，一曰臣下獄有解者；守其北，有德令，又曰水物不成；久守，大臣坐法，民饑；留守，破軍殺將。熒惑犯守，爲兵，爲旱、饑；守東，齊、楚、越地有兵；守南，荆、楚有兵；西，則兵起秦、鄭；北，則兵起燕、趙，又爲貴人多死，北地不寧；入則有喜，有赦，天下無兵；守而環繞勾已，爲赦；久守，糴貴。塡星犯，或出入守之，北地爲亂，有土功，五穀不成，水火爲災，民疫，又爲女主失勢；入，則地動水溢，宗廟壞；留，則大將出征。太白入犯之，大赦；在東，六畜傷；在西，六月有兵；又曰守之，北兵動，將下獄；晝見，邊兵起；出、入、留、舍，在南爲男喪，北爲女喪。辰星犯，北主憂；守之，穀不成，民饑；久守，爲水，爲兵。客星犯，貴人有急，北兵大敗，讒人在內；守之，臣叛主，兵起；入，則其分有喪。彗星犯之，大臣爲亂；出，則邊兵起，有赦。星孛，其分臣下亂，有邊兵，大臣誅。流星出入犯之，夷兵起。乙巳占：「流星入，北方來朝；出，則天子有赦令恤民。」蒼赤雲氣犯之，民疫；黑，則北主憂；青，爲水，爲兵；青白，人多喪；黃，則有喜。

按漢永元銅儀，昴宿十二度；唐開元游儀，十一度。舊去極七十四度。景祐測驗，昴宿十一度，距西南星去極七十一度。

芻稾六星，在天苑西，一曰在天囷南，主積稾之屬。一曰天積，天子之藏府。星明，則芻稾貴；星盛，則百庫之藏存；無星，則百庫之藏散。月犯之，財寶出。辰星、熒惑犯之，芻稾有焚溺之患。赤雲氣犯之，爲火；黃，爲喜。

天陰五星，主從天子弋獵之臣。不明，爲吉；明，則禁言泄。

天河一星，一作天阿。在天廩星北。晉志：在天高星西，主察山林妖變。五星、客、彗犯之，主妖言滿路。

卷舌六星，在昴北，主樞機智謀，一曰主口語，以知讒佞。曲而靜，則賢人升；直而動，多讒人，兵起，天下有口舌之害。徙出漢外，則天下多妄說。星繁，人多死。月犯之，天下多喪。五星犯，佞人在側。彗、客犯之，侍臣憂。

天苑十六星，在昴畢南，如環狀，天子養禽獸之苑。明，則禽獸牛馬盈；不明，則多瘠死；不具，有斬刈事。五星犯之，兵起。客、彗犯，爲兵，獸多死。流星入，色黑，禽獸多死；黃，則蕃息。雲氣占同。

天讒一星，在卷舌中，主巫醫。暗，爲吉；明盛，人君納佞言。

月一星，在昴宿東南，蟾蜍也，主日月之應，女主臣下之象，又主死喪之事。明大，則女主大專。太白、熒惑守之，臣下起兵爲亂。彗、客犯之，大臣黜，女主憂。

礪石四星，在五車星西，主百工磨礪鋒刃，亦主候伺。明，則兵起；常，則吉。熒惑入，邊兵起；守之，諸侯發兵。客星守之，爲兵。

按晉志，天河、卷舌、天讒俱屬天市垣，天苑在二十八宿之外，芻稾、天陰、月、礪石，晉志不載，隋史有之。武密又以芻稾屬胃，卷舌屬胃，又屬昴。乾象新書以芻稾屬婁，卷舌西三星屬胃，東三星屬昴，天苑西八星屬胃，南八星屬昴。步天歌以上諸星皆屬昴宿，互有不合。

畢宿八星，主邊兵弋獵。其大星曰天高，一曰邊將，主四夷之尉也。天官書曰：「畢爲罕車。」明大，則遠人來朝，天下安；失色，邊兵亂；一星亡，爲兵、喪；動搖，則邊兵起；移徙，天下獄亂；就聚，則法令酷。日食，邊王死，軍自殺其主，遠國有謀亂。日暈，有邊兵；不則北主憂，又占有風雨。月食，有赦，趙分有兵，或趙君憂。月暈，兵亂，饑，喪；暈三重，邊有叛者，七日內風雨解之，又爲陰國有憂，天下赦。犯畢大星，下犯上，大將死，陰國憂；入畢口，多雨；穿畢，歲饑，盜起；失行，離于畢，則雨；居中，女主憂；又曰犯北，則陰國憂；南，則陽國憂。歲星犯之，冬多風雨，又曰爲水；入畢口，邊兵起，民飢，有赦；守三十日，客兵起；出陽，爲旱；陰，爲水。熒惑犯右角，大戰；左角，小戰；入，則邊兵憂；守之，爲饑，有赦；成勾已環繞，大赦；一曰入畢中，有兵兵罷；又曰守之，有畋獵事，北主憂，天下道路不通；入畢口，有赦；逆行至昴，爲死喪；已去還守，貴臣憂；舍畢口，趙國憂。塡星犯之，兵起西北，不戰；守之，兵有降軍，有赦，一曰土功徭役煩，兵起；入，則地震水溢；守畢口，大人當之；出、入、留、舍，其野兵起，客軍死。太白犯右角，戰敗，將死；入畢口，將相爲亂，大赦，國易政令，諸侯起兵，爲水，五穀不成；貫畢，倉廩空，四國兵起。辰星犯之，邊地災；入畢口，國易政；守之，水溢，民病，物不成，邊兵起；守畢口，人爲亂。客星犯之，大人憂，無兵兵起，有兵兵罷；入，則多獄事；守之，爲饑，邊兵起；出，爲車馬急行。彗星犯之，北地爲亂，人民憂。星孛，其分土功興，多徭役。色蒼，爲饑，破軍；黃，則女爲亂；白，爲兵、喪；黑，爲水。流星犯之，邊兵大戰；色赤貫之，戎兵大至；入而復出，爲赦；入而黃白有光，外人入貢。蒼白雲氣入，歲不收；赤，爲兵、旱，爲火；黃白，天子有喜。

按漢永元銅儀，畢十六度。舊去極七十八度。景祐測驗，畢宿十七度，距畢口北星去極七十七度。

天節八星，在畢、附耳南，主使臣持節宣威四方。明大，則使忠；不明，則奉使無狀。熒惑守之，臣有謀逆，或使臣死。太白守之，大將出。客、彗犯之，法令不行。客星守，持節臣有憂。

九州殊口九星，在天節南下，曉方俗之官，通重譯者也。常以十一月候之。亡一星，一國憂；二星以上，天下亂，兵起。太白、熒惑守之，亦爲兵。客星入，民憂，水負海，國不安，有兵。

附耳一星，在畢下，主聽得失，伺愆邪，察不祥也。星盛，則中國微，有盜賊，邊候警，外國反。動搖，則讒臣在君側。歲星犯之，爲兵，將相喪。太白犯之，佞臣在側。

九斿九星，在玉井西南，一曰在九州殊口東，南北列，主天下兵旗，又曰天子之旗也。太白、熒惑犯之，兵騎滿野。客星犯，諸侯兵起，禽獸多疾。

天街二星，在昴、畢間，一曰在畢宿北，爲陰陽之所分。大象占：近月星西，街南爲華夏，街北爲外邦。又曰三光之道，主伺候關梁中外之境。明，則王道正。月犯天街中，爲中平，天下安寧；街外，爲漏泄，讒夫當事，民不得志；不由天街，主政令不行。月暈其宿，關梁不通。熒惑守之，道路絕；久守，國絕禮。歲星居之，色赤，爲殃，或大旱。太白守之，兵塞道路，六夷旄頭滅，一曰民飢。

天高四星，在坐旗西，乾象新書：在畢口東北。臺榭之高，主望八方雲霧氛氣，今仰觀臺也。不見，爲官失禮；守常，則吉；微暗，陰陽不和。月、五星犯之，則水旱不時；乘之，外臣誅。月暈，不出六月有喪。熒惑入十日，爲小赦；留三十日，大赦。客、彗守之，大旱。蒼白雲氣犯，亦然。

諸王六星，在五車南，主察諸侯存亡。明，則下附上；不明，則下叛；不見，宗廟危，四方兵起。熒惑入之，諸王妃恣，爲下所謀；守之，下不信上。太白、熒惑犯，諸王當之，一曰宗臣憂。客、彗守，諸侯黜。

五車五星、三柱九星，在畢宿北，五帝坐也，又五帝之車舍也。主天子五兵，又主五穀豐耗。一車主蕡麻，一車主麥，一車主豆，一車主黍，一車主稻米。西北大星曰天庫，主太白，秦分及雍州，主豆。東北一星曰天獄，主辰星，燕、趙分及幽、冀，主稻。東南一星曰天倉，主歲星，魯分徐州，衞分并州，主麻。次東南一星曰司空，主塡星，楚分荆州，主黍粟。次西南一星曰卿，主熒惑，魏分益州，主麥。天文錄曰：「太白，其神令尉；辰星，其神風伯；歲星，其神雨師；熒惑，其神豐隆；塡星，其神雷公。此五車有變，各以所主占之。」三柱，一曰天淵，一曰天休，一曰天旒，欲其均明闊狹有常，星繁，則兵大起。石申曰：「天庫星中河而見，天下多死人，河津絕。」又曰：「天子得靈臺之禮，則五車、三柱均明有常。」天旒星不見，則大風折木；天休動，則四國叛。一柱出，或不見，兵半出；三柱盡出，及不見，兵亦盡出。柱外出一月，穀貴三倍；出二月、三月，以次倍貴；外出不盡兩間，主大水。月犯天庫，兵起，道不通；犯天淵，貴人死，臣踰主。月暈，女主惡之；在正月，爲赦；暈一車，赦小罪；五車俱暈，赦殊罪；四、七、十月暈之，爲水；暈十一、十二月，穀貴。五星犯，爲旱，喪；犯庫星，爲兵起。歲星入之，糴貴。熒惑入之，爲火，或與歲星占同。塡星入天庫，爲兵，爲喪；舍中央，爲大旱，燕、代之地當之；舍東北，畜蕃，帛賤；舍西北，天下安。太白入之，兵大起；守五車，中國兵所向懾伏；舍西北，爲疾疫，牛馬死，應酒泉分。辰星入舍爲水；犯之，兵以水潦起。客星犯，則人勞；庚寅日候近之，爲金車，主兵；甲寅日候近之，爲木車，主椁增價；戊寅日候近之，爲土車，主土功；丙寅日候近之，爲火車，主旱；壬寅日候近之，爲水車，主水溢；入之，色青爲憂，赤爲兵；守天淵，有大水；守天休，左爲兵，右爲喪；黃爲吉。彗、孛犯之，兵起，民流。流星入，甲子日，主粟；丙午日，主麥；戊寅日，主豆；庚申日，主蕡；壬戌日，主黍：各以其日占之，而粟麥等價增。白雲氣入，民不安；赤，爲兵起。

天潢五星，在五車中。主河梁津渡。星不見，則津梁不通。月入天潢，兵起。五星失度，留守之，皆爲兵。熒惑、塡星入之，爲大旱，爲火。熒惑舍之，牛馬疫，爲兵。辰星出天潢，有赦。客星入，爲兵；留守，則有水害。蒼白或黑雲氣入，爲喪；赤，爲兵；黃白，則天子有喜。

咸池三星，在天潢南，主陂澤池沼魚鼈鳧鴈。明大，則龍見，虎狼爲害；星不具，河道不通。月入，爲暴兵。五星入，爲兵，爲旱，失忠臣，君易政；守之，爲饑，爲兵。客星入，天下大水。流星入，爲喪；出，則兵起。雲氣入，色蒼白，魚多死；赤，爲旱；白，爲神魚見；黑，爲大水。

參旗九星，一曰天旗，一曰天弓，司弓弩，候變禦難。星如弓張，則兵起；明，則邊寇動；暗，爲吉。又曰天弓不具，天下有兵。五星犯之，兵起。熒惑守之，下謀上，諸侯起兵；一曰有邊兵。太白守之，兵亂。客星守，天下憂。流星入，北地兵起。雲氣犯之，色青，入自西北，兵來，期三年。

天關一星，在五車南，亦曰天門，日月之所行，主邊方，主關閉。星芒角，爲兵；不與五車合，大將出。月歲三暈，有赦；犯之，有亂臣更法。五星守之，貴人多死。歲星、熒惑守之，臣謀主，爲水，爲饑。太白、熒惑守之，大赦，關梁有兵。太白入，則大亂。塡星守，王者壅蔽；犯之，臣謀主。太白失行，兵起。客星犯之，民多疾，關市不通；又曰諸侯不通，民相攻。客星入，多盜。流星犯之，天下有急，關梁不通，民憂，多盜。黃雲氣犯，四方入貢。

天園十三星，在天苑南，植菜果之處。曲而鈎，菜果熟。白雲氣犯之，兵起。

按步天歌，以上諸星皆屬畢宿。武密書以天節屬昴，參旗、天關、五車、三柱皆屬觜，與步天歌不同。乾象新書以天節、參旗皆屬畢；天園西八星屬昴，東五星亦屬畢；五車北西南三大星屬畢，東二星及三柱屬參。說皆不同，今皆存之。

觜觿三星，爲三軍之候，行軍之藏府，葆旅收，斂萬物。明，則軍糧足，將得勢；動，則盜賊行，葆旅起；暗，則不可用兵。日食，臣犯主，戒在將臣。暈及三重，其下穀不登，民疫；五重，大赦，期六十日。月食，爲旱，大將憂，有叛主者。正月月暈，有赦，外軍不勝，大將憂，偏裨有死者。歲星犯之，其分兵起；守，則農夫失業，后有憂，丁壯多暴死，下有叛者，民多疾疫；入，則多盜，天時不和；國君誅伐不當，則逆行。熒惑犯之，其分有叛者，爲旱，爲火，爲兵起，爲糴貴；與觜觿合，趙分相憂；入，則其下有兵。塡星入犯，爲兵，爲土功，其分失地；女主恣，則塡星逆行而色黃。太白犯之，兵起；守之，其分易令，大臣叛，物不成，民疫。辰星犯之，不可舉兵；一曰趙地水，有叛者；守之，趙分饑。客星出入其宿，青爲憂，赤爲兵，黑爲水，白爲喪，黃白爲吉。彗星犯之，兵起；出入其分，失地，民流。星孛之，爲兵亂，軍破，其色與客星同占。流星入犯之，有叛者，有破軍。雲氣犯之，赤，爲兵；蒼白，爲兵、憂；黑，趙地大人有憂；色黃，有神寶入。

按漢永元銅儀、唐開元游儀，皆以觜觿爲三度。舊去極八十四度。景祐測驗，觜宿三星一度，距西南星去極八十四度，在赤道內七度。

坐旗九星，在司怪西北，君臣設位之表也。星明，則國有禮。司怪四星，在井鉞星前，主候天地、日月、星辰變異，鳥獸、草木之妖，明主聞災，修德保福。星不成行列，宮中及天下多怪。

按步天歌，坐旗、司怪俱屬觜宿，武密書及乾象新書皆屬于參。

參宿十星，一曰參伐，一曰天市，一曰大辰，一曰鈇鉞，主斬刈萬物，以助陰氣；又爲天獄，主殺，秉威行罰也；又主權衡，所以平理也；又主邊城，爲九譯，故不欲其動。參爲白虎之體，其中三星橫列者，三將也；東北曰左肩，主左將；西北曰右肩，主右將；東南曰左足，主後將軍；西南曰右足，主偏將軍。參應七將，中央三小星曰伐，天之都尉，主鮮卑外國，不欲其明。七將皆明大，天下兵精；王道缺，則芒角張；伐星明與參等，大臣有謀，兵起；失色，軍散敗；芒角、動，邊有急，兵起，有斬伐之事；星移，客伐主；肩細微，天下兵弱；左足入玉井中，兵起，秦有大水，有喪，山石爲怪；星差戾，王臣貳；左股星亡，東南不可舉兵；右股，則主西北。又曰參足移北爲進，將出有功；徙南爲退，將軍失勢。三星疏，法令急。日食，大臣憂，臣下相殘，陰國強。日暈，有來和親者，一曰大饑。月食其度，爲兵，臣下有謀，貴臣誅，其分大饑，外兵大將死，天下更令。月暈，將死，人殃亂，戰不利。月犯，貴臣憂，兵起，民飢；犯參伐，偏將死。歲星犯之，水旱不時，大疫，爲饑；守之，兵起，民疫；逆行入，則天下更政。熒惑犯之，爲兵，爲內亂，秦、燕地凶；守之，爲旱，爲兵，四方不寧；逆行入，則大饑。塡星犯之，有叛臣；守之，其下國亡，姦臣謀逆，一云有喪，后，夫人當之；逆行留守，兵起。太白犯之，天下發兵；守之，大人爲亂，國易政，邊民大戰。辰星犯之，爲水；爲兵，貴臣黜。辰星與參出西方，爲旱，大臣誅；逆守之，兵起。客星入犯之，國內有斬刈事；守之，邊州失地；環繞者，邊將有斬刈事。彗星犯之，邊兵敗，君亡，遠期三年；貫之，色白，爲兵、喪。星孛于參，君臣俱憂，國兵敗。流星入犯之，先起兵者亡。乙巳占曰：「流星出而光潤，邊安，有赦，獄空。」青雲氣入犯之，天子起邊城；蒼白，爲臣亂；赤，爲內兵；黃色潤澤，大將受賜；黑，爲水災，大臣憂。白雲氣出貫之，將死，天子疾。

按漢永元銅儀，參八度。舊去極九十四度。景祐測驗，參宿十星十度，右足入畢十三度。

玉井四星，在參左足下，主水泉，以給庖廚。動搖，爲憂。客星入，爲水，爲喪國失地；出，則國得地，一云將出。流星入，爲大水。雲氣入而色青，井水不可食。

屏二星，一作天屏，在玉井南，一云在參右足。星不具，人多疾。不明，大人寢疾。星亡，王多病。月、五星犯之，爲水。客星出于屏，亦爲大人有疾。彗星犯之，水旱不時。

軍井四星，在玉井東南，軍營之井，主給師，濟疲乏。月犯，芻槀財寶出。熒惑入，爲水，兵多死。太白入，兵動，民不安。客星入，憂水害。

廁四星，在屏星東，一曰在參右脚南，主溷。色黃，爲吉，歲豐；青黑，人主腰下有疾。

星不具，則貴人多病。客星入，爲穀貴。彗、孛入，歲饑。青雲氣入，爲兵；黑，爲憂；黃，則天子有喜。

天屎一星，在天廁南。色黃，則年豐。凡變色，爲蝗，爲水旱，爲霜殺物。常以秋分候之。星亡不見：天下荒；星微，民多流。

按步天歌，玉井、軍井、廁各四星，屛二星，天屎一星，俱屬參宿。晉志玉井在參左足，武密書屬觜，乾象新書屬畢；軍井，晉志在玉井南，武密亦屬觜，乾象新書亦屬畢；唐開元游儀在玉井東南；屛、廁、天屎，晉志皆不載，隋志屛在玉井南，開元游儀在觜；隋志廁在屛東，屎在廁南，乾象新書皆屬參：與步天歌互有不合。

南方

東井八星，天之南門，黃道所經，七曜常行其中，爲天之亭候，主水衡事，法令所取平也。武密占曰：井中爲三光正道，五緯留守若經之，皆爲天下無道。不欲明，明則大水。又占曰：用法平，井宿明。鉞一星，附井宿前，主伺奢淫而斬之；明大與井宿齊，則用鉞於大臣。月宿，其分有風雨。日食，秦地旱，民流，有不臣者；暈，則多風雨；有青赤氣在日，爲冠，天子立侯王。月食，有內亂，大臣黜，后不安，五穀不登，分有兵、喪。月暈，爲旱，爲兵，爲民流，國有憂，一曰有赦；陰陽不和則暈，暈及三重，在三月爲大水，在十二月日壬癸爲大赦。月犯之，將死于兵，水官黜，刑不平；犯井鉞，大臣誅，有水事。歲星犯之，王急法，多獄訟，水溢，將軍惡之；犯井鉞，近臣爲亂，兵起；逆行入井，川流壅塞。熒惑犯之，兵先起者殃，又曰天子以水敗；入守經旬，下有兵，貴人不安；守三十日，成勾巳，角動，色赤黑，貴人當之，百川溢，兵起。塡星入犯之，兵起東北，大臣憂；入井鉞，王者惡之；在觜而去東井，其下亡地。太白犯之，咎在將；久守，其分君失政，臣爲亂。辰星犯之，星進則兵進，退則兵退，刑法平，又曰北兵起，歲惡。芒角、動搖，色赤黑，爲水，爲兵起。客星犯之，穀不登，大臣誅，有土功，小兒妖言。彗星犯之，民讒言，國失政，一曰大臣誅，其分兵災。流星犯之，在春夏則秦地謀叛，在秋冬則宮中有憂。乙巳占：流星色黃潤，國安；赤黑，秦分民流，水災。蒼黑雲氣入犯之，民有疾疫；黃白潤澤，有客來言水澤事。黑氣入，爲大水。常以正月朔日入時候之。井宿上有雲，歲多水潦。

按漢永元銅儀，井宿三十度；唐開元游儀，三十三度，去極七十度。景祐測驗，亦三十三度，距西北星去極六十九度。

五諸侯五星，在東井北，主斷疑、刺舉、戒不虞、理陰陽、察得失，亦曰主帝心。一曰帝師，二曰帝友，三曰三公，四曰博士，五曰太史，五者常爲帝定疑議。星明大、潤澤，則天下治。五禮備，則光明，不相侵陵；暗，則貴人謀上；芒角，禍在中。歲星犯之，兵起三年。熒惑犯之，大臣叛不成。太白犯之，諸侯興兵亡國；經天晝見，則諸侯受誅。客星犯，王室亂，諸侯亡地，秦國殃；守之，諸侯親屬失位。彗、孛犯之，執法臣誅，又曰貴臣當之，期一年。雲氣犯之，色蒼白，諸侯有喪；不，則臣有誅戮。

積水一星，在北河西北，所以供酒食之正也。不見，爲災。歲星犯之，水物不成，魚鹽貴，民飢。熒惑犯之，爲兵，爲水。辰星犯之，爲水、旱。客星犯之，兵起，大水，大臣憂，期一年。蒼白雲氣入犯之，天下有水。

積薪一星，在積水東北，供庖廚之正也。星不明，五穀不登。熒惑犯之，爲旱，爲兵，爲火災。客星守之，薪貴。赤雲氣入犯之，爲火災。

南河三星，與北河夾東井，一曰天之關門也，主關梁。南河曰南戍，一曰南宮，一曰陽門，一曰越門，一曰權星，主火。兩河戍間，日、月、五星之常道也。河戍動搖，中國兵起。河星不具，則路不通，水泛溢。月出入兩河間中道，民安，歲美；無兵；出中道之南，君惡之，大臣不附。星明，爲吉；昏昧動搖，則邊兵起，遠人叛，主憂。月犯之，爲中邦憂，一曰爲兵，爲喪，爲旱，爲疫；行西南，爲兵、旱；入南戍，則民疫；暈，則爲土功；乘之，四方兵起；經南戍南，則爲刑罰失。歲星犯之，北主憂。熒惑犯兩河，爲兵；守三十日以上，川溢；守南河，穀不登，女主憂；守南戍西，果不成；在東，則有攻戰。塡星乘南河，爲旱，民憂；守之，爲兵，道不通。太白舍三十日，川溢；一日有姦謀；守兩河，爲兵起。客星守之，爲旱，爲疫。彗、孛出，爲兵；守，爲旱。流星出，爲兵、喪，邊戍有憂。蒼白雲氣入之，河道不通；出而色赤，天子兵向諸侯。黃氣入之，有德令；出，爲災。

北河亦三星，北河曰北戍，一曰北宮，一曰陰門，一曰胡門，一曰衡星，主水。五星出、入、留、守之，爲兵起；犯之，爲女喪；乘之，爲北主憂。歲星入北戍，大臣誅。熒惑從西入北戍，六十日有喪；從東入，九十日有兵；一日出北戍北守之，邊將有不請于上，而用兵外國者勝。塡星守之，兵起，六十日內有赦，一日有土功；若守戍西，五穀不實。太白舍北戍，三十日爲女喪，有內謀；守陰門，不出百日天下兵悉起。辰星守之，外兵起，邊臣有謀；留止，則兵起四方。客星入犯之，有喪於外，姦人在中；入自東，兵起，期九十日；入自西，有喪，期六十日；守之，爲大水。流星經兩河間，天下有難；入，爲北兵入中國，關梁不通。雲氣蒼白入犯之，邊有兵，疾疫，又爲北主憂。

四瀆四星，在東井南垣之東，江、河、淮、濟之精也。明大，則百川決。

水位四星，在積薪東，一曰在東井東北，主水衡。歲星犯之，爲大水；一曰出南，爲旱。熒惑守之，田不治。客星犯之，水道不通，伏兵在水中；一曰客星若水、火，守犯之，百川流溢。彗、孛出，爲大水，爲兵，穀不成。流星入之，天下有水，穀敗民飢。赤雲氣入，爲旱、饑。天罇三星，在五諸侯南，一曰在東井北，罇器也，主盛饘粥，以給貧餒。明，爲豐；暗，則歲惡。

闕丘二星，在南河南，天子雙闕，諸侯兩觀也。太白、熒惑守之，兵戰闕下。

軍市十三星，狀如天錢，天軍貿易之市，有無相通也。中星衆，則軍餘粮；小，則軍飢。月入，爲兵起，主不安。五星守之，軍粮絕。客星入，有刺客起，將離卒亡。流星出，爲大將出。

野雞一星，在軍市中，主變怪。出市外，天下有兵。守靜，爲吉；芒角，爲凶。

狼一星，在東井東南，爲野將，主侵掠。色有常，不欲動也。芒角、動搖，則兵起；明盛，兵器貴；移位，人相食；色黃白，爲凶；赤，爲兵。月犯之，有兵不戰，一曰有水事。月食在狼，外國有謀。五星犯之，兵大起，多盜。彗、孛犯之，盜起。客星守之，色黃潤，爲喜；黑，則有憂。赤雲氣入，有兵。

弧矢九星，在狼星東南，天弓也，主行陰謀以備盜，常屬矢以向狼。武密曰：「天弓張，則北兵起。」又曰：「天下盡兵。」動搖明大，則多盜；矢不直狼，爲多盜；引滿，則天下盡爲盜。月入弧矢，臣踰主。月暈其宿，兵大起。客星入，南夷來降；若舍，其分秋雨雪，穀不成；守之，外夷飢；出入之，爲兵出入。流星入，北兵起，屠城殺將。赤雲氣入之，民驚，一曰北兵入中國。

老人一星，在弧矢南，一名南極。常以秋分之旦見于丙，候之南郊，春分之夕沒于丁。見，則治平，天子壽昌；不見，則兵起，歲荒，君憂。客星入，爲民疫，一曰兵起，老者憂。流星犯之，老人多疾，一曰兵起。白雲氣入之，國當絕。

丈人二星，在軍市西南，主壽考，悼耄矜寡，以哀窮人。星亡，人臣不得自通。

子二星，在丈人東，主侍丈人側。不見，爲災。

孫二星，在子星東，以天孫侍丈人側，相扶而居以孝愛。不見，爲災；居常，爲無咎。

水府四星，在東井西南，水官也，主隄塘、道路、梁溝，以設隄防之備。熒惑入之，有謀臣。辰星入，爲水。客星入，天下大水。流星入，色青，主所之邑大水；赤，爲旱。

按步天歌，自五諸侯至水府常星一十八坐，俱屬東井。武密書以丈人二星，子、孫各一星屬牛宿。乾象新書以丈人與子屬參，孫屬井；又以水府四星亦屬參。武密以水府屬井。餘皆與步天歌合。

輿鬼五星，主觀察姦謀，天目也。東北星主積馬，東南星主積兵，西南星主積布帛，西北星主積金玉，隨變占之。中央星爲積尸，主死喪祠祀；一曰鈇鑕，主誅斬。星明大，穀不成；不明，民散。鑕欲其忽忽不明，明則兵起，大臣誅；動而光，賦重役煩，民懷嗟怨。日食，國不安，有大喪，貴人憂。暈，則其分有兵，大臣有誅廢者。月食，貴臣、皇后憂，期一年。暈，爲旱，爲赦。月犯之，秦分君憂，一曰軍將死，貴臣、女主憂，民疫。歲星犯之，穀傷民飢，君不聽事；犯鬼鑕，執法臣誅。熒惑犯之，忠臣誅，一曰兵起，后失勢；入，則后及相憂，一曰賊在君側，有兵、喪；勾巳，國有赦；留守十日，諸侯當之；二十日，太子當之；勾巳環繞，天子失廟。塡星犯之，大臣、女主憂；守之，憂在後宮，爲旱，爲土功；入鑕，王者惡之；犯積尸，在陽爲君，在陰爲后，左爲太子，右爲貴臣，隨所守惡之。太白入犯之，爲兵，亂臣在內，一曰將有誅；貫之而怒，下有叛臣；久守之，下有兵，爲旱，爲火；萬物不成。辰星犯之，五穀不登；守，爲有喪，憂在貴人。客星犯之，國有自立者敗，一曰多土功；入之，有詛盟祠鬼事。彗星犯之，兵起，國不安。星孛，其下有喪，兵起，宜修德禳之。流星犯鬼鑕，有戮死者；入，則四國來貢。白雲氣入，有疾疫；黑，后有憂；赤，爲旱；黃，爲土功；入犯積尸，貴臣有憂；青，爲病。

按漢永元銅儀，輿鬼四度。舊去極六十八度。景祐測驗，輿鬼三度，距西南星去極六十八度。

爟四星，在鬼宿西北，一曰在軒轅西，主烽火，備邊亭之警急。以不明爲安，明大則邊有警。赤雲氣入，天下烽火皆動。

天狗七星，在狼星北，主守財。動移，爲兵，爲饑，多寇盜，有亂兵。塡星守之，人相食。客、彗守之，則羣盜起。

外廚六星，爲天子之外廚，主烹宰，以供宗廟。占與天廚同。

積尸氣一星，在鬼宿中，孛孛然入鬼一度半，去極六十九度，在赤道內二十二度，主死喪祠祀。

天紀一星，在外廚南，主禽獸之齒。太白、熒惑守犯之，禽獸死，民不安。客星守之，則政隳。

天社六星，在弧矢南。昔共工氏之勾龍能平水土，故祀之以配社，其精上爲星。明，則社稷安；不明、動搖，則下謀上。太白、熒惑犯之，社稷不安。客星入，有祀事于國內；出，則有祀事于國外。

按晉志，爟四星屬天市垣，天狗七星在七星北。武密以天狗屬牛宿，又屬輿鬼，乾象新書屬井。外廚六星，晉志在柳宿南，武密書亦屬柳，乾象新書與步天歌皆屬輿鬼。天紀一星，武密書及乾象新書皆屬柳，惟步天歌屬鬼宿。天社六星，武密書屬井，又屬鬼。乾象新書以西一星屬井，中一星屬鬼，末一星屬柳。今從步天歌以諸星俱屬輿鬼，而備存衆說。

柳宿八星，天之廚宰也，主尙食，和滋味，又主雷雨。爾雅曰：「咮，謂之柳；柳，鶉火也。」又主木功。一曰天庫，又爲鳥喙，主草木。明，則大臣謹重，國家廚食具；開張，則人飢死；亡，則都邑振動；直，則爲兵。日食，宮室不安，王者惡之，廚官、橋道、隄防有憂。日暈，飛鳥多死，五穀不成；三抱而戴者，君有喜。月食，宮室不安，大臣憂。月暈，林苑有兵，天下有土功，廚獄官憂，又爲兵，爲饑，爲旱、疫。歲星犯之，國多義兵。熒惑犯之，色赤而芒角，其下君死，一曰宮中憂火災；守之，有兵，逆臣在側；逆行守之，王不寧。塡星犯守，君臣和，天下喜；石申曰：「天子戒飲食之官。」出、入、留、舍，有急令。太白犯之，有急兵。逆行勾巳，臣謀主；晝見，爲兵。辰星犯之，民相仇，歲旱，君戒在酒食。客星犯之，咎在周國；守，則布帛、魚鹽貴。色蒼白，殺邊地諸侯。彗星犯之，大臣誅，爲兵，爲喪。星孛于柳，南夷叛，甘德曰：「爲兵，爲喪。」流星出犯之，周分憂；色黃，爲喜；入，則王者內有火災；乙巳占：「出，則宗廟有喜，賢人用；入，爲天廚官有憂，木功廢。」赤雲氣入，爲火；黃，爲赦；黃白，爲天子有喜，起宮室。

按漢永元銅儀，以柳爲十四度；唐開元游儀十五度。舊去極七十七度。景祐測驗，柳八星一十五度，距西頭第三星去極八十三度。

酒旗三星，在軒轅右角南，酒官之旗也，主宴享飲食。星不具，則天下有大喪，帝王宴飲，沉昏非禮，以酒亡國；明，則宴樂謹。五星守之，天下大酺，有酒肉賜宗室。熒惑犯之，飲食失度。太白犯之，三公九卿有謀。客、彗犯，主以酒過爲枏所害。赤雲氣入，君以酒失。

按晉志，酒旗在天市垣。步天歌，以酒旗屬柳宿。以通占鏡考之，亦屬柳，又屬七星。乾象新書亦屬七星，與步天歌不同，今並存之。

七星七星，一名天都，主衣裳文繡，又主急兵。故星明，王道昌；暗，則賢良去，天下空；動，則兵起；離，則易政。蓋天曰：七星爲朱雀頸。頸者，文明之粹，羽儀所承。日食其宿，主不安，刑在門戶之神，又曰文章士受誅，其分兵起，臣爲亂。日暈，周邦君憂；青色抱而順，在兵爲東軍吉。月食，后及大臣有憂，又爲歲饑，民流，其國更政。暈，其地旱，獄官凶。歲星犯之，王憂兵，五穀多傷。熒惑犯之，橋梁不通；逆行，則地動爲火災；出、入、留、舍，其國失地，水決。塡星犯守，世治平，王道興，后、夫人喜。太白犯之，兵暴起，大臣爲亂；經天，防詐僞。辰星犯之，賊臣在側；守，則其分有憂，萬物不成，兵從中起，貴臣有罪，民疫流亡。客星犯之，爲兵，荆州占云：「河水決，民流。」彗犯，有亂兵起，貴臣戮；武密曰：「彗星出七星，狀如杵，爲兵。」星孛于星，有亂兵起宮殿，貴臣戮，大臣相譖。流星犯之，爲兵、憂；又曰：入，則有急使來，乙巳占：「流星入，庫官有喜，錦繡進，女工用。」蒼白雲氣入，貴人憂；出，則天子用急使。赤入，爲兵；黑，爲賢士死；黃，則遠人來貢；白，爲天子遣使賜諸侯帛。

按景祐測驗，七星七度，距大星去極九十七度。

軒轅十七星，在七星北，后妃之主，士職也。一曰東陵，一曰權星，主雷雨之神。南大星，女主也；次北一星，夫人也，屛也，上將也；次北一星，妃也，次將也；其次諸星，皆次妃之屬也。女主南小星，女御也；左一星少民，后宗也；右一星大民，太后宗也。欲其色黃小而明。武密曰：「后妃後宮之象，陰陽交合，感爲雷，激爲電，和爲雨，怒爲風，亂爲霧，凝爲霜，散爲露，聚爲雲氣，立爲虹蜺，離爲背璚，分爲抱珥，此二十四變皆權主之。」微細，則皇后不安；黑，則憂在大人；移徙，則民流；東西角大張而振，后族敗。月入之，女主失勢，或火災；犯左右角，大臣以罪免；中犯乘守大民，爲饑，太后宗有罪；守少民，小有饑，女主失勢；守御女，有憂。月暈，女主有喪。月、五星淩犯、環繞、乘守，皆爲女主有禍。月食，女主憂。歲星犯之，女主失勢，一曰大臣當之；乘守大民，爲大饑，太后宗黜；中犯乘守少民，爲小饑，後宮有黜者。熒惑犯守勾巳，后妃離德；犯御女，天子僕妾憂；犯大民、少民，憂在后宗；守之，宮中有戮者。塡星行其中，女主失勢，有喪。太白犯之，皇后失勢。客星犯之，近臣謀滅宗族。彗、孛犯，女主爲寇，一曰兵起。流星入之，後宮多讒亂；

乙巳占：「流星出之，后有中使出。」一曰天子有子孫喜。

天稷五星，在七星南，農正也，取百穀之長以爲號。明，則歲豐；暗，或不具爲饑；移徙，天下荒歉。客星入之，有祠事于內；出，有祠事于國外。

天相三星，在七星北，一曰在酒旗南，丞相大臣之象。武密曰：「占與相星同。」五星犯守之，后妃、將相憂。彗、客犯之，大臣誅。雲氣入，黃，爲大臣喜；黑，爲將疾。

內平四星，在三台南，一曰在中台南，執法平罪之官。明，則刑罰平。

按軒轅十七星，晉志在七星北，而列于天市垣；武密以軒轅屬七星，又屬柳；乾象新書以西八星屬柳，中屬七星，末屬張。天稷五星，晉志在七星南；武密亦以天稷屬七星，又屬柳；乾象新書以西二星屬柳，餘屬七星。天相三星，晉志在天市垣，武密書屬七星，乾象新書屬軫宿。內平四星，晉志在天市垣，武密書屬柳，乾象新書屬張，步天歌屬七星。諸說皆不同，今並存之。

張宿六星，主珍寶、宗廟所用及衣服，又主天廚飲食、賞賚之事。明，則王行五禮，得天之中；動，則賞賚不明，王者子孫多疾；移徙，則天下有逆；就聚，則有兵。日食，爲王者失禮，掌御饌者憂，甘德曰：「后失勢，貴臣憂，期七十日。」暈及有黃氣抱日，主功臣效忠，又曰：「財寶大臣黜，將相憂。」月食，其分饑，臣失勢，皇后有憂。暈，爲水災，陳卓曰：「五穀、魚鹽貴。」巫咸曰：「后妃惡之，宮中疫。」月犯之，將相死，其國憂。歲星入犯之，天子有慶賀事；守之，國大豐，君臣同心；三十日不出，天下安寧，其國升平。熒惑犯之，功臣當封；入，則爲兵起；又曰色如四時休王，其分貴人安，社稷無虞；又曰熒惑春守，諸侯叛；逆行守之，爲地動，爲火災，又曰將軍驚，土功作，又曰會則不可用兵。塡星犯之，爲女主飲宴過度，或宮女失禮；入，爲兵；出，則其分失地；守之，有土功。太白犯之，國憂；守之，其國兵謀不成，石申曰：「國易政」；舍留，其國兵起。辰星犯守，五穀不成，兵起，大水，貴臣負國，民疫，多訟；芒角，臣傷其君；入，爲火災；出，則有叛臣。客星犯之，天子以酒爲憂；守之，周、楚之國有隱士出；入于張，兵起國饑；舍留不去，前將軍有謀，又曰利先起兵。彗星犯之，國用兵，民亡；守，爲兵；出，爲旱；又曰犯守，君欲移徙宮殿。星孛于張，爲民流，爲兵大起。乙巳占：「流星出入，宗社昌，有赦令，下臣入賀。」蒼白雲氣入之，庭中觴客有憂；黃白，天子因喜賜客；黑，爲其分水災；色赤，天子將用兵。

按漢永元銅儀，張宿十七度；唐開元游儀，十八度。舊去極九十七度。景祐測驗，張十八度，距西第二星去極一百三度。

天廟十四星，在張宿南，天子祖廟也。明，則吉；微細，其所有兵，軍食不通。客星中犯之，有白衣會，兵起，又曰祠官有憂。武密曰：「與虛梁同占。」

按天廟十四星，晉志雖列于二十八宿之外，而亦曰在張宿南，與隋志所載同，兼與步天歌合。

翼宿二十二星，天之樂府，主俳倡戲樂，又主外夷遠客、負海之賓。星明大，禮樂興，四國賓；動搖，則蠻夷使來；離徙，天子將舉兵。日食，王者失禮，忠臣見譖，爲旱災。暈，爲樂官黜；上有抱氣三，敵心欲和。月食，亦爲忠臣見譖，飛蟲多死，北方有兵，女主惡之，石申曰：「大臣有謀。」月犯之，國憂，其分有兵，大將亡，女主惡之。歲星犯，五穀爲風所傷；守之，王道具，將相忠，文術用；逆行入之，君好畋獵。熒惑犯之，其分民饑，臣下不從命，邊兵起；出、入、留、舍，爲兵；守之，佞臣爲亂。塡星犯之，大臣憂；守之，主聖臣賢，歲豐，后有喜；出、入、留、舍，兵起；逆行，則女主失政。太白入，或犯之，皆爲兵起；出、入、留、舍，大風水災，其分君不安；舍左，爲旱；守犯、勾巳、凌突，則大臣專君令。辰星凌抵，下臣爲亂伏誅；守之，旱，饑，民流，龍蛇見；守其中，兵大起；同見西方，大臣憂。客星入犯之，國有兵，大臣憂，一曰負海國有使來；守之，爲兵起。彗星犯之，大臣憂，國有兵、喪。星孛于翼，亦爲大臣憂，其分失禮樂；出，則其地有謀，下有兵、喪；芒所指，有降人。流星犯之，亦爲憂在大臣；出，則其下有兵；入，爲貴臣囚繫，乙巳占曰：「流星入，天下賢士入見，南夷來貢，國有賢臣。」赤雲氣出入，有暴兵；黃而潤澤，諸侯來貢；黑，爲國憂。

按漢永元銅儀，翼宿十九度；唐開元游儀，十八度。舊去極九十七度。景祐測驗，翼宿一十八度，距中行西第二星去極百四度。

東甌五星，在翼南，蠻夷星也。天文錄曰：「東甌，東越也，今永嘉郡永寧縣是也。」芒角、動搖，則蠻夷叛。太白、熒惑守之，其地有兵。

按東甌五星，晉志在二十八宿之外，乾象新書屬張宿；武密書屬翼宿，與步天歌合。

軫宿四星，主冢宰、輔臣，主車騎，主載任。有軍出入，皆占于軫。又主風，占死喪。明大，則車駕備；移徙，天子有憂；就聚，則兵起。轄二星，傅軫兩旁，主王侯，左轄爲王者同姓，右轄爲異姓。星明，兵大起；遠軫，凶；轄舉，南蠻侵；車無轄，國有憂。日食，憂在將相，戒車駕之官，一曰后不安。暈而生背氣，其下兵起，城拔，視背所向擊之勝，又曰王者惡之。月食，后及大臣憂。月暈，有兵，歲旱，多大風。歲星犯之，爲火災，爲民疫，大臣憂，主庫者有罪；入，則其國將死；守之，國有喪；七日不移，有赦，又曰君有憂。熒惑犯之，有亂兵；入軫，將軍爲亂，水傷稼，民多妖言；逆行，爲火，爲兵。塡星犯之，爲兵，爲土功；入，則兵敗；逆行，女主憂；出、入、舍、留，六十日兵起，大旱。太白犯之，爲兵起，得地；入，爲兵；守之，亡地，將憂；起左角，逆行至軫，失地；經天，則兵滿野。辰星犯之，民疫，大臣憂，中國有貴喪；守之，大水；入，則天下以火爲憂，一曰國有喪。客星犯之，爲兵，爲喪；入，則有土功，糴貴，諸侯使來；出，則君使諸侯；守之，邊兵起，民饑；守轄，軍吏憂。彗星犯之，爲兵，爲喪；色赤，爲君失道，又曰天子起兵，王公廢黜。星孛于軫，亦爲兵、喪，又曰下謀上，主憂。流星犯之，有兵起，亦有喪，不出一年，庫藏空；春夏犯之，爲皮革用；秋冬，爲水旱不調。

按漢永元銅儀，以軫宿爲十八度。舊去極九十八度。景祐測驗，亦十八度，去極一百度。

長沙一星，在軫宿中，入軫二度，去極百五度，主壽命。明，則君壽長，子孫昌。

青丘七星，在軫東南，蠻夷之國號。星明，則夷兵盛；動搖，夷兵爲亂；守常，則吉。

軍門二星，在青丘西，一曰在土司空北，天子六宮之門，主營候，設豹尾旗，與南門同占。星非其故，及客星犯之，皆爲道不通。

器府三十二星，在軫宿南，樂器之府也。明，則八音和，君臣平；不明，則反是。客、彗犯之，樂官誅。赤雲氣掩之，天下音樂廢。

土司空四星，在青丘西，主界域，亦曰司徒。均明，則天下豐；微暗，則稼穡不登。太白、熒惑犯之，男女廢耕桑。客、彗犯之，爲兵起，民流。

按步天歌，以左轄右轄二星、長沙一星、軍門二星、土司空四星、青丘七星、器府三十二星俱屬軫宿；晉志惟轄星、長沙附于軫，餘在二十八宿之外；乾象新書以軍門、器府、土司空屬翼，青丘屬軫；武密書以軍門屬翼，餘皆屬軫。今從步天歌，而附見諸家之說。

校勘記

〔一〕王后有憂　「王后」，原作「后王」，據開元占經卷一七、觀象玩占卷一八改。

〔二〕月犯之　「月」，原作「日」，據觀象玩占卷三三改。

〔三〕天之耳目也　「目」字原脫，據開元占經卷六二、觀象玩占卷一九補。

宋史卷五十二

志第五

天文五

七曜　景星　彗孛　客星　流星　妖星　星變　雲氣　日食
日變　日煇氣　月食　月變　月煇氣

七曜

日爲太陽之精，君之象，日行一度，一年一周天。日月行有道之國，則光明。君道至大，則日色光明；動不失時，則日揚光。至德之萌，日月如連璧。君臣有道，則日含「王」字；君亮天工，則日備五色；有聖人起，則日再中。人君有德，日有四彗，光芒四出；日有二彗，一年再赦。

周禮視祲掌十煇之法：一曰祲，陰陽五色之氣，浸淫相侵；二曰象，雲氣成形象；三曰鑴，日旁氣刺日；四曰監，雲氣臨日上；五曰闇，謂蝕及日光脫；六曰瞢，不光明；七曰彌，白虹貫日；八曰序，謂氣若山而在日上，及冠珥背璚重疊次序在于日旁；九曰隮，謂暈及虹也；十曰想，五色有形想。

凡黃氣環在日左右爲抱氣；居日上爲戴氣，爲冠氣；居日下爲承氣，爲履氣；居日下左右爲紐氣，爲纓氣。抱氣則輔臣忠，餘皆爲喜，爲得地，吉。

一珥在日西則西軍勝，在東則東軍勝，南北亦然；無兵，亦有拜將。兩珥氣圜而小在日左右，主民壽考。三珥色黃白，女主喜；純白，爲喪；赤，爲兵；青，爲疾；黑，爲水。四珥主立侯王，有子孫喜。

日有黃芒，君福昌；多黃輝，王政太平。日無光，爲兵、喪，又爲臣有陰謀。日旁雲氣白如席，兵衆戰死；黑，有叛臣；如蛇貫之而青，穀多傷；白，爲兵；赤，其下有叛；黃，臣下交兵；黑，爲水。日始出，黑雲氣貫之，三日有暴雨。青雲在上下，可出兵。有赤氣如死蛇，爲饑，爲疫。雜氣刺日皆爲兵。

日暈，七日內無風雨，亦爲兵；甲乙，憂火；丙丁，臣下忠；戊己，后族盛；庚辛，將利；壬癸，臣專政。半暈，相有謀；黃，則吉；黑，爲災。暈再重，歲豐；色青，爲兵，穀貴；

赤，蝗爲災。三重，兵起。四重，臣叛。五重，兵、饑。六重，兵、喪。七重，天下亡。日並出，諸侯有謀，無道用兵者亡。日鬬，爲兵寇。日隕，下失政。日中見飛燕，下有廢主。日中黑子，臣蔽主明。日晝昏，臣蔽君之明，有篡弑。赤如血，君喪臣叛。日夜出，兵起，下陵上，大水。日光四散，君失明。白虹貫日，近臣亂，諸侯叛。日赤如火，君亡。日生牙，下有賊臣。

日食爲陰蔽陽，食既則大臣憂，臣叛主，兵起。日食在正旦，王者惡之。日珥，甲乙，日有二珥四珥而食，白雲中出，主兵；丙丁，黑雲，天下疫；戊己，青雲，兵、喪；庚辛，赤雲，天下有少主；壬癸，黃雲，有土功。

日食在甲乙日，主四海之外，不占；丙丁，江、淮、海、岱也；戊己，中州〔一〕河、濟也；庚辛，華山以西；壬癸，常山以北。各以其下所主當之。寅卯辰木，招謀者司徒也。巳午未火，招謀者太子也。申酉戌金，司馬也。亥子丑水，司空也。

月爲太陰之精，女主之象，一月一周天。君明，則依度；臣專，則失道。或大臣用事，兵刑失理，則乍南乍北；或女主外戚專權，則或進或退。月變色，爲殃；青，饑；赤，兵、旱；黃，喜；黑，水。晝明，則姦邪作。月旁瑞氣，一珥，五穀登；兩珥，外兵勝；四珥及生戴氣，君喜國安。終歲不暈，天下偃兵。

晦而明見西方，曰朓；朔而明見東方，曰仄慝。朓則政緩，仄慝則政急。六日而弦，臣專政。七日而弦，主勝客。八日而弦，天下安。十日不弦，將死，戰不勝。

兩月並見，兵起，國亂，水溢。星入月中，亡國破將。白暈貫之，下有廢主。白虹貫之，爲大兵起。生齒，則下有叛臣。生足，則后族專政。

月珥背璚，暈而珥，六十日兵起；珥青，憂；赤，兵；白，喪；黑，國亡；黃，喜。有背璚，臣下弛縱，欲相殘賊，不和之氣。暈三重，兵起；四重，國亡；五重，女主憂；六重，國失政；七重，下易主；八重，亡國；九重，兵起亡地；十重，天下更始。

月食，從上始則君失道，從旁始爲相失令，從下始爲將失法。歲星犯之，兵、饑、民流。熒惑犯之，大將死，有叛臣，民饑。塡星犯之，人臣弑主；合，國饑。月食塡星，民流；一曰月犯塡，女主憂，民流。太白犯，出月右爲陰國有謀，左爲陽國有謀；出月下君死、民流。月戴太白，起兵；入月，將死；與太白會，太子危。辰星犯之，天下水。月食辰，水，饑。辰入月，臣叛主。彗星入，或犯之，兵期十二年，大饑；貫月，臣叛主。流星犯之，有兵；入無光，有亡國；在月上下，國將亂。月犯列星，其國受兵。星食月，國相死。星見月中，主憂。

凡月之行，歷二十有九日五十三分而與日相會，是謂合朔。當朔日之交，月行黃道而日爲月所揜，則日食，是爲陰勝陽，其變重，自古聖人畏之。若日月同度于朔，月行不入黄道，則雖會而不食。月之行在望與日對衝，月入于闇虚之內，則月爲之食，是爲陽勝陰，其變輕。昔朱熹謂月食終亦爲災，陰若退避，則不至相敵而食。所謂闇虚，蓋日火外明，其對必有闇氣，大小與日體同。此日月交會薄食之大略也。日食修德，月食修刑，自昔人主遇災而懼，側身修行者，此也。

歲星爲東方，爲春，爲木。於人五常，仁也；五事，貌也。超舍而前爲贏，退舍爲縮。色光明潤，君壽民富。又主福，主大司農，主五穀。石申曰：歲星所在，國不可伐，如歲在卯，不可東征。甘德曰：所去，國凶；所之，國吉；退行，爲凶災。主泰山、徐青兗及角、亢、氐、房、心、尾、箕。君令不順，則歲星退行；入陰爲內事，入陽爲外事；行陰道爲水，行陽道爲旱。星大，則喜；小，則牛馬多死，疾疫。初見小而日益大，所居國利。初出大而日小，國秏。荆州占：歲星色黑，爲喪；黄，則歲豐；白，爲兵；青，多獄；君暴，則色赤。熒惑相犯，爲大戰；相去方寸爲犯，戰，客勝。食火，國亡。邊侵曰食。守之爲賊。居之不去爲守。觸火，則國亂。兩體俱動而直曰觸。合鬬，爲饑、旱。離復合，合復離曰鬬。塡星相犯，退，犯塡，太子叛。當東反西曰退。與塡星合，爲內亂，民饑。芒角相及同光曰合。守塡星，其下城敗。太白相犯，大臣黜，女主喪。觸太白，則四邊來侵。守太白，爲四序不調。合鬬，則大將死。辰星相犯，太子憂。觸辰，主憂；守，憂賊。合，則君臣和。晝見，則臣強。他星犯之，主不安。客星犯守，主憂。流星犯之，色蒼黑，大農死；赤，爲饑疫；黃，則歲豐。抵之，臣叛主。

熒惑爲南方，爲夏，爲火。於人五常，禮也；五事，視也。晉灼曰：「常以十月入太微，受制而出，行列宿，司無道〔三〕，出入無常。」二歲一周天。出，則有兵；入，則兵散。逆行一舍二舍，爲不祥，所舍國爲亂、賊、疾、喪、饑、兵。或環遶勾巳，芒角、動搖、變色，乍前乍後，爲殃愈甚。退行一舍，天下有火災；五舍，大臣叛。星經曰：「主霍山、揚荊交州，又主輿鬼、柳、七星〔三〕。」又主大鴻臚，又曰主司空，爲司馬，主楚、吳、越以南，司天下羣臣之過失。東行，則兵聚東方；西行，則兵聚西方。天下安，則行疾。與歲星相犯，主册太子，有赦。觸歲星，有子；守之，太子危。塡星相犯，兵大起。入塡星，將爲亂；觸之，有刀兵；守之，有內賊，太子危。與太白相犯，主亡，兵起；守北，太子憂；南，庶子憂。環遶，偏將死。與辰星相犯，兵敗。與辰星相會，爲旱，秋爲兵，冬爲喪；守之，太子憂，有赦。他星相犯，兵起。祆星犯之，爲兵，爲火。

塡星爲中央，爲季夏，爲土。於人五常，信也；五事，思也。常以甲辰元始之歲塡行一宿，二十八歲而一周天。四星皆失，塡爲之動。所居，國吉，女子有福，不可伐。去之，失地。天子失信，則塡大動。盈則超舍，以德盈則加福，刑盈則不復；縮則退舍不及常，德縮則迫惑，刑縮則不育。星經曰：「主嵩山、豫州，又主東井。」行中道，則陰陽和調。退行一舍，爲水；二舍，海溢河決。經天退行，天下更政，地動。巫咸曰：光明，歲熟。大明，主昌。小暗，主憂。春青，夏赤，女主喜。春色蒼，歲大熟；色赤，饑。有芒，兵。與歲星相犯相鬬，爲內亂；合，則野有兵。熒惑相犯，爲兵、喪；合，則爲兵，爲內亂，大人忌之。太白相犯，爲內兵，有大戰，一曰王者失地。合於太微，國有大兵，一曰國亡。辰星犯，爲兵，爲旱。祅星犯，下臣謀上。流星犯，則民多事。與月相犯，有兵。

太白爲西方，爲秋，爲金。於人五常，義也；五事，言也。常以正月甲寅與火晨出東方，二百四十日而入。入四十日又出西方，二百四十日而入。入三十五日而復出東方。出以寅戌，入以丑未也。一年一周天。日方南太白居其南，日方北太白居其北，爲贏，侯王不寧，用兵進吉退凶。日方南太白居其北，日方北太白居其南，爲縮，侯王有憂，用兵退吉進凶。星經曰：「主華陰山、梁雍益州〔四〕，又主奎、婁、胃、昴、畢、觜、參。」出西方，失行，外國敗。出東方，失行，中國敗。若經天，天下革，民更主，是謂亂紀，人衆流亡。晝見，與日爭明，強國弱，女主昌，又曰主大臣。巫咸曰：光明見影，戰勝，歲熟。狀炎然而上，兵起。光如張蓋，下有立王。凡與歲星相犯，兵敗失地。犯熒惑，客敗主勝。犯塡星，太子不安，失地。犯辰星，主兵。入月，主死，其下兵。犯月角，兵起，在左則中國勝，在右則外國勝。

當見不見，失地破軍。他星犯，其事急。祆星犯，邊城有戰。客星犯，主兵將死。凡太白至午位，避日而伏，若行至未，卽爲經天，其災異重也。

辰星爲北方，爲冬，爲水。於人五常，智也；五事，聽也。常以二月春分見奎、婁，五月夏至見東井，八月秋分見角、亢，十一月冬至見牽牛。出以辰戌，入以丑未，二旬而入。晨候之東方，夕候之西方也。一年一周天。出早爲月食，晚爲彗星及天祆。一時不出，其時不和。四時不出，天下大饑。星經曰：「主常山、冀幷幽州，又主斗、牛、女、虛、危、室、壁。」又曰主燕、趙、代，主廷尉，以比宰相之象。石申曰：色黃，五穀熟；黑，爲水；蒼白，爲喪。凡與歲星相犯，皇后有謀。熒惑犯，妨太子。塡星犯，兵敗；太白亦然。芒角相及同光曰合，他星光曜相逮爲害。客星、太陰、流星相犯，主內患。

凡五星：歲星色青，比參左肩；熒惑色赤，比心大星；塡星色黃，比參右肩；太白色白，比狼星；辰星色黑，比奎大星。得其常色而應四時則吉，變常爲凶。

木與土合爲內亂，饑；與水合爲變謀而更事；與火合爲饑，爲旱；與金合爲白衣之會，合鬭，國有內亂，野有破軍，爲水。太白在南，歲星在北，名曰牝牡，年穀大熟。太白在北，歲星在南，其年或有或無。火與金合爲爍，爲喪，不可舉事用兵，從軍爲軍憂；離之，軍却。出太白陰，分地；出其陽，偏將戰。與土合爲憂，主孽卿。與水合爲北軍，用兵舉事大敗。一曰，火與水合爲焠，不可舉事用兵。土與水合爲壅沮，不可舉事用兵，有覆軍〔三〕。一曰，爲變謀更事，必爲旱。與金合爲疾，爲白衣會，爲內兵，國亡地。與木合國饑。水與金合爲變謀，爲兵、憂。

木、火、土、金與水鬭，皆爲戰，兵不在外，皆爲內亂。

三星合，是謂驚立絕行，其國外內有兵與喪，百姓饑乏，改立侯王。四星合，是謂大湯，其國兵、喪並起，君子憂，小人流。五星若合，是謂易行，有德受慶，改立王者，奄有四方，子孫蕃昌；亡德受殃，離其國家，滅其宗廟，百姓離去，被滿四方。五星皆大，其事亦大；皆小，事亦小。五星俱見，其年必惡。

凡五星與列宿相去方寸爲犯，居之不去爲守，兩體俱動而直曰觸，離復合、合復離曰鬭，當東反西曰退，芒角相及同舍曰合。

凡五星東行爲順，西行曰逆，順則疾，逆則遲，通而率之，終於東行。不東不西曰留，與日相近而不見曰伏，伏與日同度曰合。

凡金、水二星，行速而不經天，自始與日合後，行速而先日，夕見西方。去日前稍遠，夕時欲近南方則漸遲，遲極則留，留而近日，則逆行而合日；在于日後，晨見東方。逆極則留，留而後遲，遲極去日稍遠，旦時欲近南方，則速行以追日，晨伏于東方，復與日合度。此五星合見、遲疾、順逆、留行〔六〕之大端也。

凡五星之行，古法周天之數，如歲星謂十二年一周天，乃約數耳。晉灼謂太歲在四仲則行三宿，在四孟、四季則行二宿，故十二年而行周二十八宿。其說亦非。夫二十八宿，度有廣狹，而歲星之行自有盈縮，豈得以十二年一周無差忒乎？唐一行始言歲星自商、周迄春秋季年，率百二十餘年而超一次，因以爲常。以春秋亂世則其行速，時平則其行遲，其說尤迂。既乃爲後率前率之術以求之，則其說自悖矣。今紹興曆法，歲星每年行一百四十五分，是每年行一次之外有餘一分，積一百四十四年剩一次矣〔七〕。然則先儒之說，安可信乎？餘四星之行，固無逆順，中間亦豈無差忒？一行不復詳言，蓋亦知之矣。

景星

景星，德星也，一曰瑞星，如半月，生於晦朔，大而中空，其名各異。曰周伯，其色黃，煌煌然，所見之國大昌。曰含譽，光耀似彗，喜則含譽射。曰格澤，狀如炎火，下大上銳，色黃白，起地上，見則不種而穫。曰歸邪，兩赤彗向上，有蓋。曰天保星，有音，如炬火下地，野雞鳴。皆五行冲和之氣所生也。其王蓬芮、玄保、昭明、昏昌、旬始、司危、蒐昌、地維臧光之類，亦皆爲瑞星。然前志以王蓬芮已下星爲妖星。又奇星，古無所考，見於仁宗、英宗之時，故附於景星之末云。

彗孛

彗星，小者數寸，長者或竟天。見則兵起，大水，除舊布新之兆也。其體無光，傅日而爲光。故夕見則東指，晨見則西指。光芒所及則爲災。有五色，各依五行本精所生。孛星，彗屬。偏指曰彗，芒氣四出曰孛。孛者，孛孛然，非常惡氣之所生也。主大亂，主大兵，災甚於彗。旄頭星，玉册云亦彗屬也。

客星

客星有五：周伯、老子、王蓬絮、國皇、温星是也。周伯，大而黄，煌煌然，所見之國，兵喪，饑饉，民庶流亡。老子，明大純白，出則爲饑，爲凶，爲善，爲惡，爲喜，爲怒。王蓬絮，狀如粉絮，拂拂然，見則其國兵起，有白衣之會。國皇，大而黄白，有芒角，主兵起，水災，人主惡之。温星，色白，狀如風動搖，常出四隅。皆主兵。此五星錯出乎五緯之間，其見無期，其行無度，各以其所在分野而占之。又四隅各有三星：東南曰盜星，主大盜；西南曰種陵；出則穀貴；西北曰天狗，見則天下大饑；東北曰女帛，主有大喪。

流星

流星，天使也。自上而降曰流，東西橫行亦曰流。流星有八，曰天使，曰天暉，曰天鴈，曰天保，曰地鴈，曰梁星，曰營頭〔八〕，曰天狗。流星之爲天使者有祥有妖，爲天暉、天鴈，夜隕而爲天保，則祥；若夜隕而爲地鴈、梁星，晝隕而爲營頭，則妖。流星之大者爲奔星，夜隕而爲天狗，厥妖大。自下而升曰飛。飛星有五，亦有妖祥之分，飛星化而爲天刑則祥；爲降石，爲頓頑，爲解銜，爲大滑，則爲妖。

妖星

妖星，五行乖戾之氣也。五星之精，散而爲妖星，形狀不同，爲殃則一。各以其所見日期、分野、形色，占爲兵、饑、水、旱、亂、亡。星長三尺至五尺，期百日，等而上之，至一丈期一年，三丈期三年，五丈期五年，十丈期七年，十丈已上，不出九年。蓋妖星長大則期遠而殃深，短小則期近而殃淺。

天棓星乃歲之精，主奮爭。天槍如彗，出西方，長二三尺，名天槍，主破國。天猾主招亂。

天欃出西方，長數丈，主國亂。蚩尤旗類彗而後曲，主兵。天衝狀如人，蒼衣赤首，不動，主下謀上，滅國。國皇大而赤，去地三丈，如炬火，主內寇。及登主夷分〔九〕，主恣虐，且見則主弱。昭明如太白，光芒不行，主兵、喪。司危，天官書如太白〔一〇〕，有目，去地可六丈，大而白，其下有兵，主擊強。五殘如辰星，去地六七丈，其下有兵，主奔亡。六賊去地六丈，大而赤，有光，出非其方，下有兵、喪。獄漢青中赤表，下有三彗，去地可六丈，大而赤，數動。大賁主滅邪暴兵。燭星主滅邪。紬流主伏逃。茀星、昴、孛星主災。旬始出北斗旁，如雄雞，見則更主。擊咎主大兵，有反者，大亂。天杵主牸羊。天柎主擊殃。伏靈見則世亂。天敗主鬬衝。司姦主見怪。天狗有毛，旁有短彗，下如狗形，見則兵饑。天殘主貪殘。卒起有謀反，主驚亡。枉矢色黑，蛇行，望之如有毛目，長數匹者，見則兵起，破女君臣憂，上下亂。拂樞主制時。滅寶主伐亂。繞綎主亂孳。驚理主相屠。大奮祀主招邪。

天鋒彗象，形似矛鋒，見則兵起，有亂臣。昭星有三彗，兵出，有大盜不成，又主滅邪。蓬星大如二斗器，色白，出東南方，東北主旱，或大水。長庚星如一匹布著天，見則兵起。四塡大而赤，可二丈，爲兵。地維臧光星如月，始出，大而赤，去地二丈，東南，旱；西北，兵；出東北，大水。老子星色白，爲善爲惡，爲饑爲凶，爲喜爲怒。營頭星有雲如壞山墜，所墜下有覆軍流血。積陵出西南，長三丈，主兵，小饑。昏昌出西北，氣青赤色，中赤外青，主國易政。孛星出西北，狀如環，大則諸侯失地。白星如削瓜，主男喪。菟昌有赤青環之，主水，天下改易。濛星赤如牙旗，長短四面，西南最多，亂之象。長星出西方。

歲星之精，化爲天棓、天槍、天滑、天衝、國皇、及登，蒼彗。火星之精，化爲昭旦、蚩尤之旗、昭明、司危、天欃，赤彗。土星之精，化爲五殘、六賊、獄漢、大賁、昭星、絀流、茀星、旬始、蚩尤、虹蜺、擊咎，黃彗。太白之精，化爲天杵、天柎、伏靈、天敗、司姦、天狗、天殘、卒起，白彗。辰星之精，化爲枉矢、破女、拂樞、滅寶、繞綎、驚理、大奮祀，黑彗。

而月旁祆星，亦各有所生。天槍、天荆、眞若、天猿〔二〕、天樓、天垣，歲星所生也，見以甲寅日，有兩青方在其旁。天陰、晉若、官張、天惑、天雀、赤若、蚩尤，熒惑所生也，出在丙寅日，有兩赤方在其旁。天上、天伐、從星、天樞、天翟、天沸、荆彗，塡星所生也，出在戊寅日，有兩黃方在其旁。若星、帚星、若彗、竹彗、牆星、權星〔三〕、白藿，太白所生也，出在庚寅日，有兩白方在其旁。天美、天毚、天社、天林、天庥〔三〕、天蒿、端下，辰星所生也，出以壬寅日，有兩黑方在其旁，見則爲水、旱、兵、喪、饑、亂。

雲氣

周禮保章氏：「以五雲之物辨吉凶，水旱降豐荒之祲象」。故魯僖公日南至登觀臺以望，漢明帝升靈臺以望元氣，吹時律，觀物變。蓋古者分至啓閉必書，雲物爲備故也。迨乎後世，其法寖備。瑞氣則有慶雲、昌光之屬，妖氣則有虹蜺、祥雲之類，以候天子之符應，驗歲事之豐凶，明賢者之出處，占戰陣之勝負焉。

日食

建隆元年五月己亥朔，日有食之。二年四月癸巳朔，日有食之。

乾德三年二月壬寅朔，日當食，不食。五年六月戊午朔，日有食之。

開寶元年十二月己酉朔，日有食之。三年四月辛酉朔〔四〕，日有食之。四年十月癸亥朔，日有食之。五年九月丁巳朔，日有食之。七年二月庚辰朔，日有食之。八年七月辛未朔，日有食之。

太平興國二年十一月丁亥朔，日有食之，既。六年九月乙未朔，日有食之。七年三月癸巳朔，日有食之。八年二月戊子朔，日有食之。

雍熙二年十二月庚子朔，日有食之。三年六月戊戌朔，日有食之。

淳化二年閏二月辛未朔，日有食之。三年二月乙丑朔，日有食之。四年二月己未朔，日有食之。八月丙辰朔，日有食之。五年十二月戊寅朔，日有食之，雲陰不見。

咸平元年五月戊午朔，日有食之。十月丙戌朔，日有食之。二年九月庚辰朔，日有食之。三年三月戊寅朔，日有食之。五年七月甲午朔，日有食之。

景德元年十二月庚辰朔，日有食之。三年五月壬寅朔，日有食之，雲陰不見。四年五月丙申朔，日有食之，陰雨不見。

大中祥符二年三月丙辰朔，日有食之，陰雨不見。五年八月丙申朔，日有食之。六年十二月戊午朔，日有食之。七年十二月癸丑朔，日當食，不食。八年六月己酉朔，日有食之。

天禧三年三月戊午朔，日有食之。五年七月甲戌朔，日有食之。

乾興元年七月甲子朔〔一五〕，日食幾盡。

天聖二年五月丁亥朔，日當食不食。四年十月甲戌朔，日有食之〔一六〕。六年三月丙申朔，日有食之。七年八月丁亥朔，日有食之。

明道二年六月甲午朔，日有食之。

景祐三年四月己酉朔，日當食不食。

寶元元年正月戊戌朔，日有食之。

康定元年正月丙辰朔，日有食之。

慶曆二年六月癸酉朔，日有食之〔一七〕。三年五月丁卯朔，日有食之。四年十一月戊午朔，日當食不食。五年四月丁亥朔，日有食之，雲陰不見。六年三月辛巳朔，日有食之。

皇祐元年正月甲午朔，日有食之。四年十一月壬寅朔，日有食之。五年十月丙申朔，日有食之。

至和元年四月甲午朔，日有食之。

嘉祐元年八月庚戌朔，日有食之。三年八月己亥朔，日有食之。四年正月丙申朔，日有食之。六年六月壬子朔，日有食之，雲陰不見。

熙寧元年正月甲戌朔，日有食之。二年七月乙丑朔，日有食之，雲陰不見。六年四月甲戌朔，日有食之，雲陰不見。八年八月庚寅朔，日有食之，雲陰不見。

元豐元年六月癸卯朔，日當食不食。三年十一月己丑朔，日有食之。四年十一月癸未朔，日當食不食。五年四月壬子朔，日有食之，雲陰不見。六年九月癸卯朔，日有食之。

元祐二年七月庚戌朔，日有食之，陰雨不見。六年五月己未朔，日有食之。

紹聖元年三月壬申朔，日有食之。二年二月丁卯朔，日當食不食。四年六月癸未朔，日有食之，雲陰不見。

元符三年四月丁酉朔，日有食之。

建中靖國元年四月辛卯朔，日有食之，雲陰不見。

大觀元年十一月壬子朔，日有食之。二年五月庚戌朔，日有食之。四年九月丙寅朔，日有食之。

政和三年三月壬子朔，日有食之。五年七月戊辰朔，日有食之。

重和元年五月壬午朔，日有食之。

宣和元年四月丙子朔，日有食之。五年八月辛巳朔，日有食之，陰雲不見。

建炎三年九月丙午朔，日食于亢。

紹興五年正月乙巳朔，日食于女。七年二月癸巳朔，日食于室。是年，當金之天會十五年，金史不書日食。八年至十二年，日食多在夜，史蒙蔽不書。十三年十二月癸未朔，日食于牛，霒雲不見。十五年六月乙亥朔，日食于井。十七年十月辛卯朔，日食于氐。是年，乃金之皇統七年，金史不書日食。十八年四月戊子朔，日有食之，霒雲不見。十九年三月癸未朔，日有食之，霒雲不見。二十四年五月癸丑朔，日有食之，霒雲不見。二十五年五月丁未朔，日有食之，霒雲不見。二十八年三月辛酉朔，日有食之，霒雲不見。三十年八月丙午朔，日食于翼。三十一年正月甲戌朔，太史言日當食而不食。三十二年正月戊辰朔，日食于女。

隆興元年六月庚申朔，日食于井。二年六月甲寅朔，日有食之，霒雲不見。

乾道五年八月甲申朔，日食在翼，霒雲不見。九年五月壬辰朔，日食在井，霒雲不見。

淳熙元年十一月甲申朔，日食在尾，霧雲不見。三年三月丙午朔，日有食之，霧雲不見。四年九月丁酉朔，日有食之，霧雲不見。十年十一月壬戌朔，日食于心。十五年八月甲子朔，日食于翼。十六年二月辛酉朔，日有食之，霧雲不見。

慶元元年三月丙戌朔，日食于婁。四年正月己亥朔，日有食之，霧雲不見。五年正月癸巳朔，日有食之，霧雲不見。六年六月乙酉朔，日有食之，霧雲不見。是年，乃金承安五年，金史不書日食。

嘉泰二年五月甲辰朔，日食于畢。三年四月己亥朔，日有食之。金史不書。

開禧二年二月壬子朔，日當食，太史言不見虧分。

嘉定三年六月丁巳朔，日有食之。四年十一月己酉朔，日當食，太史言不見虧分。金史不書。七年九月壬戌朔，日食于角。九年二月甲申朔，日食于室。十年七月丙子朔，日食于張。十一年七月庚午朔，日有食之。十四年五月甲申朔，日食于畢。十六年九月庚子朔，日食于軫。

寶慶三年六月戊申朔，日有食之。

紹定元年六月壬寅朔，日有食之。六年九月壬寅朔，日有食之，霧雲不見。

端平二年二月甲子朔，日當食不虧。

嘉熙元年十二月戊寅朔，日有食之。

淳祐二年九月庚辰朔，日有食之。三年三月丁丑朔，日有食之。五年七月癸巳朔，日有食之。六年正月辛卯朔，日有食之。九年四月壬寅朔，日有食之。十二年二月乙卯朔，日有食之。

寶祐元年二月己酉朔，日有食之。

景定元年三月戊辰朔，日有食之。二年三月壬戌朔，日有食之。

咸淳元年正月辛未朔，日有食之。三年五月丁亥朔，日有食之。四年十月戊寅朔，日有食之。六年三月庚子朔，日有食之。七年八月壬辰朔，日有食之。八年八月丙戌朔，日有食之。

德祐元年六月庚子朔，日食，既，星見，鷄鶩皆歸。明年，宋亡。

日變

周顯德七年正月癸卯，日既出，其下復有一日相掩，黑光摩盪者久之。

開寶七年正月丙戌，日中有黑子二。

景德元年十二月甲辰，日有二影，如三日狀。三年九月戊申，日赤如赭。四年四月甲申，日無光。

寶元二年十二月庚申，日赤如朱，踰二刻復。

慶曆八年正月乙未，日赤無光。

熙寧十年二月辛卯，日中有黑子如李，至乙巳散。

元豐元年閏正月庚子，日中有黑子如李，至二月戊午散。十二月丙午，日中有黑子如李大，至丁巳散。二年二月甲寅，日中有黑子如李，至癸亥散。

崇寧二年五月癸卯，日淡赤無光。三年十月壬辰，日中有黑子如棗大。

政和二年四月辛卯，日中有黑子，乍二乍三，如栗大。八年十一月辛亥，日中有黑子如李大。

宣和二年正月己未，日蒙蒙無光。五月己酉，日中有黑子如棗大。三年十二月辛卯，日中有黑子，如李大。四年二月癸巳，日蒙蒙無光。

靖康元年閏十一月庚申，日赤如火，無光。

建炎三年三月己卯，日中有黑子，至壬寅始消。

紹興元年二月己卯，日中有黑子如李大，三日乃伏。六年十月壬戌，日中有黑子如李大，至十一月丙寅始消。七年二月庚子，日中有黑子如李大，旬日始消。四月戊申，日中有黑子，至五月乃消。八年二月辛酉，日中有黑子。十月乙亥，日中有黑子。十五年六月丙午，日中有黑氣往來。丁未，日中有黑子，日無光。

乾道五年正月甲申，日色黃白，昏霧四塞。

淳熙十二年正月癸巳，日中生黑子，大如棗。戊戌至庚戌，日中皆有黑子。十三年五月庚辰，日中生黑子，大如棗。

紹熙四年十一月辛未，日中有黑子，至庚辰始消。

慶元六年八月乙未，日中有黑子如棗大，至庚子始消。十二月乙酉，又生，至乙巳始消。

嘉泰二年十二月甲戌，日中生黑子，大如棗。丙戌，始消。四年正月癸未，開禧元年四月辛丑，日中皆有黑子大如棗。

嘉熙二年十月己巳，日中有黑子。

德祐二年二月丁酉朔，日中有黑子，如鵝卵相盪。

日煇氣

建隆元年迄開寶末，凡冠氣七，珥百，抱氣七，承氣六，赤黃氣三，黃白氣三，青氣二，纓一，暈一百五十六，半暈四十五，重暈五十九，重半暈七，交暈一十八，背氣二百三十一，紐氣戟氣三。

太平興國迄至道末，凡冠氣一十八，戴氣三，抱氣一十三，珥七十七，承氣三，赤黃氣璚氣一，青氣三，暈五十九，半暈二十三，重暈一十二，交暈三，背氣四十四，紐氣三，戟氣一，直氣一十五。

咸平元年迄乾興末，凡重輪二十四，彗一，五色氣一，冠氣二百六十六，珥四十一，戴氣一百九十七，抱氣五十七，承氣一百八十四，直氣七十七，光氣一，黃氣九，赤黃氣四，紫氣五，赤黃交氣二，赤黃綠碧氣二，青赤氣二十一，黃白氣一，黑氣二，白氣五，纓三，戟氣一，紐氣二，背氣二百九十九，暈一千二百三十一，半暈六百五十三，重暈二十七，交暈一十三。

天聖元年訖嘉祐末，凡日黃曜有光一，煇氣一十九，龍鳳雲一，慶雲二，五色雲八，紫黃雲五，赤黃雲一，紫雲二，青黃紫暈八百五十五，周暈二十六，重暈一十六，交暈五，連環暈一，珥八百四十七，冠氣一百四十，戴氣二百五十六，承氣一百，重承氣一，抱氣一十八，負氣一，背氣一百七，格氣二，直氣五，白虹貫日四，白氣如繩貫日并暈一。

治平元年訖四年，凡五色雲八，煇氣一，暈一百二十八，周暈三，重暈十二，交暈二，珥八十九，冠氣一十一，戴氣三十九，承氣五，背氣三十三，白虹貫日一，白虹貫珥一。

治平以後訖元豐末，凡日暈一千三百五十六，周暈二百七十七，重暈七十四，交暈四十九，連環暈一，珥八百八十二，冠氣四十二，戴氣二百七十一，承氣五十，抱氣二，背氣二百四十六，直氣二，戟氣一，纓氣五，璚氣一，白虹貫日九，貫珥三，五色雲二十六。

自元豐八年三月五日訖元符三年正月十二日，暈五百二十八，周暈二百五十七，重暈六十八，交暈六十七，五色氣暈二，珥五百五十六，冠氣六十一，戴氣一百五十，承氣三十三，背氣一百七十四，直氣三，戟氣四，纓氣一，格氣五，白虹貫日一十六，貫珥一，五色雲十二。

自元符三年正月訖靖康二年四月〔八〕，凡日暈九，暈戴三，半暈一，暈珥背一，半暈重背一，暈纓一，珥背三，珥十三，暈珥七，冠氣七，暈背四，戴氣六，承氣二，抱氣四，背氣一十七，五色氣暈一，直氣四，環氣戴氣二，戟氣一，履氣二，半暈重履一，半暈再重一。

建炎三年春，明年二月辛丑，白虹貫日。四年十一月癸卯，日生背氣。

紹興元年正月壬戌，日生背氣。二年四月壬申，五月戊寅，日皆生戴氣。閏四月丙申，日生背氣。三年二月乙卯，日生戴氣。六月甲申朔，日生背氣。四年正月壬子，日生承氣。三月壬戌，日暈于軫。甲子，又暈于婁。辛未，又暈于胃，是日，日生抱氣。五月甲戌，日生背氣。六月壬辰，日暈于井。五年正月庚申，日有戴氣。六年二月丙寅，日暈于婁。三月戊寅，日暈于張。丁亥，又暈于胃。四月己亥，日生戴氣。庚子，復生，仍有承氣。十一月庚寅，日左右生珥并背氣。癸巳，日又生背氣。七年二月辛丑，氛氣翳日。八年二月辛巳，白虹貫日。二十一年閏四月壬申，日生赤黃暈周匝。二十七年二月壬寅，白虹貫日。二十八年二月戊申，日生赤黃暈周匝。二十九年正月癸酉，日連暈，上生青赤黃色戴氣，日左右生珥。三十一年四月戊辰，日生赤黃暈周匝。六月辛酉，日上暈外生赤黃色，有背氣。七月辛卯，日上暈外生背氣。

隆興二年二月壬申，日生赤黃色暈，日左右生青赤黃珥。癸未，日生赤黃色暈周匝。三月庚戌，日生赤黃色暈周匝。六月甲子，日有戟氣。七月甲申朔，日生赤黃暈不匝，上生重暈，又生背氣及青珥。丁亥，日生重暈，上生青赤黃色背氣。癸卯，日生赤黃暈不匝，暈外生背氣，赤黃，兩頭向外曲。

乾道元年六月丁未，日暈周匝，下暈外生格氣，橫在日下。二年二月庚辰，日左生赤黃色直氣長丈餘，及半暈背氣。三年三月丁巳，日暈于婁，外生赤黃承氣。四月辛卯，日暈，赤黃色周匝。五月戊戌朔，日赤黃暈周匝。甲辰，日下暈外有青赤黃承氣。六月丙子，日赤黃暈周匝。四年六月丁巳，日赤黃暈周匝。五年正月己巳，日生黃色戴氣承氣。六年三月丁丑，日暈不匝，下生承氣。閏五月壬辰，日半暈再重，生戴氣承氣。丁酉，日左生珥。八年六月辛丑，日暈不匝，左右生珥。壬寅，日暈周匝。丁未，日暈不匝，外生承氣，日下暈。九年二月丙子，日暈于奎。

淳熙元年三月辛丑，日暈于胃。二年七月甲辰，日生背氣。三年二月庚子，日暈不匝，外日半暈再重。四年二月戊子，日暈不匝，日上連暈生戴氣，日下暈外生承氣。五年三月癸卯，四月乙酉，六月庚辰，皆日暈周匝。十二月乙未，日生兩珥，一戴氣。六年二月癸丑，日半暈再重。六月己丑，日暈周匝。十二月辛亥，日暈外生戴氣。八年正月己酉，日生戴氣，後日左生青赤黃珥。閏三月丙申，日暈周匝。七月己卯，日半暈外生背氣。十一年正月戊申，日半暈再重。十三年五月己卯，日暈周匝。十五年二月己卯，日赤黃暈周匝。六月丙申，日上生青赤黃色背氣。十六年三月壬寅，日半暈再重。

紹熙元年五月庚辰，日半暈再重。六月甲申，日生赤黃暈周匝。二年二月壬寅，日生戴氣，青赤黃色。三月辛未，日生青赤黃暈周匝。四月癸未，日生戴氣。七月庚申，日暈外生背氣。壬戌，日有背氣。四年二月癸亥，日暈周匝。十一月辛巳，日暈外生背氣。五年四月乙卯，日暈周匝。六月丙午，日上暈外生背氣。

慶元元年正月丙辰，白虹貫日。二月辛巳，日上暈外生青赤黃背氣。四月己未，日生赤黃色格氣。二年五月己丑，日生背氣，其色青黃。

嘉泰元年六月辛卯，日暈周匝。

嘉定四年七月己卯，巳初刻，日有赤黄暈不匝，至酉初後，日上暈外生青赤黄背氣。六年四月己卯，日赤黄暈周匝。七年三月壬申，日生赤黄暈，外有青赤黄承氣，後暈周匝。十一年二月丙辰，日有赤黄暈，白虹貫日。丙寅，日有戴氣。十五年二月己亥，日暈于婁，周匝，有承氣。十七年六月辛卯，日生背氣。

寶慶三年十二月己酉，日旁有氣如珥。

紹定三年二月丙申，日有背氣。四年七月己丑，日生承氣。五年三月丁酉，日生抱氣承氣。

端平元年四月甲申，日生赤暈。六月戊子，日生赤黄暈，上下有格氣。二年六月戊寅，日有承氣。三年二月辛亥，日暈周匝。

嘉熙元年二月己酉，日暈周匝。三月癸亥，七月壬申，日有背氣。四年二月丙申朔，日生背氣。辛丑，白虹貫日。

淳祐元年二月戊寅，午後日暈。三年七月甲午，日生格氣。五年五月戊申，日生赤黄暈，外有背氣。六月甲子，日暈周匝。六年三月癸巳，日暈周匝，生珥氣。四月丁丑，日暈周匝。七年二月戊申，日暈周匝。八年六月己酉，日暈于井，赤黄，周匝。

寶祐元年正月戊戌，日生戴氣。二年二月辛酉，日暈周匝。四年三月乙卯，日暈周匝。

景定四年四月戊辰，日生赤黃暈。五年三月己丑，日暈于婁，周匝，赤黃，自午至申。六月庚午，日生赤黃暈。九月己丑，日生格氣。

咸淳元年六月壬午，日生承氣。七年春三月辛巳，日暈，赤黃，周匝。

月食

開寶元年十一月庚寅，月食。二年十月戊子，月食。三年四月乙酉，月食。五年八月壬寅，月食。七年八月庚寅，月當食不食。

太平興國二年六月甲辰，月食，既。十一月壬寅，月食。三年十月丙寅，月食，雲陰不見。五年八月乙卯，月食，既。

雍熙元年正月丙寅，月食。二年七月戊午，月當食不食。四年五月丁丑，月食。

端拱二年三月丁酉，月當食不食。

淳化元年正月庚寅，月食。二年八月壬午，月食，既。三年正月癸卯，月食。八月丙子，月食，雲陰不見。五年六月乙未，月食。十二月癸巳，月食，既。

至道元年六月己丑，月食，雲陰不見。十二月丁亥，月食。二年十月辛亥，月食。

咸平元年十月庚子，月食。二年九月乙未，月食。三年二月壬戌，月食。八月庚申，月食。四年八月甲寅，月食。五年正月辛亥，月食。七月戊申，月食。六年正月甲辰，月食。七月壬寅，月食。

景德元年十一月乙丑，月食。二年五月壬戌，月食。十月庚寅，月食。三年十一月癸丑，月食。四年五月辛亥，月食，雲陰不見。九月戊寅，月當食不食。

大中祥符元年九月癸酉，月食。二年九月丁卯，月當食不食。三年閏二月甲子，月食。五年正月甲申，月食，陰翳不見。七月庚辰，月食。十二月丁丑，月食。八年十月辛卯，月食。九年四月己丑，月食，雲陰不見。

天禧元年四月壬午，月食。十月庚辰，月食。三年二月壬寅，月食。四年八月癸巳，月食。

天聖二年五月壬寅，月當食不食。四年五月戊午，月食。

慶曆二年六月丁亥，月食。五年四月庚子，月食。九月戊戌，月食。六年九月壬辰，月食。

皇祐二年七月庚子，月食。四年十一月丙辰，月食。五年十月辛亥，月食。

至和二年九月庚午，月食。

嘉祐元年八月甲子，月食，既。二年二月壬戌，月食。八月戊午，月食。三年閏十二月辛巳，月食。四年六月戊寅，月食。十二月乙亥，月食，既。五年十二月己巳，月食。七年十月己丑，月食。八年十月癸未，月食，既。

治平元年四月庚辰，月食。四年二月甲午，月食。

熙寧元年七月乙酉，月食。二年閏十一月丁未，月食。三年五月乙巳，月當食，雲陰不見。四年五月己亥，月食。十一月丙戌，月食。六年三月戊午，月食。九月乙卯，月食。七年九月己酉，月食，既。九年正月壬申，月食，雲陰不見。十年正月丙寅，月食。七月癸亥，月食，雲陰不見。

元豐元年正月庚申，月當食，有雲障之。六月戊午，月食。二年六月壬子，月當食，雲陰不見。三年十月甲戌，月食，雲陰不見。四年四月辛未，月食，既。十月己巳，月食。五年十月癸亥，月食。六年八月丁亥，月當食不食。七年二月乙酉，月食，雲陰不見。八月辛巳，月食，雲陰不見。八年八月丙子，月食，既。

元祐元年十二月戊戌，月當食，雲陰不見。三年六月庚寅，月食，既。十二月丁亥，月當食，雲陰不見。四年五月甲申，月食，雲陰不見。五年五月戊寅，月食，雲陰不見。六年四月癸卯，月食，雲陰不見。七年三月戊戌，月食，既。八年九月己丑，月食，雲陰不見。

紹聖三年七月癸卯，月食，雲陰不見。四年正月庚子，月食，雲陰不見。

元符元年五月壬戌，月當食不食。二年五月丙辰，月食，既。十月甲寅，月食，既。三年十月戊申，月食。

崇寧二年二月甲子，月食，既。八月辛酉，月食，既。三年二月己未，月食。八月丙辰，月食。四年十二月戊寅，月食。五年六月乙亥，月食。十二月壬申，月食，既。

大觀三年十月丙戌，月食。四年四月甲申，月食，既。九月庚辰，月食，既。

政和元年三月戊寅，月食。九月甲戌，月食。三年二月丁酉，月食。十月甲午，月食〔二九〕。四年正月辛卯，月食，既。六年十一月乙巳，月食。七年十一月己亥，月食。

重和元年五月丙申，月食。

宣和二年三月丙辰，月食。六年正月癸亥，月食。十二月戊午，月食，既。

建炎三年二月壬午，月食于軫。

紹興元年八月己卯，月當食，雲陰不見。二年二月丙子，月未當虧而虧，體如食，色黃白。七月甲戌，月食于室，既。三年七月戊辰，月食于危。四年十二月庚寅，月食于井。五年十一月乙酉，月食于井，既。六年五月辛巳，月食于南斗。十一月己卯，月當食，雲陰不見。八年三月辛丑，月當食，雲陰不見。九月丁酉，月當食，雲陰不見。九年九月壬辰，月食于胃，既。十二年七月丙午，月食，雲陰不見。十三年六月庚子，月食，既。十二月戊戌，月當食，陰雲不見。十四年六月甲午，月食于女。十五年五月己未，月當食，陰雲不見。十六年四月甲寅，月食。二十一年二月丙辰望，月當食，陰雲不見。二十五年五月壬戌望，月當食，以山色遮映不見虧分。二十七年九月丁丑，月食。三十年正月甲午望，月當食，陰雲蔽之。

隆興二年五月己亥，月當食，陰雲蔽之。

乾道元年四月甲午，月當食，陰雲蔽之。四年二月丁未，月食，既。五年二月辛丑，月當食，陰雲不見。六年十一月辛酉，月當食，陰雲不見。八年六月壬子，月當食，陰雲不見。

淳熙元年四月壬申，月當食，陰雲不見。二年四月丙寅，月食于房，既。九月癸亥，月當食，雲陰不見。三年三月庚申，月當食，雲陰不見。五年二月己卯，月當食，雲陰不見。六年正月甲戌，月食，既。八年十一月丁亥，月食。九年十一月辛巳，月食。十年五月己卯，月食。十二年三月戊戌，月食。九月乙未，月當食，雲陰不見。十三年三月壬辰，月當食，陰雲不見。八月庚寅，月食，既。十四年八月甲申，月當食，陰雲不見。十六年十二月辛丑，月當食，陰雲不見。

紹熙元年六月丁酉，月當食，陰雲不見。十一月乙未，月當食，陰雲不見。二年六月壬辰，月當食，陰雲不見。三年四月乙巳，月當食，陰雲不見。五年九月癸卯，月當食，陰雲不見。

慶元二年八月壬戌，月食。三年七月己未，月食，既。四年七月庚戌，月食。六年五月庚午，月當食，陰雲不見。

嘉泰二年五月己未，月當食，陰雲不見。三年三月癸未，月當食，陰雲不見。

開禧元年三月壬申，月當食，陰雲不見。閏八月己巳，月當食，陰雲不見。三年正月壬辰，月食。七月戊子，月食。

嘉定元年二月丙戌，月當食，陰雨不見。十二月庚辰，月食。二年六月丁丑，月食。三年十一月己亥，月食。五年十月戊子，月食。七年二月庚戌，月食。八月丁未，月食。八年八月辛丑，月食，既。九年二月己亥，月當食，雲陰不見。閏七月乙未，月當食，雲陰不見。十年十二月戊午，月食。十一年六月乙卯，月食。十二月壬子，月食，既。十二年五月庚戌，月當食，既，雲陰不見。十一月丙午，月食。十三年五月甲辰，月當食，雲陰不見。十四年十月丙寅，月食。十五年三月癸亥，月當食于氐，既，雲陰不見。十六年三月丁巳，月當食，雲陰不見。

寶慶元年正月丁丑，月食。七月癸酉，月食，陰雨不見。二年七月戊辰，月食，陰雨不見。

紹定元年十一月甲申，月食。二年十一月己卯，月食。四年四月庚午，月食。五年三月乙未，月食。六年二月庚寅，月食。

端平二年十二月癸卯，月食。三年十二月丁酉，月食。

嘉熙元年六月乙未，月食。三年四月甲寅，月食。四年四月戊申，月食。

淳祐元年九月庚子，月食。四年七月癸丑，月食。五年七月戊申，月食。七年五月丁卯，月食。八年十月己丑，月食。十一年三月乙亥，月食。九月壬申，月食。十二年八月丙寅，月食。寶祐二年閏六月丙戌，月食。三年十二月丁丑，月食。五年十月丁酉，月食。六年四月癸巳，月食。十月辛卯，月食。

開慶元年四月戊子，月食。十月乙酉，月食。

景定二年七月甲戌，月食。

咸淳二年六月丁丑，月食。十一月甲辰，月食。四年七月癸亥，月食。五年九月丁巳，月食。六年三月乙卯，月食。九月辛亥，月食。九年正月戊辰，月食。十二月壬戌，月食。

月變

天禧四年四月乙酉，西南方兩月重見。

月煇氣

建隆元年迄開寶末，凡珥一十九，煇氣一十三，暈二十九，重暈一，半暈一十四，交暈二，紐氣二。

太平興國元年迄至道末，凡冠氣一，珥六，煇氣五，赤氣二，抱氣一，暈八，半暈三，背氣一。

咸平元年迄乾興末，凡重輪三，珥一百二十，冠氣十二，暈氣十二，承氣八，抱氣三，戴氣九，赤黃氣十七，五色氣十一，青赤氣二，黃紅氣一，暈三百九十四，五色重暈二十，背氣一。

天聖元年訖嘉祐末，凡揚光一，光芒氣一，紅光煇氣一，煇氣五，五色煇氣一，暈二百五十七，周暈三十三，交暈四，連環暈一，珥七十二，冠氣五，戴氣一十三，承氣五，背氣一，白虹貫月一，黃虹貫月二。

治平元年訖四年，凡五色煇氣一，五色暈氣一，暈五十一，珥一十五，冠氣一，戴氣四，背氣二。四年訖元豐末，凡五色煇氣十一，五色暈氣六，暈四百二十三，周暈二百四十七，交暈二，珥一百三十四，冠氣七，戴氣五十，承氣五，背氣一十，白虹貫月五，貫珥一。

自元豐八年三月五日至元符三年正月十二日，凡五色暈氣九，暈八十九，周暈二百五十一，重暈一，交暈三，珥一百三，冠氣七，戴氣二十七，背氣八，白虹貫月二，貫珥一。

自元符三年正月迄靖康二年四月，凡暈五，暈珥二，五色暈五，珥二，暈冠一，交暈一，重暈一，白虹貫月一，五色雲一。

建炎四年十月己卯，暈生五色。

紹興二年四月壬申，暈於軫。五月乙亥，暈生五色。四年六月壬午，暈生珥。五年正月戊午，暈於東井。

乾道元年三月丁巳，暈周匝，著太微西扇星。三年五月壬午，生黄白暈，左右珥。四年三月壬寅，生黄白暈周匝。五年二月庚子，黄白暈周匝。

嘉泰三年七月壬午，白虹如半暈貫月中。

淳祐六年閏四月辛丑，暈五重。十月辛丑，生珥。八年二月戊子，暈生黄白。

寶祐四年三月乙卯，四月庚午，景定三年十月甲子，十二月辛酉，四年二月戊午，暈皆周匝。

德祐二年正月己卯，暈東井。

校勘記

〔一〕中州　原作「中川」，據漢書卷二六天文志改。

〔二〕司無道　「無」，原作「天」，據漢書卷二六天文志注引晉灼文、通考卷二八〇象緯考改。

〔三〕又主興鬼柳七星　「主」字原脫，據後漢書天文上注引星經和殿本考證補。

〔四〕梁雍益州　「梁」，後漢書天文上注引星經文作「涼」。

〔五〕覆軍　漢書卷二六天文志、晉書卷一二天文志、隋書卷二〇天文志、通考卷二八〇象緯考此處下都有「下師」二字。

〔六〕留行　原作「流行」，據晉書卷一二天文志、隋書卷二〇天文志、通考卷二八〇象緯考改。

〔七〕今紹興曆法歲星每年行一百四十五分是每年行一次之外有餘一分積一百四十四年剩一次矣　考異卷六八說：「歲星百四十四年而超一次，此漢三統術也。志以爲紹興術，誤。」

〔八〕營頭　原作「營頭」，據後漢書天文上、晉書卷一二天文志、隋書卷二〇天文志、通考卷二八一象緯考引中興天文志改。

〔九〕及登主夷分　「及登」，晉書卷一二天文志同；隋書卷二〇天文志、通考卷二八一象緯考作「反登」。

〔一〇〕天官書如太白　按此處係引用史記天官書「類太白」一語，而改「類」爲「如」。

〔一一〕天㰖　隋書卷二〇天文志同。晉書卷一二天文志、通考卷二八一象緯考作「天猿」，開元占經卷八七作「天韃」。

〔一二〕權星　晉書卷一二天文志、隋書卷二〇天文志作「㰖星」，通考卷二八一象緯考作「㩶星」。

〔一三〕天庥　同上書同卷及開元占經卷八七均作「天廡」。

〔一四〕三年四月辛酉朔　「辛酉」，本書卷二太祖紀、通考卷二八三象緯考、朱文鑫歷代日食考宋代日食表均作「辛未」。按是年四月辛未朔，作「辛未」是。

〔五〕乾興元年七月甲子朔　按是年七月己巳朔，歷代日食考宋代日食表說：「甲子」當作「己巳」。

〔六〕四年十月甲戌朔日有食之　本書卷九仁宗紀所載同。按是年十月癸酉朔，歷代日食考宋代日食表說：「甲戌」當作「癸酉」。

〔七〕慶曆二年六月癸酉朔日有食之　「癸酉」，通考卷二八三象緯考、歷代日食考宋代日食表均作「壬申」。按是年六月壬申朔，作「壬申」是。

〔八〕靖康二年四月　「二」，原作「五」。按靖康無五年，靖康二年五月高宗即位，即改元。據通考卷二八四象緯考改。

〔九〕十月甲午月食　「十」，通考卷二八五象緯考作「七」。按政和三年十月戊申朔，無甲午日；七月己卯朔，十六日甲午。疑作「七月」是。

宋史卷五十三

志第六

天文六

月犯五緯　月犯列舍上

月犯五緯

建隆二年十一月癸未，月犯歲星。三年二月乙巳，又犯。

開寶三年九月乙卯，犯填星。

太平興國三年七月己亥，掩熒惑。八月甲戌，與太白合。八年七月辛巳，凌歲星。

端拱元年二月戊申，犯填星。辛亥，犯歲星。六月丁卯，掩填星。

淳化元年十一月丙申，與熒惑合。二年六月己丑，犯歲星。三年三月癸亥，與太白合。

九月戊午，掩熒惑。十二月甲申，與熒惑合。四年十月癸未，與辰星合。五年二月己亥，犯歲星。

至道元年三月乙卯，又犯。三年八月戊申，犯填星。十二月癸丑，犯歲星。

咸平元年三月乙丑，犯熒惑。五月己巳，掩歲星。七月甲子，又犯。十二月甲午，犯填星。二年二月戊子，犯太白。十一月乙未，犯熒惑。三年二月壬子，犯太白。九月辛丑，又犯。四年十月辛酉，掩熒惑。十一月己丑，又犯。五年二月癸巳，犯歲星。六年十一月癸卯，犯填星。十二月庚午，又犯。

景德元年八月壬申，犯填星。二年五月辛卯，犯填星。七月庚午，犯歲星。

大中祥符二年十一月丙子，犯歲星。三年十月丙辰，犯熒惑。四年正月丁丑，犯太白。二月壬辰，犯填星。八月丙寅，犯太白。五年三月癸未，犯填星。六月乙巳，又犯。六年正月壬子，犯填星。二月丙戌，犯歲星。四月辛巳，又犯。七月癸卯，又犯。十月甲申，犯太白。七年十二月丁丑，犯填星。八年三月己亥，犯填星。四月丙辰，掩熒惑。八月癸未，犯填星。九年五月己巳，犯歲星。十月戊戌，犯太白。十二月丙戌，犯熒惑。

天禧元年正月戊申，犯歲星。三年四月乙未，犯熒惑。五月癸亥，又犯。九月己卯，犯歲星。四年二月乙未，又犯。三月癸亥，又犯。七月辛亥，犯太白。八月庚子，犯熒惑。五年五月辛卯，犯填星。九月己卯，又犯。

天聖三年正月丁未，犯熒惑。五年七月己未，犯歲星。八月丁亥，犯熒惑。十一月戊申，掩歲星。六年九月己酉，犯填星。

明道元年九月戊子，犯填星。

景祐二年四月丁巳，掩太白。

寶元元年三月己酉，犯填星。四月庚寅，犯歲星。

慶曆元年八月庚子，掩歲星。十月丙申，犯填星。四年七月壬午，犯熒惑。六年三月丙申，犯歲星。七月乙酉，又犯。

皇祐元年七月丙午，犯歲星。二年六月壬申，犯填星。四年十月己丑，犯歲星。

至和二年五月庚辰，犯填星。十一月己酉，犯歲星。十二月辛丑，犯填星，甲辰，掩歲星。

嘉祐元年三月丙寅，掩填星。閏三月癸巳，掩歲星。五月戊子，犯填星。二年四月庚申，犯熒惑。六月戊申，犯太白。乙卯，犯熒惑。四年五月丁酉，犯太白。十月甲戌，犯熒惑。十二月甲戌，又犯；庚午，掩之。五年三月甲午，掩熒惑。六年閏八月辛丑，犯填星。十一月癸亥，又犯。八年七月壬戌，掩歲星。

治平四年正月辛亥，犯辰星。八月辛未，犯太白。癸酉，犯歲星。九月壬寅，犯太白。十月戊辰，掩填星，又犯熒惑。

熙寧元年二月丁巳，犯填星。四月壬子，犯歲星。五年四月癸亥，犯填星。閏七月庚申，犯熒惑。六年九月甲辰，掩太白。十年九月庚午，犯歲星。十二月壬辰，犯歲星。

元豐七年十月甲午，犯辰星。八年八月戊寅，犯填星。十一月戊戌，犯歲星。庚子，犯填星。

元祐三年七月庚午，犯太白。十月壬辰，犯歲星。四年三月丙子，又犯。七月辛卯，犯填星。十月癸丑，掩填星。六年九月癸卯，犯熒惑。十二月甲戌，掩歲星。八年十二月丁巳，犯熒惑。

紹聖元年六月甲戌，犯太白。九月辛酉，犯填星。十二月癸未，又犯。二年正月庚戌，又犯。三月壬申，又犯。三年九月戊戌，犯歲星。四年七月丁丑，犯熒惑。

元符二年八月壬辰，犯歲星。十一月辛巳，十二月戊申，皆犯。三年六月癸卯，犯熒惑。

建中靖國元年五月辛未，犯填星。

崇寧元年七月丁亥，犯太白。五年二月戊子，犯熒惑。

大觀二年十二月戊子，犯熒惑。四年七月戊午，犯歲星。

政和元年正月己巳，犯歲星。

宣和元年正月乙卯，犯填星。三年八月戊申，犯熒惑。四年八月庚戌，犯填星。七年十一月乙酉，犯熒惑。

建炎四年六月戊寅，犯熒惑。

紹興元年九月己未，犯太白。六年五月壬午，犯填星。十六年六月庚申，掩填星。二十年二月己未，犯歲星。二十四年八月戊子，犯歲星。二十七年六月甲辰，犯太白。三十年六月壬子，犯熒惑。三十二年正月癸巳，犯太白。二月己亥，犯歲星。

隆興元年三月丙申，四月丙子，七月戊戌，皆犯填星。

乾道元年十一月庚午，犯熒惑。四年十月庚子、十一月戊申，皆掩犯熒惑。七年三月辛巳，又犯。

淳熙三年五月庚午，掩犯太白。六年十一月己未，犯歲星。九年十一月癸巳，犯太白。

慶元四年七月己亥，宿于歲星。

嘉泰三年四月，犯太白。四年十月辛丑，掩犯歲星。十二月丙申，又掩犯。

嘉定二年六月甲申，掩食填星，不見。乙丑，掩食熒惑。五年九月丁未，犯歲星。十二年八月甲申，犯熒惑。十三年十月辛酉，犯太白。十五年三月壬子，掩食太白。

端平二年正月丁酉，犯太白。

嘉熙元年四月丁亥，犯熒惑。五月丙辰，又犯。七月辛酉，犯歲星、塡星。

淳祐元年二月癸酉，掩食熒惑。六年四月壬戌，犯太白。

寶祐四年正月乙巳，掩歲星。己酉，犯熒惑。六年八月癸未，又犯。

景定元年八月己酉，掩塡星。三年十月己未，犯歲星。

月犯列舍

建隆三年四月壬辰，月犯輿鬼。庚子，犯氐。五月甲子，犯左執法。六月丙申，犯房第一星。十二月庚戌，入南斗魁。

乾德四年二月癸卯，犯五車。五年正月壬子，犯南斗魁。七月丁未，犯昴。十月己巳，掩昴。

開寶元年正月辛卯，犯昴。二年正月丙戌，犯昴。三年六月乙未，犯東井。十月癸未，犯天關。五年七月庚辰，犯東井。六年三月丁巳，犯畢大星。

太平興國五年七月乙丑，掩五諸侯。七年二月丙子，犯輿鬼。三月丙申，犯昴。八年三月癸未，入南斗魁。八月戊寅，犯昴。壬午，犯輿鬼。庚寅，犯角。十月癸未，犯東井。

乙巳，犯心後星。九年正月庚申，掩五車東南。甲戌，入南斗魁。二月壬辰，犯七星。丁巳，犯五諸侯。丙午，犯輿鬼。五月甲寅，掩星第三星。六月壬寅，犯昴。七月甲子，又犯。癸酉，犯五諸侯第三星。九月丁未，犯南斗魁。甲子，犯昴。己巳，入輿鬼，掩積尸。十二月丙戌，掩昴。

雍熙二年正月庚午，入南斗魁。二月丙戌，犯輿鬼西北星。三月戊申，犯昴。四月己丑，掩心後星。五月丙辰，犯房第二星。閏九月丁亥，掩昴。十月辛酉，犯軒轅，掩御女。

端拱元年八月壬戌，掩建第一星。甲戌，掩建星。十二月乙亥，犯房。二年四月辛酉，犯角左星。

淳化元年四月丙辰，犯角大星。七月甲午，犯畢。丙申，掩畢左股第二星。九月辛巳，犯牽牛。十一月乙未，犯角大星。二年四月庚辰，犯氐東南星。六月乙亥，入氐。十二月乙亥，犯畢。丙戌，入氐。三年十一月癸卯，入畢，掩大星。乙卯，入氐。四年九月癸巳，掩牽牛。閏十月丁未，入太微端門。五年正月丙寅，犯軒轅大星。五月丁未，入畢。十月庚子，凌軒轅大星。丙午，入氐，犯東北星。

至道元年六月辛巳，入太微。十一月乙卯，犯畢大星。甲子，入太微。三年九月癸未，入軒轅。

咸平元年六月壬辰，入太微。二年八月戊午，入南斗魁。九月癸巳，犯右執法。辛巳，犯軒轅。十月癸亥，犯昴。庚午，又犯太微屏星。三年二月乙丑，犯心中星。五月壬午，犯右執法。戊子，犯心中星。丙申，犯太微上相。六月丁未，與熒惑犯右執法。辛未，入畢。九月庚子，入太微。十月己巳，犯角右星。十二月丙寅，掩心。四年正月戊子，犯太微上將。丁酉，犯南斗魁。四月丁未，又犯。六月癸丑，掩房次相。八月乙巳，犯心後星。丙寅，犯軒轅大星。九月乙亥，犯南斗魁。丁酉，犯角大星。十月乙丑，犯五車。十一月乙未，犯心後星。十二月庚戌，犯五車。己未，犯角。壬戌，犯心前星。五年四月庚辰，犯心後星。五月戊申，犯南斗魁。七月壬寅，掩箕。甲寅，犯昴。八月庚午，犯南斗魁。辛丑，掩昴。丙戌，犯五諸侯。九月丙辰，犯軒轅大星。十月壬午，犯軒轅小星。甲申，犯右執法。十二月甲申，掩心前星。六年正月戊戌，犯昴。辛亥，犯房上將次將、心小星。三月丁未，犯心後星。五月甲午，犯軒轅大星。七月甲寅，犯五諸侯東南星。八月甲申，犯軒轅大星。九月癸卯，犯昴。己巳，犯五車。十月庚申，犯南斗魁。丙子，犯輿鬼。十一月戊戌，犯畢。

景德元年三月庚戌，犯輿鬼。四月辛未，入南斗魁。五月乙丑，入太微端門，犯屏星。六月甲子，掩心後星。丙子，犯昴。戊寅，犯五車東南星。九月戊子，犯南斗魁。十二月辛丑，犯房。二年正月乙卯，犯昴。七月甲寅，掩心中星。庚午，犯東井北轅。十一月庚申，犯輿鬼。辛未，犯心前星。三年二月己卯，犯昴。十一月己酉，又犯。四年六月壬午，掩南斗。戊午，犯天關。七月庚午，掩氐。辛未，犯房次相。八月甲寅，犯東井。九月己巳，犯建星。十一月丙戌，犯氐。

大中祥符元年六月壬寅，犯建星。八月丁未，犯畢。戊申，犯天門。己酉，掩東井。九月癸亥，掩南斗杓。十一月甲午，犯牽牛。十二月丁酉，犯畢。丙午，掩角左星。己酉，犯房上相。二年八月丁亥，在氐。戊子，犯房。乙巳，入東井。九月壬申，又入東井。乙亥，犯軒轅。十月丙戌，犯建星。丁酉，犯畢。十一月丁卯，入東井。丙子，入氐。三年正月壬戌，入東井。丁卯，在執法南。庚午，犯氐距星。丙子，犯牽牛。二月丁亥，犯畢。閏二月辛未，犯牽牛。三月庚辰，入太微端門。甲申，犯東井。四月甲寅，在軒轅西南。五月丁亥，在氐西北。七月戊戌，犯畢大星。八月乙丑，犯畢。戊辰，犯東井。十月庚申，犯畢。乙丑，在軒轅西南。戊辰，犯左執法。庚午，入亢距星。十一月丙申，犯進賢。十二月丁巳，犯東井。四年正月壬午，犯畢。三月乙酉，入太微。五月癸未，在氐。戊子，犯牽牛。六月庚戌，入氐。戊辰，在東井。七月戊寅，犯西咸。癸未，犯牽牛。癸巳，掩畢大星。八月乙巳，在氐。己酉，犯建。庚戌，犯牽牛。十月乙卯，犯畢。辛酉，犯軒轅御女。十一月乙酉，犯東井。十二月戊午，入太微，掩左執法。己未，在進賢西南。辛酉，入氐。五年二月戊申，入東井。壬子，入太微。癸丑，犯執法。三月庚辰，入太微，犯屏星。五月甲戌，犯太微上將。壬午，犯建。癸未，犯右執法，六月壬寅，又犯。丙午，入氐。七月丁丑，犯建星。戊寅，犯牽牛。八月己酉，犯建星。乙卯，犯畢。九月乙酉，入東井。十月庚子，犯牽牛。庚戌，犯畢。戊午，入太微。閏十月丁丑，犯畢。丙戌，入太微端門。十一月丁未，入東井。丁巳，入氐。十二月庚辰，入太微。六年正月壬寅，入東井。二月己巳，又入。癸酉，犯軒轅大星。乙亥，入太微。三月壬寅，又入。四月甲子，在東井。戊辰，犯軒轅大星。庚午，入太微。犯右執法。甲戌，入氐。五月丁未，入太微。甲辰，昏度犯南斗。七月己亥，犯牽牛。庚戌，犯畢。癸丑，掩東井。八月丙戌，入太微端門。九月丁未，犯東井。甲寅，入太微。十月辛未，入畢。庚辰，入太微。乙酉，入氐。十一月己亥，犯畢。壬寅，入東井。甲辰，犯輿鬼。辛亥，入氐。十二月己巳，犯東井。七年二月甲子，又入。三月庚寅，犯天關。丁酉，入太微。四月己巳，入氐。六月庚申，入太微。甲子，入氐。丁卯，犯南斗杓。庚辰，入東井。七月丁未，九月壬寅，又入。十一月癸卯，入太微。癸亥，掩天關。八年正月己丑，犯畢。二月己未，掩東井。乙丑，入太微。三月乙酉，掩天關，又入太微。閏六月壬寅，掩東井。七月乙卯，犯罰星。壬申，犯輿鬼。八月辛巳，入氐。壬午，犯鉞。癸卯，入太微。十月壬辰，入東井。辛丑，入氐。十二月丁酉，又入。戊戌，犯房上相。九年正月甲寅，在東井。庚申，犯太微右執法。二月戊子，在太微。三月甲寅，又入。四月丙子，在東井。戊寅，犯輿鬼。癸未，入太微。己丑，掩天江第二星。五月甲寅，在氐。七月乙丑，掩東井。八月丙申，犯軒轅第五星。戊戌，犯太微屏星。九月丁未，犯南斗。十月戊子，犯五諸侯。壬辰，犯太微。十一月甲子，在氐。丁卯，犯天江。十二月丁亥，入太微。

天禧元年三月丙午，犯輿鬼。戊午，犯南斗杓。四月丁丑，入太微。辛巳，入氐。五月甲辰，犯太微。六月丙子，入氐。七月庚子，入太微，犯上相。九月庚申，入太微。十月甲申，犯輿鬼。戊子，入太微端門。十一月丙辰，犯太微上相。十二月壬午，犯右執法。二年正月甲寅，入氐。戊午，犯南斗距星。二月丁丑，犯太微屏星。三月乙巳，入太微。六月壬辰，入太微西垣。己亥，犯房。八月乙卯，入太微。九月癸未，入太微，犯屏星。十月庚戌，入太微。三年五月壬戌，又入。八月壬辰，入南斗魁。癸卯，犯昴。九月己卯，入太微。十月癸卯，犯軒轅次星。乙巳，犯右執法。丙午，犯角大星。十一月癸酉，入太微。戊寅，犯房。四年正月庚辰，掩昴。二月壬寅，犯箕。癸卯，犯南斗。三月癸亥，犯右執法。乙丑，掩角右星。戊辰，掩心後星。庚午，入南斗魁。四月乙未，掩房次將。丙申，犯天江。丁酉，犯箕。戊戌，掩南斗魁。五月癸亥，掩心後星。乙丑，入南斗魁。六月丁亥，犯角南星。十一月庚申，掩昴。丁卯，犯軒轅大星。辛未，掩角距星。閏十二月庚申，犯輿鬼。戊辰，犯房。辛未，犯南斗魁。五年正月壬午，掩昴。甲申，掩五車東南星。壬辰，犯房上相。丙申，掩心後星。戊戌，入南斗魁。二月己未，入太微端門。三月丙午，犯太微屏星。癸巳，犯南斗。五月庚子，犯五車東南星。六月庚午，犯五諸侯。七月辛巳，掩昴。八月壬戌，犯五車東南星。九月戊子，犯昴。壬辰，犯五諸侯。乙未，掩軒轅大星。十月乙卯，掩昴。丁巳，犯五車。戊午，掩東井。

乾興元年正月丁丑，犯昴〔二〕。己卯，又犯五車東南星。辛卯，犯房。四月丙辰，犯南斗魁第二星。五月癸未，犯南斗。七月戊寅，又犯。辛卯，犯東井。癸巳，犯輿鬼。十一月己卯，犯五車。

天聖元年正月壬申，犯昴。丁亥，掩心大星。五月丙子，掩房。六月丙午，犯南斗魁。閏九月乙巳，犯昴。二年二月丁卯，犯鬼，因掩積尸。四月辛未，掩房南星。六月丁卯，犯天江。戊寅，犯昴下三星。八月己卯，掩軒轅大民星。十月庚午，犯井鉞。辛巳，犯氐。三年六月甲子，犯建。丙子，犯東井。七月戊子，犯房。八月丙子，又犯。九月丁亥，犯建。十二月辛酉，犯東井。四年正月戊子，犯東井。十月己丑，犯東井。十二月丁亥，犯畢距星。五年九月癸卯，犯建。丁巳，犯東井。十月壬申，犯牽牛中星。甲申，犯東井。辛卯，掩角南星。壬辰，入氐。十一月庚申，犯氐。六年正月癸丑，犯角南星。二月甲戌，犯東井。戊子，犯牽牛。六月壬申，又犯氐。七月丙辰，犯畢。己卯，犯東井。七年四月庚子，犯氐。六月庚戌，掩畢。九月壬申，犯畢距星。八年六月乙巳，犯畢。十月甲午，掩畢柄第二星。九年八月辛丑，犯軒轅大星。九月壬戌，犯畢。十月戊戌，犯右執法。十一月甲申，掩畢大星。丁酉，犯氐。

明道元年二月丙午，犯畢大星。六月壬戌，又犯。七月壬辰，犯東井。九月癸巳，入太微。十月乙卯，犯鬼西南星。十一月戊子，犯謁者。二年二月辛丑，入畢口。八月己亥，入氐。九月戊子，入太微。十二月丁未，犯積尸。

景祐元年閏六月丁卯，掩東咸。庚辰，犯畢。八月甲子，犯南斗。十一月庚戌，犯房。十二月壬申，入太微。二年二月丙寅，又入。四月己未，犯鬼。六月丙辰，入太微。九月乙巳，又入。三年六月己卯，犯氐。八月乙卯，犯南斗。四年六月壬午，犯南斗魁。

寶元元年三月戊申，入太微。四月丁丑，犯角。庚辰，犯心前星。六月乙亥，犯心。八月辛未，犯箕。二年五月癸卯，犯心大星。十月壬戌，犯南斗。

康定元年四月辛卯，犯軒轅大星。七月癸亥，犯南斗。十一月己巳，犯軒轅御女。十二月己丑，犯昴。

慶曆元年正月辛未，犯房次將。六月庚子，犯昴。癸卯，犯東井。七月丙辰，掩心後星。戊午，掩南斗天相。八月庚子，犯積尸。九月己巳，犯軒轅御女。二年二月甲申，犯輿鬼。四月戊子，犯房次將。三年七月戊子，犯東井。九月癸未，入東井。丙戌，犯軒轅右角。四年七月甲申，犯東井。八月癸丑，十月丙午，又犯。五年十二月癸酉，犯房上相。六年七月壬午，犯左角。丁亥，犯斗天府。九月甲申，犯牛。十一月己丑，犯畢距星。辛卯，犯東井。庚子，犯氐距星。七年七月己卯，犯氐。八月壬戌，犯畢大星。乙丑，犯東井。八年二月癸酉，犯畢，六月己丑，又犯。十一月丙午，掩畢。

皇祐元年二月戊辰，又掩。五月庚子，犯太微上相。癸卯，入氐。七月戊戌，犯氐。九月丙午，犯畢。十一月辛丑，掩畢。十二月戊辰，犯畢。二年三月丁酉，犯軒轅大星。八月庚申，入氐。壬申，入東井。十一月丙申，犯畢。己酉，入氐。十二月辛卯，犯畢大星。三年三月癸丑，犯畢。四月己丑，入太微。癸巳，入氐。六月壬寅，犯畢。九月甲子，犯畢距星。四年正月丙辰，犯東井。八月丙申，犯輿鬼。五年八月丁巳，犯東井。

至和二年二月辛丑，犯氐。壬寅，犯心前星。閏三月癸巳，犯太微左執法。丙申，犯氐。五月壬辰，掩心前星。七月己丑，犯南斗。壬辰，犯壁壘陣。八月甲戌，犯軒轅大星上第二星。

嘉祐元年十一月己丑，犯昴。庚子，犯角左星。癸卯，犯心。十二月，犯房。二年四月庚申，犯心。乙卯，又犯。七月己卯，犯角大星。九月丁丑，犯心後星。己丑，犯昴。戊戌，犯太微西垣上將。三年正月庚寅，犯左角。二月癸亥，入斗魁。三月乙亥，犯五車東南星。四月乙巳，犯五諸侯東星。乙卯，掩房距星。五月乙酉，掩南斗距星。戊子，掩壁壘陣。七月庚辰，入南斗魁。辛卯，犯五車東南星。八月辛亥，犯壁壘陣。辛酉，犯五諸侯。壬戌，犯輿鬼。甲子，犯軒轅大星。九月甲戌，掩箕。己卯，犯壁壘陣。甲申，犯昴。丁亥，犯東井。十一月甲戌，犯壁壘陣。己卯，犯昴。癸未，犯五諸侯。丙戌，掩軒轅大星。十二月甲寅，犯軒轅左角少民。閏十二月己卯，犯輿鬼。四年正月戊申，掩軒轅大星。丙辰，犯心後星。二月庚午，犯五車。四月庚寅，掩昴。五月乙巳，犯房距星。戊申，掩南斗魁。辛亥，犯壁壘陣。六月癸酉，掩心後星。八月癸酉，犯壁壘陣。九月丁未，犯昴。十月丁丑，犯東井。己卯，犯輿鬼。辛巳，犯軒轅御女。十一月己酉，犯軒轅左角少民。十二月己巳，掩昴。甲戌，掩輿鬼。五年正月癸卯，犯軒轅御女。辛亥，犯心。三月辛卯，犯昴。乙巳，犯心後星。戊申，犯南斗距星。四月癸亥，掩輿鬼西北星。癸酉，犯心。五月庚子，犯房距星。六月戊辰，犯心。七月庚戌，掩東井。八月壬戌，犯房距星。乙丑，犯南斗。九月庚寅，夜漏未上，掩心中央大星。壬寅，掩昴。十一月丁酉，犯昴。十二月丁卯，犯東井。己巳，犯輿鬼。戊寅，犯房距星。六年正月丙午，掩心大星。二月己未，犯昴。三月己丑，犯東井。七月庚寅，掩心大星。辛卯，犯天江。癸卯，犯昴。八月庚午，掩昴。癸酉，掩東井。九月乙丑，犯昴。十月乙未，犯東井。十一月庚申，犯昴。七年三月乙卯，犯軒轅右角。六月己亥，犯天街。八月己卯，犯房距星。九月丙寅，犯軒轅右角。十二月乙酉，犯井鉞。八年二月庚辰，犯東井。庚寅，犯房。三月丁未，犯井鉞。六月癸未，犯建。七月庚戌，又犯。八月甲戌，犯房。己卯，犯牽牛。辛卯，犯東井。九月己未，又犯。十一月癸丑，又犯。

治平元年正月丁未，掩天關。戊申，犯東井。三月庚戌，犯角。丁巳，犯牽牛中星。四月己巳，犯天關。庚午，犯東井。閏五月戊戌，犯氐。七月甲申，掩畢。八月甲寅，入東井。九月庚辰，犯天關。十月丙申，犯牽牛中星。丙午，犯畢。戊申，犯東井。二年正月戊寅，犯左角。二月丁未，入氐。辛亥，犯建。壬子，犯牽牛。三月丙寅，犯東井。四月癸巳，入東井。五月己巳，掩氐距星。甲申，犯畢。六月丁酉，入氐。甲寅，入東井。七月戊辰，犯建。壬午，入東井。八月丙午，犯畢。己酉，入東井。十月庚寅，犯牽牛中星。庚子，犯畢。壬寅，犯東井。十一月戊辰，犯畢。辛未，入東井。三年十一月癸亥，掩畢右股。丁丑，犯罰。十二月甲辰，掩西咸。四年正月庚申，入東井。甲子，犯軒轅大民。二月己酉，犯畢西第二星。戊子，入東井。癸巳，犯靈臺。丁酉，犯亢。癸卯，犯牽牛。三月乙卯，入東井。閏三月庚辰，犯畢大星。癸未，入東井。四月庚戌，又入。己未，犯亢距星。庚申，入氐。

壬戌，犯天江。甲子，犯建。乙丑，犯牽牛。五月甲申，犯左執法。戊子，入氐。辛卯，犯建。辛丑，犯畢北第四星。甲辰，入東井。六月乙卯，入氐。己未，掩建東第二星。辛未，入東井。八月庚戌，犯氐。乙卯，犯牽牛。癸亥，犯畢。庚午，犯軒轅御女。辛未，犯靈臺。壬申，犯右執法。九月庚辰，犯南斗西第一星。辛巳，犯建南第三星。壬午，又犯牽牛。辛卯，犯畢大星。癸巳，入東井。十月戊午，犯畢西第三星。辛酉，入東井。甲子，犯軒轅大民。丙寅，犯靈臺。丁卯，犯右執法。戊辰，犯上相。庚午，犯亢距星。辛未，入氐。十一月己卯，犯壘壁陣。戊子，入東井。壬辰，犯軒轅御女。十二月乙卯，犯東井西南第二星。庚申，犯軒轅少民。辛酉，入太微。戊辰，掩西咸第一星。庚午，犯建星。

熙寧元年正月庚辰，犯畢右股第二星。二月丁巳，入太微。庚申，入氐。三月癸未，入太微。四月壬子，犯東上相。甲寅，犯亢第三星。乙卯，入氐。五月丙子，犯軒轅御女。癸未，掩氐北第二星。甲申，犯罰南第一星。六月乙巳，犯西上相。庚戌，入氐。丙寅，入東井。七月癸酉，入太微垣軌道，無所犯。丙子，犯亢距星。甲午，入東井。八月乙巳，掩氐東北星。丙午，犯罰北第二星。辛酉，入東井。九月戊子，入東井。壬辰，犯軒轅御女。甲午，入太微。十月乙巳，犯牽牛。丙辰，入東井。庚申，犯軒轅少民。辛酉，入太微。十一月辛巳，犯畢大星。癸未，犯東井西第二星。己丑，入太微。十二月戊申，犯畢。甲寅，犯軒轅御女。丙辰，入太微。辛酉，犯氐。二年正月戊寅，入東井。癸未，犯西上相。戊子，入氐。二月己酉，犯軒轅大星。甲寅，犯亢距星。乙卯，入氐。三月丙子，犯軒轅大星。戊寅，入太微。癸未，犯氐東北星。四月庚子，入東井。庚戌，入氐。五月甲戌，犯東上相。壬辰，掩畢大星。六月乙巳，入氐。己未，犯畢。七月壬申，入氐。辛巳，入羽林軍。己丑，入東井，犯東南第二星。八月甲寅，犯畢大星。丙辰，入東井。九月辛巳，犯畢。丁亥，犯軒轅大星。己丑，入太微。十月壬寅，犯壁壘陣。辛亥，犯東井東北第三星。丙申，入太微。十一月己巳，犯壁壘陣。丙子，犯畢。戊寅，入東井。癸未，犯靈臺北第一星。甲申，入太微。閏十一月丙午，入東井。十二月辛未，犯畢大星。癸酉，犯東井西北第二星。戊寅，入太微。三年正月丙午，又入。庚戌，入氐。二月戊辰，入東井。甲戌，入太微。戊寅，入氐。壬午，犯建。三月癸巳，犯畢。庚子，入太微；四月戊辰，又入。壬申，入氐。五月乙未，入太微。甲辰，犯建西第一星。六月癸亥，入太微。丁卯，入氐。七月己亥，犯建。辛亥，犯東井鉞星。八月乙丑，犯天籥。己卯，犯東井東第二星。九月乙巳，掩天關。丙午，犯東井距星。戊申，犯輿鬼東北星。辛亥，入太微。十月丙寅，犯羽林軍。癸未，入氐。十一月癸巳，入羽林軍。辛丑，入東井。丙午，入太微。戊申，入氐。十二月癸酉，犯西上將。四年正月辛卯，犯畢。乙未，犯天關。辛丑，入太微。癸卯，掩犯平道東星。甲辰，犯亢。乙巳，入氐。二月辛酉，犯畢距星北第二星。癸亥，掩犯東井距星。戊辰，入太微。甲戌，犯東咸。三月甲午，犯軒轅大星北一星。庚子，入氐。四月丁卯，又入。庚午，犯天江。丙子，入羽林軍。五月庚寅，入太微。甲辰，入羽林軍。六月戊午，入太微。癸亥，犯鍵閉。七月丙戌，入太微。己丑，入氐。八月甲子，犯壁壘陣第一星。九月乙巳，犯軒轅。丁未，入太微。十月辛酉，入羽林軍。丁卯，犯畢北第三星。己巳，犯東井。甲戌，入太微。丁丑，犯亢距星。戊寅，入氐。十一月戊子，入羽林軍。壬寅，入太微。十二月壬戌，犯畢距星。甲子，犯東井東北第一星。丁卯，犯軒轅大星北一星。五年正月丁酉，入太微。庚子，入氐。二月壬戌，犯軒轅大星北一星。甲子，入太微。三月丙戌，犯東井東北第一星。甲午，犯亢距星。乙未，入氐。五月甲申，掩軒轅大星。丙戌，入太微。六月乙卯，犯平道東星。丙辰，掩犯亢距星。丁未，入氐。戊午，犯房北第一星。辛酉，犯南斗距星。七月癸巳，犯羽林軍西一星。閏七月甲寅，犯天江東第三星。辛酉，入羽林軍。八月癸卯，入太微。九月乙卯，入羽林軍。壬戌，犯天街南星。十月癸未，入羽林軍。甲申，犯壁壘陣東第一星。乙未，掩軒轅大星北一星。十一月庚戌，入羽林軍。己未，犯東井東北一星。甲子，入太微。丁卯，犯亢距星。戊辰，入氐。己巳，犯鉤鈐東星。六年正月壬子，犯諸王西第一星。庚申，入太微。癸亥，入氐。甲子，犯東咸西南第二星。乙丑，犯天江西南第二星。二月己卯，犯天街西南星。乙酉，犯軒轅大星北一星。庚寅，入氐。三月甲寅，入太微。戊午，入氐。四月辛巳，入太微。癸未，犯進賢。癸巳，犯羽林軍。五月己酉，入太微。六月辛巳，犯東咸西一星。七月甲辰，入太微。丁未，入氐。戊申，犯房北第二星。辛亥，掩南斗西第五星。八月癸未，入羽林軍。甲申，犯壘壁陣東第二星。戊戌，入太微。九月甲辰，犯天江南第二星。乙丑，入太微。十月辛巳，犯外屏西第五星。甲申，犯月星。癸巳，入太微。丙申，入氐。十一月丙午，犯壘壁陣西北星。壬子，犯天街南星。十二月己卯，掩月星。辛巳，犯司怪北第二星。丁亥，入太微。七年正月乙卯，入太微；二月壬午，又入；三月己酉，又入。辛亥，犯進賢。癸丑，入氐。乙卯，犯天江南一星。四月乙亥，掩軒轅大星北一星。五月甲辰，入太微。六月辛未，又入。己卯，犯南斗西第五星。己丑，掩犯天陰北第一星。庚寅，犯天街北星。七月甲辰，犯心大星。己酉，犯壘壁陣西第一星。丙辰，犯天陰西南星。八月己卯，犯壘壁陣東第四星。辛卯，犯軒轅大星北一星。九月戊申，犯外屏西第三星。辛亥，犯天陰中央星。十月戊寅，犯天陰西南星。己卯，犯月星。戊子，入太微。十一月丙辰，犯左執法，又入太微。十二月癸酉，掩犯天陰第三星。八年正月癸卯，犯司怪北一星。乙巳，犯五諸侯西第四星。庚戌，入太微。二月戊辰，犯昴距星。丁丑，入太微。戊寅，犯左執法。甲申，犯箕東北星。四月壬申，入太微。丁丑，犯心距星。壬午，犯壘壁陣。閏四月己亥，入太微。辛亥，入羽林軍。壬子，犯壁壘陣東北第一星。丙辰，犯天陰西南星。五月丁卯，犯右執法。辛巳，犯外屏西第二星。六月甲午，入太微。己亥，犯日星。壬寅，入南斗魁。丙午，入羽林軍。七月庚午，犯狗國西南星。癸酉，入羽林軍。己卯，犯昴西南第二星。癸未，犯五諸侯。八月甲午，犯心距星。辛丑，入羽林軍。十月戊戌，犯外屏西第三星。庚子，犯天陰西北星。己酉，犯長垣南一星。庚戌，犯西上將。十一月丁丑，犯靈臺北第一星。庚辰，犯角距星。十二月庚戌，犯日星。九年正月辛未，犯長垣南一星。四月庚子，犯心大星。五月丁卯，犯房距星。壬申，犯壁壘陣。甲戌，又犯。六月乙未，掩心東星。庚子，犯壁壘陣西第五星。丙午，犯天陰西北星。七月甲戌，犯昴東北星。戊寅，犯五諸侯東一星。八月癸巳，掩狗國西北星。乙未，犯壁壘陣西第五星。癸卯，犯五車西南星。九月丁巳，犯心東星。壬戌，犯壁壘陣西南星。丙寅，犯外屏西第二星。辛未，犯司怪北第一星。丁丑，犯靈臺南第二星。十月辛卯，犯壁壘陣西第八星。庚子，犯五諸侯西第四星。十一月庚申，犯外屏西第一星。十二月乙未，犯五諸侯東一星。丙申，犯輿鬼東北星。戊戌，犯軒轅大星。己亥，掩靈臺南第二星。丙午，犯心東星。十年正月戊午，犯昴西北一星。乙亥，犯箕東北星。二月庚子，犯房距星。癸卯，入南斗。甲辰，犯狗國東北星。四月甲辰，犯外屏西第一星。六月庚寅，犯心東星。丙申，犯壁壘陣西一星。七月癸酉，犯五諸侯東一星。八月庚寅，犯壁壘陣西第二星。戊戌，犯五車東南星。九月辛酉，犯外屏西第一星。丙寅，犯司怪北第一星。十月乙酉，犯壁壘陣西第四星。己亥，犯靈臺北第二星。癸亥，犯積薪。十二月癸未，犯外屏西一星。丙戌，犯昴西北星。辛卯，掩輿鬼西北星。辛丑，犯心東星。

元豐元年正月壬戌，犯明堂東北星。辛未，掩南斗西第五星。閏正月戊子，犯軒轅少民。乙未，犯房距星、次相。二月壬子，犯五諸侯東一星。癸亥，犯心大星。三月癸巳，入南斗，掩東第二星。四月丁巳，犯房南第二星。庚申，入南斗。庚午，犯昴西北星。五月乙酉，犯心東星。六月乙卯，犯南斗東南第一星。七月甲午，犯司怪北第二星。九月癸巳，犯軒轅御女。十月庚戌，犯雲雨東北星。丙辰，犯司怪北一星。丁巳，犯東井東北第一星。戊午，犯積薪。十一月丙戌，犯輿鬼，入犯積尸。十二月己酉，犯昴西北星。癸亥，犯心星。丙寅，犯狗西星。二年正月己卯，犯東井東北第一星。辛巳，犯輿鬼距星，又入犯東南星幷積尸。甲申，犯靈臺。二月庚戌，犯軒轅御女。辛亥，犯靈臺南一星。三月辛未，犯昴西北星。壬午，犯天門東星。乙酉，犯心大星。四月乙卯，犯南斗。五月己卯，犯日星，犯房距星。六月甲辰，犯天門東星。甲寅，犯泣西星。七月己卯，犯羅堰。癸未，犯雲雨東北星。壬辰，犯輿鬼西南星。八月辛酉，犯軒轅御女。九月庚午，犯天江。甲戌，犯羅堰。丙子，犯泣西星。壬午，犯昴距星。十月乙巳，犯雲雨西南星。庚戌，犯天街東北星。十一月丁卯，犯昴距星。己卯，犯司怪。庚辰，入東井。辛巳，犯水位。十二月戊申，犯天罇東北星。乙酉，犯天罇南星。丁丑，犯天犯心距星。二月壬寅，入東井。乙巳，犯軒轅大民。三月庚午，犯天罇南星。丁丑，犯天門。庚辰，犯心大星。壬午，犯南斗。四月丁未，犯心距星。壬子，犯牽牛南星及羅堰。五月己巳，犯明堂西第二星。甲戌，犯日星，又犯房。己卯，犯牽牛。壬午，犯虛梁西第一星。六月己亥，犯泣西星。戊午，犯東井距星。七月己巳，犯心距星。戊寅，入雲雨。癸未，犯昴。八月丙申，犯日星。甲辰，犯虛梁。九月辛未，犯泣西星。戊寅，犯天街東北星。庚辰，犯東井距星。辛巳，犯天罇南星。閏九月丙申，犯牽牛南星。庚子，犯雲雨西北星。乙巳，犯昴。丁未，犯司怪南第二星。戊申，入犯東井東北第三星。辛未，犯酒旗。十月辛酉，犯氐。壬申，犯天陰西北星。十一月乙未，犯雲雨。庚子，犯昴。庚戌，犯天門。十二月壬戌，犯雲雨西北星。庚午，入東井。癸酉，犯軒轅右角。乙亥，犯明堂。辛巳，犯天江。癸未，犯建西第二星。四年三月壬辰，入東井。五月辛亥，犯月星。六月己巳，犯羅堰南第二星。己卯，犯諸王西第二星。辛巳，入東井。七月戊申，犯東井鉞星。八月庚申，犯天江西南第三星。壬戌，犯建西第三星。癸酉，犯月星。己卯，犯軒轅大民。九月己丑，犯建西第一星。庚寅，犯天雞東南星。辛卯，犯羅堰北第二星。十月辛酉，掩犯虛梁西第三星。壬戌，犯雲雨西北星。戊辰，犯天街西南星。庚午，犯東井西北第二星。十一月甲午，犯天陰西南星。乙未，犯月星。戊戌，入東井。癸卯，犯明堂西第二星。戊申，犯東咸西南第二星。己酉，犯天江東北第二星。十二月癸亥，犯天街西南星。乙丑，犯東井西北第二星。五年正月辛卯，犯諸王東第二星。癸巳，犯東井東南第二星。二月庚申，入東井。辛酉，犯水位星西第一星。三月戊子，入東井。庚子，犯建西第一星。五月乙酉，犯酒旗南第二星。甲午，犯天籥西北星。己亥，犯虛梁西第二星。六月丙子，入東井。七月丁亥，犯東咸西第二星。辛卯，犯牽牛距星。甲午，犯虛梁西第三星。甲辰，入東井。八月甲寅，犯鉤鈐西星。甲子，犯外屏西第一星。辛未，入東井，九月戊戌，又入。十月壬子，犯建西第五星。癸丑，犯牽牛距星。丁巳，犯雲雨西南星。甲子，犯諸王西第五星。十一月癸未，犯虛梁西第三星。丙戌，犯外屏西第一星。癸巳，入東井。甲午，犯水位星西第一星。十二月己未，犯天關。庚申，入犯東井。六年正月己卯，犯雲雨西星。乙酉，犯畢距星。丁亥，犯司怪南第一星。戊子，入東井。二月乙卯，又入。壬申，犯虛梁西第三星。三月癸未，入東井。四月庚戌，又入。己未，犯氐距星。五月乙未，入雲雨。七月丙辰，犯虛梁西第一星。八月丁丑，犯鍵閉。辛巳，犯牽牛距星。乙酉，入犯雲雨東北星。癸巳，犯東井西北第二星。九月辛亥，犯虛梁西第三星。戊午，掩畢距星。辛酉，入東井。甲子，犯酒旗南第二星。十月戊子，入東井。十一月乙卯，又入。乙丑，入氐。丙寅，犯房北第一星。十二月庚辰，掩犯畢距第二星。七年正月辛亥，犯水位星西第一星。丙辰，犯明堂。二月戊寅，入東井。丁亥，入氐。辛卯，犯建。三月壬寅，犯畢距星。乙巳，入東井。戊申，犯酒旗。四月戊寅，犯明堂東北第一星。壬午，入氐。丁亥，犯羅堰。壬辰，犯外屏西第二星。六月壬午，犯羅堰南第二星。七月辛酉，入東井。八月戊子，入犯東井。九月丙辰，入犯東井東南第一星。十月壬午，犯司怪南第一星。癸未，入東井。己丑，犯明堂。甲午，犯心大星。十一月庚戌，入東井。十二月辛未，犯外屏西第二星。乙亥，入犯畢。辛巳，犯酒旗。戊子，入氐。己丑，犯罰。八年正月壬寅，犯畢西第二星。乙巳，入東井。乙卯，入氐。二月壬申，入東井。甲申，犯東咸東第一星。三月庚戌，入氐。辛亥，犯罰。甲寅，犯建星西第五星。乙卯，犯牛距星。庚午，犯畢。四月丁卯，入井。五月己酉，犯天雞西北星。六月壬申，入氐。丙子，犯建星西第四星。七月甲辰，犯天雞。癸丑，犯畢，又行入畢。丙辰，入井。八月丁卯，入氐。辛未，犯建星西第四星。壬申，犯牛距星。甲戌，犯泣東星。九月辛亥，入井，犯東南第一星。十月丁卯，犯羅堰北一星。乙亥，犯畢西第二星。戊子，入氐。十一月甲午，犯牛距星。癸卯，入畢，又犯畢大星。乙巳，入井。己酉，犯軒轅御女。癸丑，犯進賢。十二月丁卯，犯外屏。庚午，掩畢距星。

校勘記

〔一〕乾興元年正月丁丑犯昴 「元年」，原作「二年」。按乾興只有一年，是年二月眞宗死，仁宗卽位，次年正月改元天聖；乾興元年正月辛未朔，七日丁丑，因改。

宋史卷五十四

志第七

天文七

月犯列舍下

元祐元年正月丁酉，犯畢。庚子，入井。乙巳，犯靈臺。丙午，犯右執法。己酉，犯亢。丁卯，入東井。戊辰，犯水位。甲戌，犯左執法。乙亥，犯進賢。戊寅，犯氐。閏二月壬辰，掩畢。乙未，入東井。乙巳，入氐。三月壬申，又入。戊辰，犯右執法。戊寅，犯羅堰。四月癸巳，犯軒轅御女。辛丑，犯罰。甲辰，犯建。五月癸亥，入太微。丁卯，入氐。辛巳，犯畢。六月庚寅，入太微。辛亥，入井。七月戊午，入太微。壬戌，入氐。八月癸卯，入畢，犯畢大星。九月辛酉，犯建星。丁丑，犯軒轅少民。戊寅，犯上將，又入太微。己卯，入太微。十月丁酉，犯天廩。戊戌，犯畢，入畢內。庚子，犯井。乙巳，犯靈臺。丙午，入太微垣，犯右執法。丁未，犯太微垣東扇上相星。十一月戊辰，入井。癸酉，行入太微。甲戌，犯左執法。戊寅，入氐。十二月癸巳，犯天高，又犯附耳。乙巳，犯井。丙申，犯水位。己亥，犯軒轅左角。辛丑，入太微。壬寅，犯太微東扇上相。乙巳，入氐。二年正月壬戌，犯井。戊辰，入太微。癸酉，入氐，犯東北星。甲戌，犯罰。二月庚寅，入井。乙未，犯太微上將。庚子，入氐。三月丁巳，入井。戊午，犯水位。辛酉，犯軒轅左角。乙丑，犯平道。丁卯，入氐。壬申，犯建。四月戊子，犯軒轅大星，掩御女。己丑，犯靈臺。庚寅，入太微。甲午，入氐。丙申，犯罰星。五月戊辰，犯羅堰。辛未，犯壁壘陣。六月乙酉，入太微。己丑，入氐。己亥，犯壁壘陣。甲辰，犯附耳。丙午，入井。七月丁巳，犯氐。庚午，犯天廩。辛未，入犯畢。癸酉，犯井。丁丑，犯軒轅大星。八月甲申，入氐。庚寅，犯牛。甲午，犯壁壘陣。乙丑，犯天廩。丙寅，掩犯畢大星。戊辰，入井。壬申，犯軒轅左角少民。癸酉，犯上將。甲戌，入太微。十月乙酉，犯羅堰。戊子，犯壁壘陣。辛丑，入太微。乙巳，入氐。十一月甲寅，犯壁壘陣。甲戌，犯罰星。十二月戊子，犯畢。乙未，犯靈臺，又犯上將，入太微。三年正月戊午，入東井。己未，犯水位。甲子，入太微。二月乙未，入犯氐西北星。三月壬子，犯東井西扇北第二星。丁巳，犯靈臺南第三星。庚申，犯平道。四月乙酉，入太微，犯內屏。辛卯，犯東咸。甲午，犯建。丁酉，犯壁壘陣。五月壬子，入太微垣。辛酉，犯建。辛未，犯天廩。六月甲申，入氐。壬辰，犯壁壘陣。七月癸丑，犯東咸。己未，犯壁壘陣。丁卯，犯天高。己巳，入東井。庚午，犯水位。八月己卯，入氐。己丑，犯壁壘陣。庚寅，犯天溷。癸巳，犯天廩。甲午，入畢。乙未，犯天關。丙申，犯東井北第二星。戊戌，犯鬼距星。九月辛酉，犯畢。癸亥，犯司怪。甲子，犯天罇。十月甲申，犯壁壘陣。己丑，犯天高。辛卯，入東井，犯東扇北第三星。壬辰，犯水位。丙申，入太微。十一月戊午，入東井，犯西扇北第二星，己未，犯天罇西北星。庚申，入鬼，犯積尸氣。癸亥，入太微。十二月辛卯，又入之。閏十二月辛未，入畢。癸丑，犯東井西扇北第二星。甲寅，犯天罇。戊午，入太微，犯內屏。己未，犯太微三公。庚申，犯平道。四年正月丙戌，入太微。庚寅，犯氐。辛卯，犯罰。二月戊申，入井。壬子，犯長垣。癸丑，入太微，犯內屏。甲寅，犯三公。乙卯，犯平道東星。丁巳，入氐。三月丙子，犯天罇。丁丑，入鬼，犯積尸氣。庚辰，入太微。乙酉，入氐。丁亥，犯天江。四月戊申，入太微。壬子，入犯氐。乙卯，犯天籥。壬戌，犯壁壘陣。五月乙亥，入太微。丁丑，犯平道。己卯，入氐。六月癸卯，入太微。丙午，入氐。己未，犯外屏。壬戌，犯畢。甲子，犯井。乙丑，犯天罇。七月甲戌，入氐。乙亥，犯罰。癸未，入羽林軍。甲申，犯壁壘陣。八月辛丑，入氐。己未，入井。九月甲申，犯畢。丙戌，入犯井。戊子，犯鬼。辛卯，入太微。十月癸丑，犯井鉞。乙卯，犯水位。己未，入太微。十一月己卯，犯畢。辛巳，入井。丙戌，入太微，犯內屏。十二月丙辰，犯亢。丁巳，入氐。五年正月丙子，犯東井。戊寅，犯輿鬼。辛巳，入太微，犯內屏。乙酉，入氐。丙戌，犯東咸。丁亥，犯天江。二月癸卯，犯鉞，又犯東井。戊申，入太微。辛亥，犯亢。癸丑，犯鍵閉。乙卯，犯天籥。三月己巳，犯諸王。庚午，犯司怪。丙子，入太微，犯內屏。四月甲辰，入太微，犯三公。乙巳，犯平道。庚戌，犯天籥。丙辰，入羽林軍。五月庚午，入太微。庚寅，掩畢。六月癸卯，犯東咸。乙巳，犯南斗。庚戌，入犯羽林軍。七月乙丑，入太微。丁卯，犯平道。己巳，入氐，犯壁壘陣。丁亥，入東井。己丑，犯輿鬼東北星。八月丙申，入氐。癸卯，犯壁壘陣。壬子，犯畢。九月壬申，犯羽林軍。辛巳，犯司怪。丁亥，入太微。十月乙未，犯南斗。庚子，入犯羽林軍。辛丑，犯壁壘陣。己酉，入東井。庚戌，犯五諸侯。六年正月丙子，入太微。戊寅，犯平道。二月甲辰，入太微，犯內屏。辛亥，犯斗。四月壬寅，入氐。五月丙寅，入太微。戊辰，犯平道。庚午，入氐。戊寅，入羽林軍。戊戌，犯鍵閉。乙巳，入羽林軍。七月戊辰，犯斗。癸酉，入羽林軍。甲戌，犯壁壘陣。八月庚子，入羽林軍。閏八月戊辰，又入。辛未，犯外屏。丙子，犯司怪。丁丑，犯東井。戊寅，犯五諸侯。壬午，入太微。九月甲午，入羽林軍。丙申，犯壁壘陣。戊戌，犯外屏。壬寅，犯諸王。庚戌，入太微。

十月壬戌，入羽林軍。己巳，犯天街。乙亥，犯軒轅大星。丁丑，入太微，犯內屏。庚辰，犯亢。辛巳，入氐。十一月己丑，入犯羽林軍。戊戌，犯司怪。庚子，犯五諸侯。甲辰，犯太微次將。丙午，犯進賢。戊申，入氐。十二月甲子，犯諸王。壬申，入太微。七年正月己亥，入太微。壬寅，犯亢。二月戊午，犯月星。壬戌，犯五諸侯。丁卯，入太微。戊辰，犯進賢。戊寅，入羽林軍。三月壬辰，犯軒轅大星。甲午，入太微，犯內屏。乙未，犯太微上相。丁酉，犯亢。戊戌，入氐。四月壬戌，入太微。癸亥，犯進賢。乙丑，犯氐距星。癸酉，入羽林軍內。甲戌，犯壘壁陣。丙子，犯外屏。五月己丑，入太微。六月丙辰，入太微，犯內屏。庚申，入氐，犯東南星。壬戌，犯天江。戊辰，入羽林軍。甲戌，犯月星。七月辛卯，入南斗。壬寅，犯諸王。八月壬戌，入羽林軍。九月甲申，犯天江。戊子，犯哭、泣。辛卯，犯壘壁陣。乙未，犯天陰。丙申，犯月星。戊戌，犯司怪。庚子，犯五諸侯。癸卯，犯軒轅次北星。乙巳，入太微，犯內屏。十月丁巳，入羽林軍。甲子，犯天街，又犯諸王。癸酉，入太微。丙子，犯氐距星。十一月甲申，入羽林軍。庚寅，犯天陰。癸巳，犯司怪。庚子，入太微。十二月癸丑，犯壘壁陣。戊午，犯月星。壬戌，犯五諸侯。乙丑，犯軒轅次北星。丁卯，入太微，犯內屏。庚午，犯亢。壬申，犯房。八年正月甲午，入太微。丙申，犯進賢。己亥，犯日星。二月癸亥，犯太微上相。丁卯，犯心大星。三月甲申，犯五諸侯。丁亥，犯軒轅大星北第一星。己丑，入太微，犯內屏。庚寅，犯左執法。乙未，犯天江。丙申，犯箕。辛丑，入羽林軍。壬寅，犯壁壘陣東北星。四月丙辰，入太微。五月丁亥，犯亢。甲午，犯壁壘陣西南星。六月乙酉，犯軒轅。甲子，犯壁壘陣。七月己卯，入太微。甲申，犯心距星。庚寅，犯五諸侯西第三星。九月壬午，犯狗國。庚寅，犯天陰。壬辰，犯司怪。乙未，犯五諸侯。庚子，入太微。十月辛亥，犯壁壘陣。乙卯，犯外屏。戊午，犯天陰。壬子，入羽林軍。壬戌，犯五諸侯。丁卯，入太微，犯上將。十一月庚辰，入羽林軍。乙酉，犯天陰。己亥，犯氐。十二月壬子，犯天陰。乙卯，犯司怪。丁巳，犯五諸侯。壬戌，入太微。癸亥，犯左執法。

紹聖元年正月丁亥，犯長垣。己丑，犯太微上將。二月庚戌，犯坐旗。庚申，犯角距星。甲子，犯箕距星。乙丑，犯斗。三月己卯，犯五諸侯東第二星。四月丙午，犯五諸侯西第三星。閏四月己卯，入太微，犯右執法。甲申，犯房距星。丁亥，入斗，犯東第二星。五月壬子，犯心距星。六月己卯，犯房距星。辛巳，犯箕。八月丙子，犯箕東北星。九月戊申，入羽林軍。丁巳，犯五諸侯東第二星。癸亥，犯太微左執法。十月甲戌，入羽林軍。壬辰，犯角距星。乙未，犯房距星。十一月壬寅，入羽林軍。乙巳，犯外屏西第二星。戊申，犯昴西北星。壬子，犯五諸侯西第四星。癸丑，犯鬼東北星。癸亥，犯心大星。十二月庚午，入羽林軍。己卯，犯五諸侯西第三星。甲申，犯太微上將。二年正月乙巳，犯坐旗南第一星。辛亥，犯靈臺。甲寅，犯角距星。丁巳，犯日星。二月庚午，犯昴。己卯，入太微，犯右執法。乙酉，犯心東星。三月乙卯，入斗。己未，入羽林軍。四月癸酉，犯太微西扇上將。乙亥，犯角南星。己卯，犯房南第二星。五月甲辰，犯天門東星。己酉，犯箕東北星。六月甲戌，犯房距星。辛巳，入羽林軍。戊子，犯五車東南星。七月壬寅，犯心東星。戊申，入羽林軍，犯壁壘陣西第六星。丙辰，犯坐旗南星。八月辛未，犯箕北第一星。戊寅，犯外屏西第一星。丙戌，犯鬼東北星。九月癸卯，入羽林軍。甲辰，犯壁壘陣西第八星。十月庚午，犯屏西第一星。丙子，犯昴西北星。乙巳，犯五車東南星。丁未，犯五諸侯西第五星。戊申，犯輿鬼東北星。辛亥，犯靈臺南第二星。戊午，掩心宿後星。三年正月乙未，犯外屏。戊戌，犯昴。乙巳，犯軒轅左角。二月庚午，犯鬼西北星。壬申，掩軒轅大星。癸酉，犯靈臺。四月丁卯，犯軒轅左角。甲戌，犯日星，又犯房距星。庚辰，犯代星。辛巳，犯壁壘陣。五月乙未，犯靈臺。壬寅，犯心宿東星。乙巳，犯南斗。六月壬午，犯昴。七月丙午，犯外屏。癸丑，犯五諸侯。八月丁卯，入犯南斗。戊寅，犯五車。辛巳，犯輿鬼。甲申，犯靈臺。九月甲午，犯南斗。辛丑，犯外屏。甲辰，犯昴。丙午，犯司怪。戊申，犯水位。壬子，犯明堂。十月壬戌，犯狗星。十一月己亥，犯昴。癸卯，犯輿鬼。壬子，犯日星。十二月壬戌，入犯雲雨。庚午，犯五諸侯。辛未，入輿鬼，掩積尸氣。四年正月戊戌，犯鬼西北星，入鬼。辛丑，犯靈臺南第一星。二月乙亥，犯心東星。閏二月辛卯，犯井東扇北第一星。壬辰，犯五諸侯西第五星。癸巳，入鬼，又犯輿鬼。乙未，犯軒轅左角。己亥，犯天門東星。乙巳，入斗，犯斗西第四星。三月癸亥，犯靈臺南第一星。己巳，犯日星，又犯房距星。壬申，犯斗距星。戊辰，掩雲雨西南星。四月己丑，犯軒轅御女星。丁酉，犯心東星。庚子，犯狗西星。庚戌，犯昴西北星。五月丁卯，掩斗西第四星。癸酉，入犯雲雨。六月甲午，入斗。乙未，犯狗東星。庚子，犯雲雨西南星。七月壬戌，犯狗西星。壬申，掩犯昴西北星。乙亥，犯司怪北第二星。丙子，犯積薪。八月己丑，犯斗西第四星。癸巳，犯哭、泣東星。乙未，掩犯雲雨東北星。甲辰，入犯鬼及犯積尸氣。九月丙辰，犯北距星。己未，犯秦西星。十月甲午，犯昴西北星。丁酉，入井，犯東扇北第一星。戊戌，犯積薪，又犯水位東第一星。庚子，犯軒轅御女星。壬寅，犯明堂南第三星。十一月丁巳，入犯雲雨星。十二月辛卯，犯司怪北第二星。壬辰，犯井東扇北第一星。乙未，犯軒轅太民。丙申，犯靈臺南第一星。丁酉，犯明堂。壬寅，犯心距星。癸卯，犯天江南第一星。

元符元年正月庚申，犯天罇。辛酉，入犯鬼。己巳，犯日星，又犯房距星。二月丁亥，犯天罇。辛卯，犯靈臺。甲辰，犯哭、泣。三月癸丑，犯司怪。己巳，犯羅堰，又犯牛。癸酉，犯雲雨。四月癸未，犯鬼距星。甲申，犯酒旗。甲午，犯斗。五月己未，犯心距星。庚申，犯天江。戊辰，犯雲雨。六月乙未，又犯。庚子，犯昴西北星。八月壬午，犯天江。九月丙辰，犯虛梁。壬戌，犯昴。甲子，犯司怪。乙丑，入井。十月戊寅，犯斗。癸未，犯虛梁西第二星。己丑，犯天陰。癸巳，犯天罇。甲午，犯鬼距星。庚子，犯天門。十一月戊申，犯羅堰。壬子，犯雲雨。丁巳，犯昴距星。庚申，入井。庚午，犯心大星。十二月戊寅，犯虛梁。丁亥，入井。戊子，犯水位。庚寅，犯酒旗，又犯軒轅右角。壬辰，犯明堂。戊戌，犯天江。二年正月甲寅，犯司怪北第三星。丙辰，犯水位西第三星。壬戌，犯天門東星。甲子，犯日星，又犯房距星。己巳，掩牛南第一星。二月己卯，犯昴距星。壬午，入井。乙酉，犯酒旗南第三星，又犯軒轅右角。丁亥，犯明堂西南第二星。壬辰，犯心距星。癸巳，犯天江西南第二星。己亥，犯虛梁西第一星。三月己酉，犯井距星。庚戌，犯天罇南星。丁巳，犯天門東星。庚申，犯天江西南第一星。甲子，犯羅堰南星。戊辰，犯雲雨東北星。四月丙子，犯司怪北第三星。丁丑，入井，又犯井東扇北第三星。丁亥，犯心距星。辛卯，犯牛南星。甲午，犯虛梁西第三星。乙未，犯雲雨西北星。庚子，犯天陰北星。五月乙巳，犯水位西第二星。丙辰，犯天籥下東星。丁巳，犯建星西第二星。辛酉，犯虛梁西南第一星。六月辛巳，犯日星。丙戌，犯牛南星，又犯羅堰南第一星。庚寅，犯雲雨東北星。丙寅，犯天街東北星。戊戌，入井。七月庚戌，犯天江西南第四星。壬子，犯建星西第三星。丙辰，犯虛梁西第三星。丁巳，犯雲雨西北星。壬戌，犯天陰西北星。乙丑，犯司怪北第三星。丙寅，入井，犯東扇北第三星。八月癸未，犯虛梁西第一星。庚寅，犯昴東南星。辛巳，犯諸王西第二星。癸巳，入井。丙申，犯酒旗南第三星。九月丁巳，犯天陰北星。閏九月甲申，犯天陰西北星。辛卯，犯軒轅右角。十月辛丑，犯建西第一星。壬寅，犯天雞東南星。乙巳，犯虛梁西第一星。壬子，犯月星。癸丑，犯諸王西第二星。乙卯，入犯井東扇北第二星。丙辰，犯水位西第二星。戊午，犯酒旗南第二星。庚申，犯明堂西第二星。十一月壬午，犯井鉞星，又犯井距星，又入井。十二月庚子，犯虛梁西第二星。丙午，犯天陰西北星。丁未，又犯月星。庚戌，入井，犯東扇北第二星。辛亥，犯水位西第二星。癸丑，犯酒旗南第二星，又犯軒轅右角太民。乙卯，犯明堂西第二星。三年正月乙亥，犯諸王西第一星。丁丑，入東井。四月庚戌，犯東咸西第三星。五月辛卯，犯昴。七月乙酉，犯天陰西南星。九月癸未，入東井。十二月甲辰，犯司怪北第二星。丙辰，入氐。

建中靖國元年正月己巳，犯月星。二月己亥，犯井鉞。癸卯，犯軒轅右角太民。四月乙巳，犯罰星。五月丙子，犯牛大星。六月己酉，犯外屏西第二星。七月己巳，犯南斗。八月丁酉，犯建西第二星。九月丁丑，犯司怪北第四星。十一月癸酉，入東井。十二月丁酉，犯天街西南星。

崇寧元年正月丁卯，入東井。己巳，犯水位西第一星。二月癸卯，入氐。三月庚午，犯角距星。六月丁亥，犯軒轅大星。九月癸巳，犯壁壘陣。十月乙丑，入畢口。二年二月乙卯，犯天高。四月壬戌，入氐。五月己亥，犯雲雨東北星。七月戊子，犯建星西二星。九月丙戌，犯泣。十一月庚寅，入井。三年正月乙未，入氐。丙申，犯鍵閉。二月辛酉，犯亢距星。四月戊午，犯房北第一星。七月癸未，犯建星西第二星。甲申，犯牛大星。九月辛卯，犯井西扇北第二星。十一月己丑，入太微。四年正月戊寅，犯諸王西第一星。閏二月甲戌，犯井距星。癸卯，犯水位。五月乙巳，犯亢距星。丙午，入氐。七月丙辰，入畢口。八月癸酉，犯建星西第三星。十月庚辰，入井。十二月丁丑，犯鬼東南星。五年正月戊申，入太微。三月辛亥，犯建距星。五月辛丑，入氐。七月壬寅，犯牛大星。甲辰，犯壁壘陣西五星。九月戊申，犯井距星。十一月丁未，犯長垣南一星。戊申，入太微。

大觀元年正月甲辰，入太微。五月甲午，犯進賢。六月甲子，入氐。八月乙亥，入畢。九月己丑，犯天籥。癸巳，犯壁壘陣。十二月丁未，犯建。二年正月庚申，犯井鉞。甲子，犯軒轅。二月癸巳，入太微，犯內屏。四月庚子，入羽林軍。五月己未，入氐。六月癸巳，犯壁壘陣。九月壬申，入太微。十一月辛酉，犯井。三年正月辛酉，犯太微西扇次將。二月己丑，入太微，犯內屏。三月癸亥，犯南斗。四月己卯，犯五諸侯。六月庚辰，犯平道。七月庚戌，犯房。八月甲午，犯井。九月壬子，入羽林軍。十月甲午，犯太微西扇次將。乙未，犯謁者。十二月壬辰，掩亢。四年正月戊申，犯天街。二月辛卯，犯南斗。三月甲寅，犯亢。六月乙亥，犯進賢。七月戊申，犯南斗。八月甲戌，犯天江。十一月己卯，犯五諸侯。

政和元年二月乙卯，犯南斗。三月庚辰，犯東咸。六月己酉，入羽林軍。七月壬申，犯狗。八月丙申，犯心距星。二年三月甲子，犯五諸侯。三年三月壬戌，犯長垣。甲子，入太微。四月丙戌，犯五諸侯西第四星。五月甲午，入南斗。丁酉，犯壁壘陣。七月庚寅，犯狗國。九月癸巳，犯昴。十月壬戌，犯五車。乙丑，犯鬼。己巳，犯右執法。四年二月庚戌，犯昴。五月己丑，入南斗。六月甲寅，犯心東星。八月癸亥，犯司怪。五年正月壬辰，犯心大星。三月丙戌，犯房。五月庚寅，犯雲雨。六月壬子，犯狗。九月甲申，犯昴星。十月丙辰，入鬼星。十二月甲寅，犯明堂。六年閏正月癸卯，犯司怪。二月辛巳，犯房。四月己卯，犯南斗。六月辛未，犯心大星。八月乙丑，犯日星。九月庚戌，犯天罇。十月乙丑，犯羅堰。七年正月己酉，犯心。甲戌，犯天門。四月辛未，犯日星。七月庚子，犯哭、泣。八月乙丑，犯牛。十月壬申，入井。十一月丁酉，犯天街。

重和元年二月乙丑，犯酒旗。六月己巳，犯雲雨。八月丙辰，犯房。

宣和元年十一月己未，犯鬼。二年正月己酉，犯畢。七月辛亥，犯牛。九月丁巳，入井。十二月辛卯，犯東咸。三年二月壬申，掩角。五月丙午，入氐。十一月丙戌，犯罰。四年七月戊辰，犯建。十月壬寅，入井。十一月癸酉，犯軒轅御女。五年正月壬戌，犯畢。三月己巳，入氐。七月甲子，犯牛。六年正月己巳，入氐。六月辛酉，犯壁壘陣。十月丁巳，犯畢。七年正月甲申，犯鬼。六月丁巳，入羽林軍。十二月丙辰，入太微。

靖康元年二月庚戌，入太微。甲寅，入氐。三月戊寅，入太微。庚辰，入氐。四月丁未，犯平道。己酉，入氐。辛亥，犯天江。五月己巳，犯鬼。壬申，入太微。六月己未，犯畢。七月戊辰，入太微。壬申，入氐。癸酉，犯罰。己卯，入羽林軍。己丑，入井。八月戊戌，入氐。丙午，入羽林軍。乙卯，犯天關。丙辰，入東井。九月癸未，犯井鉞。十月辛丑，入羽林軍。丙辰，入太微。十一月丁丑，犯天關。戊寅，入井。庚辰，犯鬼積尸氣。十二月癸酉，入井。乙亥，犯鬼積尸氣。二年三月乙未，入井。辛丑，入太微。四月壬戌，犯天關。

建炎三年三月乙未，入氐。四年六月辛巳，犯心。七月辛亥，入南斗魁中。八月辛卯，犯五諸侯。十二月壬辰，掩心大星。

紹興元年三月癸卯，犯五諸侯西第五星。四月癸酉，犯軒轅大星。辛巳，犯心。戊子，人羽林軍。六月丙子，犯心。癸未，犯昴。八月辛未，犯心宿東星。癸未，犯昴。九月辛丑，入南斗。乙巳，入羽林軍。辛巳，犯五諸侯。十一月己酉，犯五諸侯東第一星。十二月癸未，犯角。二年二月辛未，犯五諸侯西第四星。乙亥，入太微。三月己酉，犯心大星。五月戊寅，入羽林軍。六月乙巳，七月癸酉，又入。辛丑，入南斗魁中。七月乙丑，犯房距星。八月戊申，犯司怪。三年四月辛丑，入南斗魁中。五月丙寅，掩心第三星。七月癸亥，入南斗魁中。九月戊午，入南斗，犯西第五星。十月壬寅，犯軒轅大星。十一月丁巳，犯壁壘陣西第六星。乙丑，犯五車。丁卯，犯五諸侯西第四星。己卯，犯斗。十二月辛卯，犯昴。丙申，犯鬼。丁酉，犯軒轅御女。甲辰，掩心前星。四年正月壬戌，犯五諸侯東第一星。癸亥，犯鬼西北星。三月乙卯，犯司怪。四月癸巳，犯房。八月癸未，犯心後星。十二月丙戌，犯昴西北星。五年四月癸未，犯房。十月庚辰，犯南斗。壬戌，入井。十一月甲申，又入。甲午，入氐。六年正月己卯，入井。三月甲申，犯心大星。四月辛丑，入井。六月己未，犯昴。九月戊子，犯軒轅右角大民。十月辛亥，犯司怪北第二星。十二月丙午，入井。七年正月辛未，犯天街。二月辛丑，入井。三月戊辰，犯井鉞。六月丁巳，犯井。七月甲申，又犯。九月己卯，又犯。十月丁未，閏十月甲戌，十二月己巳，皆犯井。三月辛巳，犯斗宿西第一星。四月乙未，犯司怪。閏十月癸酉，又犯之。五月丁丑，犯建。八月己亥，又犯。丙午，犯房北第二星。八年三月癸亥，犯井。四月戊午，七月丁未，八月甲戌，九月辛丑，十月己巳，十二月甲子，皆犯井。乙亥，犯房北第一星。九年正月辛卯，入犯東井。四月癸丑，六月乙亥，八月己巳，九月丙申，十月甲子，十二月己未，皆入犯東井。二月己巳，入氐。四月癸亥，六月戊午，八月癸丑，皆入氐。六月乙未，犯建西第四星。九月丙辰，掩角距星。壬戌，犯天高。十二月丁巳，又犯。十年正月丙戌，犯入井。三月辛巳，四月戊申，閏六月丁酉，八月辛巳，十月丁亥，皆犯入井。三月辛卯，入氐。六月癸丑，七月戊申，八月乙亥，十二月辛卯，皆入氐。閏六月乙未，犯畢。九月丁巳，犯畢距星。十二月壬子，又犯畢。十一年正月戊午，犯氐。二月甲戌，犯畢。八月乙酉，皆犯畢。三月甲辰，入井。六月乙亥，入氐。十一月乙卯，入太微垣，犯左執法。丙辰，犯進賢。己未，犯氐東北星。十二月乙亥，入畢，掩大星。十二年正月壬寅，犯畢距星。四月辛未，入太微。十一月，行犯權大星，幷掩御女。十三年正月癸卯，犯權星幷御女。八月己酉，復掩權大星。十四年正月庚申，入畢，掩大星。六月丁亥，犯亢距星。十六年八月壬寅，犯鈎鈐。十七年二月己未，入羽林軍，是歲，凡六。三月己卯入氐，五月甲戌，六月壬寅，十一月乙酉，皆入氐。七月癸酉，入南斗。十月乙未，又入。十一月甲戌，犯司怪。十八年三月乙丑，犯五諸侯。壬午，入羽林軍，是歲，凡八。四月壬寅，入氐。五月丙寅，入太微，犯東上相。六月丁酉，入氐。七月乙丑，犯房。戊辰，入南斗。閏八月癸亥，又入。十九年正月辛丑，犯亢。二月甲戌，入南斗。丁丑，入羽林軍，是歲，凡八。六月庚申，犯房。癸亥，入南斗。八月戊午，又入。二十年四月丁巳，犯角。六月戊午，入南斗，是歲，凡三。壬戌，入羽林軍，是歲，凡五。七月己卯，犯角距星。壬午，犯房。八月癸亥，犯昴距星。十一月乙未，犯角距星。二十一年正月丙申，入南斗。二月辛酉，犯心東星。三月丙申，入羽林軍，是歲，凡七。閏四月己丑，犯壁壘陣。八月乙亥，入南斗。十月癸未，犯壁壘陣。十一月戊申，犯昴。二十二年正月丙辰，犯心東星。二月庚午，犯昴，是歲，凡三。乙亥，犯鬼。三月癸丑，入南斗，是歲，凡四。二十三年正月癸卯，二月庚午，犯輿鬼。壬申，犯權御女星。三月戊申，犯南斗。七月乙未，犯房距星。十月癸酉，犯司怪。十一月辛丑，入東井。二十四年正月庚申，犯昴。六月丙午，十二月庚寅，皆犯司怪。戊戌，犯昴距星。九月己巳，十二月辛卯，皆入東井。二十五年四月庚辰，七月己巳，又入東井，是歲，凡六。六月辛丑，犯鉞。十月庚寅，犯天關。十二月乙酉，犯司怪。二十六年正月壬子，十月乙酉，十一月庚辰，皆犯司怪。癸丑，入東井，是歲，凡八。八月丙子，犯房。十月乙亥，犯牛。二十七年正月甲戌，犯天關。庚寅，犯建。二月癸卯，三月庚午，皆入東井，是歲，凡七。四月己酉，犯房鈎鈐，又犯鍵閉。六月甲辰，犯罰，又犯東井。七月庚午，入氐。丙子，犯羅堰。乙酉，犯天關。十一月乙丑，犯牛。

十二月辛亥，犯角宿距星。二十八年正月辛未，入東井，是歲，凡五。二月甲寅，犯牛。三月庚辰，犯建。四月己酉，犯羅堰。五月丙子，犯牛。六月丁酉，犯氐。壬寅，掩建。八月丁酉，又掩。八月辛卯，犯亢。壬辰，入氐。丁未，入畢口內，犯大星。九月甲戌，掩犯畢。十月癸巳，掩牛宿距星。癸丑，犯氐距星。十一月辛巳，十二月戊申，入氐。丁未，犯亢。二十九年正月丙寅，犯入東井，是歲，凡六。乙亥，犯氐距星。二月癸卯，入氐方口內，是歲，凡四。甲辰，犯西咸。三月己未，犯天高。壬申，犯東咸。乙亥，犯建星。四月辛卯，犯權右角大民。甲辰，犯羅堰。五月甲子，犯亢。六月戊申，犯附耳。庚申，入氐。丙寅，犯羅堰。七月癸巳，掩牛宿距星。九月丁酉，入畢口，犯大星。十一月壬辰，犯畢。十二月己巳，犯亢距星。壬申，犯東咸。三十年正月戊戌，入氐。二月乙丑，又入，是歲，凡五。三月甲申，入東井，是歲，凡三。七月戊子，犯牛。八月乙卯，又犯。九月庚辰，犯南斗。十月庚申，掩入畢。十一月庚寅，入犯東井。三十一年正月甲申，犯東井，是歲，凡五。二月乙卯，犯權星御女。庚申，入氐。三月戊子，又入，是歲，凡五。四月辛亥，犯太微垣西上將星。辛巳，犯平道星。戊子，犯牛距星。戊戌，犯畢距星。七月丁丑，犯西咸。癸未，犯牛。癸巳，入畢大星。九月丙申，犯太微東左執法星。十一月壬午，掩畢。辛卯，掩太微東上相星。十二月壬子、甲寅，犯輿鬼，掩積尸。三十二年正月丁丑，掩畢宿大星，犯附耳。庚辰，犯東井，是歲，凡七。戊子，入氐，是歲，凡二。己丑，犯西咸。二月庚戌，犯酒旗。壬子，入太微西，掩右執法星。乙卯，犯亢。己亥，犯太微西上將。庚辰，入太微。辛巳，犯進賢。四月癸未，犯牛。五月庚午，犯太微東上相星。庚辰，入羽林軍。九月壬寅，十一月、十二月，皆入。戊子，入畢，掩犯大星及附耳。七月甲辰，掩建。十月丙寅，又掩。九月庚戌，入畢。十二月壬申，又入。十月己卯，犯司怪。

隆興元年二月己巳，入東井，是歲，凡六。癸酉，犯權大星。七月丙申，十月壬子，皆入氐。壬寅，犯壁壘陣西勝星。十月甲子，又犯。癸卯，入羽林軍，是歲，凡三。十月丙午，犯權。十二月丁卯，掩天高。戊辰，犯天關。二年正月戊子，入羽林軍，是歲，凡六。甲午，掩入畢。二月甲子，入東井，是歲，凡五。己巳，犯長垣。辛未，入太微，掩犯左執法幷上相星。三月辛卯，犯東咸。四月丙申，入氐。七月丁亥，入太微，犯內屛星。八月乙丑，犯壁壘陣。十月丁卯，犯畢。庚辰，入氐。十一月丁亥，入羽林軍。丙辰，掩司怪。己亥，犯輿鬼，掩積尸。丁未，入氐。戊申，犯西咸。閏十一月壬戌，犯天高。己巳，犯長垣。

乾道元年二月甲申，五月癸酉，十月庚寅，皆掩犯諸王星。戊戌，犯東咸。庚申，入太微，犯內屛。六月壬午，又如之。甲子，入氐。六月丙戌，又入。辛未，入羽林軍，是歲，凡八。五月辛酉，掩天江。七月丁巳，犯南斗。八月壬午，掩犯鉤鈐。十二月戊戌，又掩。甲申，犯天鑰。乙酉，掩南斗。九月壬子，又掩。九月庚午，入太微。十月丁酉，十二月壬辰，皆入太微。十月庚辰，犯狗。十一月丁巳，犯天街，掩諸王。二年正月壬子，犯諸王。二月己卯，又犯。乙卯，掩犯五諸侯。二月乙酉，犯權。己亥，入羽林軍。五月辛酉，又入。五月甲寅，犯鍵閉。六月辛巳，入氐。八月丙子，又入。壬子，犯房。乙酉，犯南斗，入魁。八月庚辰，又入。乙未，犯月。八月辛巳，掩犯狗國。九月庚戌，犯哭。十一月戊午，犯權。十二月壬辰，入氐。三年二月戊子，掩犯東咸。辛卯，入南斗。三月甲寅，入氐。四月辛巳，又入。四月壬申，犯五諸侯。九月癸未，十一月戊寅，皆犯。五月乙巳，入太微。癸丑，掩犯南斗。丁丑，犯房。庚辰，入南斗魁。七月乙巳，犯心大星。閏七月丁丑，犯周星。戊寅，犯哭，又入羽林軍。八月乙巳，犯代。九月庚辰，犯月星。十月戊午，犯亢。十二月壬寅，犯昴。甲寅，入氐，掩東南星。四年正月辛未，犯五車。二月丁巳，入羽林軍，是歲，凡九。三月庚午，犯權。四月庚子，犯左執法。乙巳，犯心前星。五月乙亥，入南斗。十月壬辰，又入。六月丙申，犯角。七月壬午，犯五車。丙辰，入太微。八月丁未，掩天陰。十月乙未，犯壘壁陣。戊戌，又犯。丙午，犯五諸侯。庚午，犯昴。壬申，犯司怪。癸未，犯心。十二月乙巳，入太微，犯左執法。丁未，掩犯角。五年正月癸酉，入太微，犯左執法。戊寅，掩心東星。二月壬辰，八月癸卯，十一月乙丑，皆犯昴。乙亥，犯長垣。三月癸亥，六月壬子，九月甲戌，十一月己巳，皆掩犯五諸侯。戊辰，犯左執法。己卯，入羽林軍，是歲，凡七。四月庚子，犯心。五月甲子，犯角距星。庚午，入南斗。六月辛亥，犯五車。九月壬申，又犯。七月甲子，犯箕。十月丁亥，入南斗魁，又掩第五星。六年正月庚申，犯昴。戊辰，犯右執法。癸酉，犯心東星。二月辛卯，犯五諸侯。癸酉，入犯南斗。丁未，入羽林軍，是歲，凡三。三月壬戌，犯靈臺。庚午，入南斗魁。五月乙丑，七月丁亥，皆如之。五月壬戌，掩日星，又犯房。閏五月庚寅，犯心東星。七月戊戌，犯昴。庚子，犯五車。九月壬午，犯狗。十月壬戌，犯五車東南星。七年正月甲申，犯五車。三月甲申，犯權星御女。四月戊午，犯心大星。六月癸丑，掩心東星。乙卯，掩犯南斗。九月丁丑，十二月丙寅，皆如之。十月乙卯，犯昴。十一月乙未，犯房宿日星。八年正月辛卯，犯心距星。三月丁丑，犯鬼。丙戌，犯心大星。四月癸丑，犯房。九月戊子，犯鬼宿距星。九年四月丙子，犯心。六月辛未，掩犯心大星。

淳熙元年七月戊申，入東井。十一月戊戌，十二月乙丑，皆入。八月乙亥，犯井鉞。十二月癸亥，犯天街。二年正月壬辰，犯井鉞。二月庚申，入東井。四月乙卯，九月戊戌，十月癸巳，皆入。六月癸亥，犯南斗。七月戊子，犯房。閏九月乙卯，犯牛。十月癸卯，入氐。三年正月乙丑，七月己酉，又入氐。三月庚戌，九月辛酉，皆入東井。四月乙酉，犯角宿距星。七月丁未，犯角。十一月甲寅，犯畢。四年正月庚申，入氐。二月戊寅，入東井。七月壬戌，十月甲申，十二月己卯，皆入。七月庚戌，犯牛宿距星。八月丁亥，入畢宿方口內。九月甲寅，犯畢。五年正月乙卯，入氐。閏六月己亥，十二月庚戌，皆如之。三月辛丑，入東井，是歲，凡四。閏六月乙卯，入畢宿方口內。十一月壬申，掩畢宿附耳星。六年正月甲戌，犯太微右執法星。二月甲午，犯畢。四月辛卯，入東井，是歲，凡三。五月丁卯，入氐。十月戊申，犯左執法，又行入太微垣。乙亥，又入。十二月丁未，犯壘壁陣西七星。七年正月庚午，入太微，犯左執法。癸酉，入氐。三月戊辰，四月乙未，六月庚寅，十一月甲戌，十二月辛丑，皆如之。四月壬辰，入太微。六月丁亥，十二月丁酉，皆如之。六月乙巳，掩畢大星。七月乙亥，入東井，是歲，凡三。八月丙午，犯權大星。十一月戊辰，又犯。十月甲午，犯畢。十二月己丑，又犯。十一月甲戌，入氐。八年正月己未，入東井，是歲，凡六。二月丙申，入氐。四月戊午，六月癸丑，皆入。三月己未，入太微。閏三月丁亥，八月庚午，十月癸巳，又入。六月丁卯，入畢。八月壬戌，九月己丑，皆入。九年六月壬戌，又入。八月己未，入東井。十二月己未，入氐。十年正月丙子，入東井，是歲，凡二。二月己酉，入太微。三月丁丑，六月庚子，七月丙寅，十一月壬午，閏十一月庚戌，皆入。三月辛巳，入氐。六月癸卯，七月辛未，皆入。九月癸酉，入羽林軍。十二月乙亥，犯權大星。十一年正月己酉，入氐。七月癸巳，八月庚申，皆如之。二月甲子，犯諸王。七月丁酉，犯南斗。十一月辛卯，入羽林軍。十二年正月戊申，入南斗。八月癸酉，犯五諸侯。十三年四月己巳，入羽林軍。五月甲申，入太微。七月甲申，犯心大星。八月己卯，亦如之。丁亥，犯南斗。十四年三月戊申，犯心距星。四月甲申，行犯房北第三星。辛卯，入羽林軍，是歲，凡二。五月壬子，犯心大星。六月庚寅，行入斗。七月丙午，掩犯房。九月乙丑，掩犯角宿距星。十五年正月庚申，入南斗魁。六月丁丑，九月己亥，十二月戊子，皆如之。二月乙酉，掩心後星。六月己丑，犯昴。丁巳，犯五車東南星。十月己卯，又犯五車。十六年三月庚戌，入南斗魁。

紹熙元年六月乙未，宿斗距星西北。四年七月乙亥，犯天闕。十月庚戌，入東井。十二月乙巳，又入。五年三月丁卯，閏十月癸酉，皆入。十二月丁丑，入氐。

慶元元年六月辛酉，十二月壬申，皆入。己卯，入東井。三年二月辛亥，入畢。四年六月庚寅，犯畢西第二星。壬申，入井。壬寅，入氐宿方口內。九月乙巳，犯壁壘陣西第八星。甲寅，入東井。戊午，行入太微垣內。十月癸酉，犯壁壘陣。十一月乙卯，十二月壬午，亦如之。五年三月戊戌，入東井。七月甲寅，十二月辛未，亦如之。四月壬申，行入太微。六年二月壬申，又入。

嘉泰元年七月乙卯，入氐。二年四月甲申，入太微。戊子，入氐。九月己酉，犯斗。三年四月辛丑，又犯。丙午，入太微。十月癸卯，入羽林軍。辛酉，入氐。四年三月壬申，犯權。六月戊申，入羽林軍。七月丙子，又入羽林軍。十月壬子，入太微。癸丑，犯天江。開禧元年正月庚午，犯五諸侯。三月乙丑，又犯。三月己巳，入太微。四月戊申，入羽林軍。二年六月丙寅，又入。七月己丑，入斗。十月辛亥，又入。三年二月癸丑，犯五車東南星。乙丑，犯心東星。六月丁巳，入南斗魁。丁卯，犯昴。十二月癸丑，犯五車。

嘉定元年二月丙午，犯昴。三月乙亥，犯五車。六月丁丑，犯房。二年十月乙丑，犯斗。三年九月庚寅，犯心中星。四年閏二月己丑，入東井。五年正月丁巳，又入。己酉，犯南斗。六年二月庚辰，入東井。十月辛亥，犯畢。庚申，犯角宿距星。七年六月辛丑，入氐。八年正月戊辰，犯畢。七月己卯，又犯。辛未，入東井。十一月辛未，又如之。九年正月丙寅，入東井。乙亥，入氐。十二月戊子，犯畢。十年三月庚辰，入畢。五月丁亥，入氐。十二月丙寅，又入。十一月壬辰，犯權大星。十一年二月庚戌，入東井。九月戊子，十二月庚戌，皆如之。四月辛亥，入太微。六月庚戌，入氐。九月丙戌，入畢。十二年四月癸酉，入太微。九月丙辰，又如之。八月癸未，入東井。十月庚午，入羽林軍。十三年正月戊戌，犯畢。九月甲辰，又犯。二月癸酉，入太微。九月癸巳，犯南斗。丙午，入東井。十四年正月乙巳，入氐。七月己丑，又入。三月丙申，入太微。四月辛未，犯南斗。八月丙寅，入羽林軍。十五年五月丁巳，入氐。八月癸未，入南斗。十六年六月辛巳，犯心前星，又犯中星。十一月庚申，入太微。

寶慶三年七月乙酉，犯心後星。

端平元年五月己酉，入氐。二年六月壬申，又入。十二月庚子，入井。三年四月丙申，入太微。十一月甲戌，又入。五月辛巳，入畢。七月壬戌，入氐宿。戊寅，入東井。

嘉熙元年七月癸酉，入井。二年四月乙酉，入太微。閏四月丁未，入井。三年八月辛丑，入氐。四年正月辛巳，入太微。五月庚午，又入。甲戌，入氐宿方口內。

淳祐元年正月丁未，入氐。六年七月丁卯，犯斗西第五星。八月辛卯，犯房宿距星。七年七月己未，犯心宿中央星。十一年七月乙丑，入氐宿方口內。八月癸巳，又入。十二年五月戊申，犯畢宿大星。十二月壬申，入氐宿方口內。

寶祐元年九月壬辰，入畢。三年五月辛酉，又入。六月甲戌，入氐。七月辛丑，八月己巳，皆入。四年十月壬戌，犯斗。五年六月辛卯，入氐宿方口內。七月丙子，入井。六年十一月甲子，犯權。

景定元年十一月戊子，犯房。二年七月辛未，犯斗。三年二月乙巳，入氐。六月乙未，入氐宿方口內。八月癸卯，犯昴宿距星。十月丁卯，犯五車。四年四月乙卯，犯權。五月庚寅，入氐宿方口內。五年二月甲子，犯房。丁卯，犯斗。四月癸丑，入太微。六月甲寅，犯心。十月丙午，犯斗。

咸淳十年二月壬子，犯畢。

宋史卷五十五

志第八

天文八

五緯犯列舍

歲星

建隆二年四月乙巳，犯左執法。五月己丑，犯東井。十月乙巳，犯亢。

太平興國八年七月丙寅，入張。

雍熙元年正月辛巳，犯靈臺第一星。

至道元年十一月庚戌，犯右執法。三年十月丁巳，入氐。

咸平元年三月乙酉，退行入氐。六月庚戌，入亢。

景德二年八月壬子，入太微。十二月壬辰，犯天罇。三年十月戊寅，犯軒轅大星。四年閏五月己巳，犯軒轅大星。九月乙亥，入太微。

大中祥符元年正月甲子，犯右執法。四月丁未，入太微。七月己未，又在太微。二年十月庚戌，入氐。三年四月庚申，退行入氐。丙子，守氐。四年六月己巳，犯天江。五年三月丁丑，犯牽牛。六年四月乙丑，犯壁壘陣。九年五月辛未，失度。

天禧三年九月壬戌，入太微。丙寅，犯右執法。十一月乙丑，犯右執法。四年二月己酉，犯右執法。三月庚申，犯輿鬼、積薪，又犯哭星〔一〕。五月乙丑，七月乙卯，犯右執法。五年十二月丁未，犯房。

乾興元年正月丁丑，犯鍵閉。二月庚午，犯房。

天聖元年八月戊午，犯天籥。三年五月辛卯，犯壁壘陣。七月乙未，又犯。六年八月庚午，犯鉞。十月丙寅，又犯。七年八月己亥，犯輿鬼。九月己未，犯積尸。八年九月丁未，犯軒轅。九年十月戊戌，犯左執法。

明道元年正月辛巳，掩左執法。五月戊戌，犯太微左執法。

景祐元年正月己巳，犯東咸。四月丙申，犯鈎鈐。戊申，犯房。甲寅，掩房上相。七月戊子，又犯房。二年五月丁未，犯天籥。

康定元年六月丁未，犯井鉞。七月戊午，犯東井。十月庚子，又犯。慶曆元年八月庚辰，犯鬼。丙戌，犯積尸。十一月癸酉，退犯輿鬼。二年四月乙酉，犯輿鬼。庚寅，犯積尸。三年九月庚寅，犯左執法。四年二月戊午，犯左執法。嘉祐二年八月乙巳，犯氐。三年五月乙酉，退犯東咸第二星。七月辛卯，順行，又犯。四年正月丙申，犯建。五年七月己亥，退犯十二諸國代星。治平元年閏五月癸未，入東井。八月丁未，犯天罇。二年四月癸巳，犯天罇。七月丙辰，犯輿鬼。三年九月庚午，犯靈臺。十月甲午，犯太微上將。四年正月壬子，犯西上將。二月戊子，犯靈臺。四月甲子，又犯。五月丙申，犯西上將。六月乙丑，入太微。十月丁卯，犯進賢。

熙寧元年七月壬申，犯進賢。十一月丙戌，入氐。二年七月辛巳，犯氐。丁亥，入氐。八年六月己未，犯諸王。八月庚戌，又犯。九年六月辛卯，入東井。七月丁丑，犯天罇西星。十月戊戌，犯天罇東北星。十年三月戊寅，犯天罇西星。

元豐元年八月丁巳，犯靈臺北第一星。九月乙亥，犯西上將。十月戊申，入太微。二年正月己丑，又犯。三月辛未，犯靈臺北星。三年十月辛酉，犯氐距星。庚午，入氐。四年二月壬午，退入氐。五年九月癸未，犯天江北第一星。七年四月壬午，犯壁壘陣西第六星。

七月癸卯，又犯西第五星。十一月丙辰，又犯。十二月庚午，犯天罇。

元祐四年二月壬子，犯天罇。五年五月壬辰，犯軒轅大星。十月癸巳，入太微。庚戌，犯右執法。七年十月庚申，入氐。八年四月癸亥，退入氐。十二月丁卯，犯天江。

紹聖元年三月乙巳，犯天籥。三年三月丁未，犯壘壁陣。四月戊子，入羽林軍。七月辛丑，又犯壘壁陣。十一月甲辰，又犯。

元符元年正月己未，犯外屏。二年六月甲申，犯諸王東第一星。十一月丁亥，又犯。

建中靖國元年十二月己酉，犯軒轅大星。

崇寧元年六月甲辰，犯軒轅左角少民。二年正月戊戌，退行入端門。三年八月乙卯，犯亢距星。四年正月辛巳，犯房北第一星。閏二月庚辰，犯房鈎鈐。五年十月辛未，犯南斗西第二星。

大觀元年二月庚午，犯斗。二年十月庚辰，犯壘壁陣。三年十二月丙申，犯外屏。四年六月癸未，犯天陰。

政和元年八月甲寅，犯鉞。二年三月乙亥，犯司怪。八月丁酉，犯積薪。九月丁卯，犯鬼。三年三月戊寅，犯積薪。閏四月壬戌，犯鬼，入犯積尸氣。八月甲辰，犯軒轅。四年正月丁亥，犯軒轅大星。八月己巳，入太微垣。十月辛酉，犯左執法。五年正月丁丑，又犯。

二月辛酉，入太微。六年閏正月己酉，犯亢。七月辛亥，又犯。十一月丙辰，犯房。七年三月丙辰，又犯。

重和元年五月甲午，犯斗。

宣和元年五月乙亥，犯牛。二年二月甲戌，犯壁壘陣。四年三月甲戌，犯昴。五年八月壬午，犯井。

靖康元年十月癸卯，犯左執法。二年二月壬戌，又犯。丁卯，入太微。六月甲申，犯諸王東第一星。

建炎三年五月丙午，逆行犯房。七月癸未，犯鉤鈐。

紹興二年八月庚寅，逆行犯壁壘陣。五年四月壬子，犯井鉞。七月丁丑，十月丙午，十一月庚午朔至戊子，逆行入井。六年三月庚午，入井。壬辰，復入，留二十日。七月壬辰，犯鬼。癸巳，犯積尸氣。十二月壬戌，又如之。十二月庚申，逆行犯鬼東南星。辛酉，入鬼宿內。七年正月癸亥，三月壬午，逆行入鬼，犯積尸氣。八年九月己丑，犯太微垣東左執法。十年正月戊子，七月辛未，入氐。十一年七月戊午，犯東咸西第二星。十七年七月壬戌，順行入東井，不犯星。十一月丙戌，退行入井。二十一年十一月辛丑，順行犯氐。戊申，又入氐。二十二年七月辛亥，入氐。二十八年七月丁丑，順行犯諸王。二十九年六月己酉，閏六月辛酉，順行入犯東井。七月戊戌，順行犯天罇。十二月己巳，入犯東井。三十二年正月戊寅，退行入太微。二月戊戌朔，退行犯太微垣西上將星。乙巳，退行逆出太微西門。五月庚子，順行犯太微垣西上將星。乙巳，復順行犯太微。乙酉，順行犯右執法。十月庚午，順行犯進賢。

隆興元年十月戊子，順行犯氐。十一月庚寅，又入氐。二年二月己卯，退行入氐。六月壬申、癸未，犯氐。

乾道三年十月乙巳，犯壘壁陣。四年九月丙戌，留守壘壁陣。六年六月癸丑，十一月丁丑，犯諸王。七年六月癸酉，犯天罇。十一月癸巳，又如之。八年三月丁丑，犯天罇。十一月癸未，留守權大星。九年五月乙卯，犯權大星。十月庚午，十二月庚午，犯太微右執法。

淳熙元年二月壬午，犯太微垣西上將星。二年四月庚申，犯進賢。十月丁亥，入氐。三年五月己未，留守氐。五年四月壬午，留守牛。六年五月癸亥，留入羽林軍。六月乙巳，十一月壬戌，犯壘壁陣西第六星。八月丁未，留守壘壁陣西第五星。九年十一月庚申，守諸王星。十年七月己巳，犯天罇。十一年九月癸卯，十月辛巳，皆犯守權大星。十二年十月辛亥，犯太微右執法。十五年正月壬子，犯房北第一星。二月己巳，留守房。五月癸亥，留守氐。十六年六月乙未，留守天江。

紹熙五年八月壬辰，犯司怪。十一月庚戌，犯諸王。

慶元二年八月乙亥，犯權大星。四年三月乙巳，入太微，犯右執法。五年十二月己卯，犯房。六年三月丙寅，犯房。

嘉泰二年八月丙戌，留守牛。三年七月戊午，行入羽林軍。

開禧二年七月乙未，犯井鉞。八月庚戌，犯東井。三年九月甲戌，順行入鬼，在積尸氣、鎮星西南。

嘉定元年閏四月壬申，順行入鬼，犯積尸氣、鎮星。七月辛酉，順行犯權大星。二年二月丙戌，犯守權大星。三年二月己巳，退行入太微，犯左執法。四月乙亥，留守太微。四年十一月甲子，犯房。五年四月乙巳，退行犯房宿。七月丙辰，順行犯房。辛酉，順行犯鉤鈐。六年三月丙寅，留守建星。八年八月甲午，犯壘壁陣，入羽林軍。十年七月壬寅，留守畢。十一年七月甲戌，順行犯井鉞。八月丙午，順行入東井。九月己丑，留守東井。十二年七月辛酉，順行犯鬼。十三年二月庚寅，順行犯鬼。十四年二月乙丑，退行犯權左角少民星。十五年三月甲子，退行犯太微左執法。十六年正月戊申，留守氐距星。

紹定三年六月乙酉，順行入井。十一月丁未，退行入井。

端平元年四月戊寅，退守太微東上相。二年二月癸酉，留氐。八月癸巳，順行入氐宿。
嘉熙元年五月庚午朔，留守建星。二年五月壬寅，退行壁壘陣。
淳祐二年六月丁丑，順行犯井宿。六年十一月癸亥，入氐。
咸淳三年十月甲寅，順行犯權大星。

熒惑

建隆元年十月癸酉，犯進賢。十一月乙卯，犯氐。二年八月戊申，犯哭星。九月乙酉，犯壁壘陣。三年十月甲辰，犯氐。十二月庚戌，入天籥。
乾德三年九月乙亥，犯司怪。四年四月壬子，入輿鬼，犯積尸。五月辛卯，犯軒轅。五年九月戊申，犯輿鬼。十二月戊辰，犯五諸侯。
開寶元年五月壬子，犯太微上將。六月壬戌，掩心大星。二年七月乙亥，犯輿鬼。八月戊寅，掩積尸。三年八月壬辰，犯房。五年二月己卯，退入太微，犯上相。七月甲子，入氐。
太平興國八年七月癸亥，入輿鬼。
雍熙元年七月乙卯，入東井。十二月辛巳，逆犯軒轅第二星。三年七月癸巳，入輿鬼。

九月乙亥，犯軒轅大星。

端拱元年六月己丑，入輿鬼，犯積尸。八月戊午，又犯軒轅大星。九月甲申，犯靈臺。壬辰，犯太微上將。乙巳，犯右執法。十月癸亥，又犯左執法。十一月甲申，犯進賢。二年二月辛未，退行犯亢。六月壬申，犯氐東南星。八月丙寅，犯天江。十一月庚辰，犯哭星。十二月己巳，犯房，又犯鉤鈐。

淳化元年八月戊申，犯軒轅大星。壬申，犯靈臺。九月庚辰，犯太微上將。壬辰，犯右執法。癸巳，犯左執法。二年正月丙戌，犯房第一星。四月丁亥，犯天江。三年十月乙巳，犯左執法。十一月己亥，入氐。四年四月戊辰，入羽林。丙子，犯氐。五年三月甲戌，犯東井西垣第一星。十月己未，入氐。十一月癸丑，犯房第一星。

至道二年正月丁卯，守昴。三月，守東井。閏七月丁亥，犯畢北小星。十月己未，入太微。甲子，入氐。十一月丁亥，又入太微。三年五月庚午，入太微端門。八月庚子，掩南斗魁。己未，入東井。

咸平元年四月癸巳，入輿鬼。二年十一月戊申，退行犯輿鬼。三年二月癸酉，又犯。四月辛酉，犯軒轅大星。六月丁未，犯右執法。四年八月甲子，犯輿鬼。十月庚子，犯軒轅。十一月庚寅，犯太微上將。五年四月庚辰，又犯。甲申，犯太微西垣。壬辰，犯右執法。七月丁巳，犯氐。八月丙子，犯房。六年七月壬寅，犯輿鬼。八月庚申，犯軒轅大星。九月戊申，犯靈臺。十月己未，入太微，犯上將。十一月庚寅，犯左執法。壬辰，犯進賢。甲辰，犯太微上相。十二月甲子，又犯進賢。

景德元年三月丙申，犯太微上將。戊戌，犯次相。己酉，犯執法。七月乙巳，犯氐。閏九月庚戌，犯南斗。二年八月丁丑，犯軒轅大星。甲戌，犯左執法。十二月乙酉，犯氐。三年正月己巳，犯房上相。庚午，犯次相。二月甲戌，犯鉤鈐。丙寅，犯房次相。三月丁未，守心。乙丑，犯鉤鈐。丙寅，又退行犯房次相。七月丁酉，犯天江。四年八月丙申，與歲星犯太微上將。己酉，犯右執法。十一月丙寅，犯氐。丙戌，犯西咸。

大中祥符元年九月戊辰，犯壘壁陣。二年十一月乙卯，犯氐。十二月庚寅，犯東井。三年四月辛卯，犯右執法。四年三月庚寅，犯東井。五月乙亥，入輿鬼。五年七月辛卯，犯畢。閏十月丁卯，在諸王北。六年正月己亥，犯畢。丁巳，犯司怪。二月甲戌，掩犯東井。三月己未，犯輿鬼。五月辛丑，犯軒轅大星。七年七月己酉，犯井鉞，又犯東井。八月己卯，犯天罇。八年二月乙亥，犯五諸侯。三月辛丑，犯輿鬼。四月癸丑，掩井鉞。五月丁亥，入太微。庚寅，犯軒轅大星。辛丑，犯太微上將。丙子，犯右執法。九年七月丁巳，犯天罇。八月丙戌，犯輿鬼。己丑，犯積尸。十月丁丑，犯軒轅大星。十二月丁酉，又犯軒轅。

天禧元年五月戊戌，犯靈臺。己酉，掩太微上相。丁酉，犯右執法。六月丙子，犯左執法。二年五月庚寅，入東井。七月癸酉，犯輿鬼。九月辛巳，犯靈臺。十月壬辰，犯太微上將。十一月丙寅，犯左執法。甲申，又犯太微上將。十二月壬辰，又犯。乙巳，入太微。己酉，犯氐。三年三月戊辰，入太微。四月己丑，又入太微，犯右執法。四年九月丁卯，犯靈臺。庚午，犯五諸侯。十月辛巳，入太微。丁亥，犯右執法。辛丑，犯左執法。十一月丙寅，掩進賢。閏十二月辛未，入氐。五年三月辛卯，退行犯亢。六月甲寅，入氐。壬申，犯房。七月庚子，犯天江。八月庚戌，掩南斗魁第二星。壬戌，犯南斗。

乾興元年七月甲午，犯軒轅大星。九月辛未，入太微。己丑，出太微端門，犯左執法。十一月庚辰，犯亢。

天聖元年正月丙寅，犯房。丁卯，犯鉤鈐、鍵閉。癸酉，犯罰。二月庚申，犯天籥。四月戊午，犯南斗魁。八月癸巳，又犯南斗距星。閏九月乙巳，犯壁壘陣。二年十一月戊申，犯房。三年正月辛卯，犯天籥。三月庚戌，又犯壁壘陣。五月辛卯，犯羽林。六月壬戌，又犯壁壘陣。七月戊子，又犯。十一月乙巳，犯外屏。四年正月己亥，犯天陰。二月癸酉，犯天高。八月甲午，犯東井。九月壬申，犯氐。十二月戊寅，犯天街。六年三月甲辰，犯東井。

七年七月壬午，犯井鉞。丙戌，又犯井距星。八年正月己卯，犯東井。九年九月丁巳，犯輿鬼。壬戌，犯積尸。

明道元年正月庚子，犯輿鬼東北星。二月甲辰，掩鬼。二年八月癸卯，犯積尸。

景祐元年四月辛亥，犯太微上將。五月壬申，犯右執法。丁亥，犯左執法。八月戊午，犯房。丁卯，犯東咸。甲申，犯天江。九月丙午，犯南斗。二年七月甲午，入鬼。九月丁亥，犯牽牛。甲午，犯靈臺。己亥，入太微。十月庚午，犯左執法。十二月辛亥，犯平道。戊辰，犯太微上相。三年正月壬辰，犯亢。三月己亥，犯進賢。七月甲辰，犯房次將。九月癸巳，犯南斗。

寶元元年正月辛丑，犯房。三月丙午，犯軒轅。六月庚午，犯心前星。七月癸卯，犯天江。八月辛未，犯南斗。九月丙申，犯天雞。

康定元年正月乙酉，犯建星。

慶曆五年二月甲寅，犯東井。四月丙午，犯鬼積尸。五月乙酉，犯軒轅大星。六年七月乙巳，犯東井。九月甲午，犯輿鬼。七年正月壬寅，犯五諸侯〔三〕。三月丁亥，犯鬼積尸。六月庚申，犯左執法。八年八月辛未，犯鬼積尸。

皇祐元年五月甲辰，犯右執法。二年八月庚申，入鬼，犯積尸。十月庚午，犯太微上將。閏十一月丙辰，犯太微東上相。三年四月丙戌，犯左執法。七月戊午，犯氐。八月辛丑，犯天江。四年十月乙酉，犯太微左執法。五年六月丙戌，犯氐。閏七月壬午，犯天江。八月乙巳，犯南斗。

至和元年十一月，犯亢。丁丑，犯氐距星。二年九月甲申，犯壁壘陣。

嘉祐元年十月甲子，犯氐。二年三月戊子，犯壁壘陣。五月戊子，又犯壁壘陣東星。三年三月庚子，入東井。十一月癸未，犯鉤鈐。十二月丁未，犯天江。四年二月丁酉，犯羽林。七月己酉，犯畢距星。九月戊午，退犯天街。十月癸酉，犯月星。五年二月丙戌，犯東井。四月庚午，犯輿鬼。癸酉，掩積尸。六月壬戌，犯軒轅左角，光相接。六年八月丁巳，犯司怪。己巳，入東井。閏八月癸巳，犯天罇。十月乙亥，退犯五諸侯東一星。七年三月乙卯，犯輿鬼西北星。辛酉，犯鬼積尸。五月丙寅，犯靈臺。六月壬午，入太微，不犯。八年六月癸酉，犯諸王。八月戊戌，犯輿鬼。辛丑，犯積尸。十二月甲申，犯軒轅。

治平元年五月己未，犯太微西垣上將。閏五月癸酉，犯右執法。七月癸巳，入氐。二年六月辛丑，入東井。七月乙酉，犯鬼鑕。十月壬辰，犯靈臺。三年三月辛巳，犯太微西上將。四月己酉，犯右執法。七月壬午，入氐。四年六月辛酉，犯積薪。七月丁丑，犯輿鬼，又犯積尸。八月辛亥，犯軒轅大星。癸亥，又犯少民。九月甲申，犯西上將。戊戌，犯右執法。十月壬子，犯左執法。壬戌，犯上相。十一月丙子，犯進賢。十二月乙卯，犯亢。

熙寧元年六月丙寅，犯氐東南星。丁卯，又入氐。七月丙戌，犯房北第二星。乙未，犯東咸南第一星。八月甲寅，犯天江南第二星。二年九月甲戌，犯西上將。丙戌，入太微。閏十一月乙巳，犯氐距星。己酉，入氐。十二月戊寅，犯房。戊子，犯罰。三年正月癸巳，犯東咸第二星。二月辛卯，入天籥。五月癸巳，正月乙巳，犯罰。八月戊午，犯南斗。十月戊午，犯壁壘陣西北星。四年三月乙未，犯諸王西第二星。十月戊寅，犯亢南第一星。十一月辛卯，犯氐距星。乙未，入氐。十二月戊辰，犯罰。五年正月己丑，犯天江東第一星。癸卯，入天籥。五月丙午，入羽林軍。十二月戊午，犯外屏西第二星。六年正月庚戌，犯天陰西南第一星。庚午，犯月星。二月丁丑，犯天街西南星。甲申，犯諸王西第二星。三月戊辰，入東井。四月庚子，犯積薪。十月辛巳，犯氐距星。癸未，入氐。十一月戊申，犯鈎鈐西第一星。七年四月壬申，犯壁壘陣西第八星。十二月辛巳，犯天陰西南第一星。八年正月辛亥，犯月星。二月甲子，犯諸王西第一星。三月丁酉，犯司怪北第二星。丙辰，入犯東井東北第一星。四月己丑，犯積薪。閏四月辛丑，入輿鬼。九年七月壬戌，犯諸王東第三星。八月戊戌，犯井鉞。壬寅，犯東井距星。丁未，入東井。十月戊戌，犯東井東北第一星。十一月丁卯，犯司怪。十年正月丙寅，犯司怪第二星。四月丙戌，又犯輿鬼東北星。戊子，入輿鬼。

元豐元年六月己巳，犯司怪南二星。七月庚辰，入井。戊戌，犯天罇西北星。八月戊午，犯積薪。九月壬申，犯輿鬼西北星。丁丑，入輿鬼，犯積尸。二年二月壬戌，入犯輿鬼東北星。三年七月丁卯，入東井。甲申，犯天罇西北星。八月辛丑，犯積薪。乙卯，犯輿鬼積尸。閏九月丁巳，犯長垣。十月戊辰，犯靈臺北星。癸未，入太微。四年四月甲申，犯右執法。七月庚戌，入氐。五年七月辛丑，犯輿鬼西北星。乙巳，入輿鬼。十月癸丑，犯西上將。丁巳，入太微。十一月壬午，犯左執法。甲午，犯西上將。六年三月戊寅，犯進賢。己亥，犯東上相。閏六月戊戌，入犯氐東南星。七月丙辰，犯房北第二星。甲子，犯東咸西第一星。八月癸未，犯天江南第二星。七年八月己未，犯靈臺。九月己亥，犯西上相。丁未，入太微。乙丑，犯左執法。十月己丑，犯進賢。十一月戊午，犯亢距星。十二月辛巳，入氐。八年正月戊午，犯房北第一星。二月乙丑，犯鍵閉。癸酉，犯罰北第一星。乙酉，犯東咸。三月壬戌，犯壁壘陣。七月己未，犯天江。十月戊寅，犯秦星。十一月丙午，犯壁壘陣西第六星。十二月壬戌，順行犯壁壘陣。

元祐元年閏二月丙辰，犯天街。八月甲寅，入太微。十月丙午，犯亢。十一月己未，犯氐距星，入氐。十二月丁亥，犯房。己丑，犯鈎鈐。辛卯，犯鍵閉。三年二月乙巳，犯天街。

三月壬子，犯諸王。四月丙申，入犯東井。十月丁未，犯亢南第一星。十一月戊申，犯氐距星，己酉，入氐。十二月甲辰，犯天江。甲寅，犯天籥。四年二月丁未，犯壁壘陣。三月丁丑，又犯壁壘陣。六月甲寅，犯外屏。八月己未，退行，又犯外屏。十二己未，犯天陰西南星。五年二月戊戌，犯諸王。三月癸未，入東井。甲申，犯之。六年八月乙巳，犯諸王。七年二月戊辰，犯東井。四月乙卯，犯輿鬼。丙辰，又入輿鬼。五月辛亥，犯長垣。八年四月乙卯，犯外屏。八月庚戌，入東井。庚午，犯天罇。九月乙未，犯積薪。十月辛酉，犯輿鬼。

紹聖元年二月丙寅，犯五諸侯東第一星。三月丁酉，犯鬼西北星。五月戊申，犯靈臺北第一星。二年七月乙未，入井。八月丙戌，入鬼。三年正月戊戌，退犯軒轅。五月癸巳，犯靈臺。辛丑，犯太微上將。丙辰，犯太微右執法。八月丁丑，入氐。四年六月丙戌，入犯井。己亥，犯天罇西北星。七月丁巳，掩犯積薪。丁卯，犯鬼西北星。庚午，入鬼，犯積尸氣。八月丁未，犯軒轅大星。十月癸未，犯太微西垣上將。甲申，入太微。十一月甲戌，犯太微東垣上相。丁丑，掩之。

元符元年正月壬戌，犯太微東垣上相。乙丑，入太微垣，行軌道。四月丙午，犯太微左執法。六月丙午，犯亢。七月乙丑，入氐。己巳，又犯之。八月乙酉，犯房南第三星。辛卯，犯東咸。十一月壬戌，犯代星。十二月戊寅，犯壁壘陣。乙未，又犯壁壘陣。二年七月庚申，入鬼，犯積尸氣。八月丙申，犯軒轅大星。九月丁卯，犯太微西垣上相。閏九月壬申，入太微。甲午，犯太微左執法。十月甲辰，犯太微東垣上相。己未，犯進賢。十一月庚寅，犯亢距星。十二月壬戌，入氐。三年正月辛未，犯氐東南星。四月壬寅，退行犯亢南第一星。八月丁巳，犯南斗西第二星。

建中靖國元年九月己未，入太微。十月甲辰，犯平道西第一星。

崇寧元年五月丁巳，退行入南斗魁。戊辰，又犯南斗西第二星。二年二月壬戌，犯昴西南星。丙子，犯天街北星。十月甲子，犯亢南第一星。三年四月壬子，犯壁壘陣西五星。四年三月壬寅，犯井鉞。甲寅，犯井距星。乙巳，又入井。五年八月乙卯，犯天街南星。十月乙丑，犯昴東南星。甲申，犯天陰東北星。

大觀元年正月辛丑，犯畢。三月癸巳，入井。四月癸未，犯鬼及犯積尸氣。五月己酉，犯酒旗。六月壬戌，犯軒轅大星。七月乙酉，犯靈臺。二年六月辛卯，犯天街。七月癸酉，犯司怪。八月己丑，入井。三年正月庚午，又犯井。三月丙寅，犯鬼。六月癸未，入太微。七月己酉，犯太微左執法。己巳，犯進賢。四年六月庚午，犯月星。七月辛酉，入井。閏八月丙辰，犯鬼，又犯積尸氣。

政和元年五月乙酉，犯右執法。二年六月辛亥，入井。三年正月乙亥，犯太微垣內屏。

四月丙午，犯太微上將。閏四月乙丑，犯太微右執法。七月癸巳，入氐。九月庚辰，犯天江。四年九月乙未，犯上將。十月甲子，又犯左執法。十一月庚寅，犯進賢。五年正月乙亥，犯亢。七月庚辰，犯氐。八月乙丑，犯天江。六年八月丁丑，犯靈臺。九月癸巳，入太微。庚戌，又犯太微左執法。十二月癸亥，入氐。七年正月丁酉，犯鍵閉。七月乙未，犯天江。

重和元年正月丁亥，犯外屏。閏九月癸亥，犯進賢。十月戊申，又入氐。

宣和元年九月癸亥，犯壘壁陣。二年十月庚辰，犯亢。三年正月戊申，犯南斗。丙辰，又入南斗。四年正月辛未，犯天街。五年六月乙未，犯天陰。九月己未，犯司怪。六年閏三月庚辰，犯五諸侯。七年九月壬辰，犯鬼。

靖康元年正月乙酉，又犯五諸侯。丁亥，又守五諸侯。三月戊寅，又入鬼。己卯，又犯鬼積尸氣。

建炎三年八月癸丑，入鬼，犯積尸。甲子，犯太微垣西上將星。丙寅，又入太微。十月乙巳，出太微垣東左掖門。己酉，犯垣東上相，徘徊不去。四年三月乙亥，犯左執法。七月戊辰，犯房。八月丁丑，犯東咸。乙未，犯天江。十一月乙卯，入壁壘陣。

紹興元年正月己亥朔，入羽林。九月丙辰，入太微。十月丁丑，犯左執法。庚辰，順行出太微垣內左掖門。十一月辛丑，犯進賢。二年正月丙申，入氐。五月乙亥，犯氐東南星。七月乙丑，犯天江。八月戊戌，犯斗西第二星。三年九月壬子，順行入太微。甲寅，犯右執法。乙丑，出端門。丙寅，犯左執法。十月癸巳，犯進賢。十一月丁巳，犯亢南第一星。辛未，犯氐。甲戌，入氐。十二月辛丑，犯房北第一星。壬寅，犯鉤鈐。癸卯，犯鍵閉。四年正月辛亥朔，犯東咸。十月丙子，犯壁壘陣。戊戌，又犯西第六星。己亥，入羽林軍。五年四月甲辰，入井。十月乙丑，入氐。十一月丙戌，犯房。丁亥，犯鉤鈐。乙未，犯東咸。十二月乙卯，犯天江。六年五月戊寅，犯壁壘陣。七年二月己酉，犯諸王西第二星。四月甲午，入井。五月庚辰，入鬼，犯積尸。九年四月己巳，入鬼，犯積尸。十年十月庚子，犯五諸侯。十一年三月乙卯，入鬼。十二年七月乙未，犯司怪。丁未，入井。八月，入鬼，犯積尸。十二月丙戌，逆行犯權大星北第一星。十四年八月庚辰，犯積尸。十五年九月辛酉，犯天江南第一星。十六年十月丙午，犯左執法。甲寅，出太微左掖門。十七年七月己卯，順行犯房宿。己丑，順行犯東咸。八月戊申，順行犯天江。十月乙酉，順行犯壁壘陣。庚寅，晦，順行入羽林軍。十八年閏八月戊辰，順行犯太微西上將。九月癸巳，犯太微左執法。十一月甲辰，順行入氐。十二月壬申，順行犯房。十九年七月戊申，犯南斗。十月辛未順行犯壁壘陣，入羽林。二十年十一月丙戌，順行犯氐。二十一年四月戊辰，入羽林。

庚午，行犯壘壁陣。二十二年二月壬申，順行犯天街。三月丙午，順行犯司怪。十一月癸卯，順行犯房宿鉤鈐。十二月癸酉，順行犯天江。二十三年三月戊午，順行入羽林。二十五年八月壬寅，順行入東井。十月壬寅，退行犯東井。十一月癸酉，退行犯司怪。二十六年二月丁亥，順行犯東井、鉤鈐。六月甲午，順行犯太微垣西上將。七月庚申，順行犯太微左執法。二十七年六月癸亥，順行犯司怪。七月癸酉，又入東井。癸巳，順行犯天罇。九月乙丑，順行犯輿鬼，又犯積尸。二十八年二月癸丑，順行犯輿鬼。乙卯，又如之。六月乙未，順行犯太微垣西右執法。二十九年六月壬子，順行犯司怪。閏六月壬戌，順行入東井。是月戊辰，又如之。庚辰，順行犯天罇。七月戊申，順行犯輿鬼。辛亥，入鬼，犯積尸氣。十月辛未，順行犯太微垣西上將。十二月辛酉，留太微垣內屏西南星十日。三十一年四月庚申，犯太微垣西上將。八月戊申，順行入氐。九月庚寅，犯天江。十一月乙酉，犯牛。三十二年閏二月壬午，退行犯進賢。五月癸巳，順行入犯氐。

隆興元年八月壬午，犯長垣。九月乙未，犯太微垣西上將。十月庚申，入太微垣東，犯左執法。癸未，犯進賢。十二月甲戌，入氐。二年正月辛亥，犯房。甲寅，犯鍵閉。二月辛未，順行犯東咸。三月辛亥，退行犯東咸。四月戊寅，退行犯房。七月壬子，犯天江。己卯，順行犯南斗。十月乙丑，順行犯周星。己巳，犯秦星。乙亥，犯代星。十一月庚子，犯壁壘陣。癸卯，順行入羽林軍。

乾道元年三月甲寅，犯諸王星。八月乙酉，順行犯太微垣西上將星。辛丑，入太微。九月庚戌，犯太微垣左執法。壬申，犯進賢。十一月丙辰，順行入氐。十二月癸未，順行犯房，又犯鈎鈐。二年正月乙卯，順行犯天江。九月庚戌，順行犯壁壘陣西勝星。辛亥，入壁壘陣。丙辰，入羽林軍。甲子，犯壁壘陣。十月乙未，犯壁壘陣西第八星。三年二月壬辰，犯月星。四月乙亥，犯司怪。九月庚寅，犯亢。十月乙巳，入氐。十一月庚午，犯鈎鈐。十二月己亥，犯天江。四年三月甲子，犯壁壘陣。辛巳，犯壁壘陣及入羽林軍。七月丙戌，留守天囷。十二月乙卯，犯天陰。五年正月乙亥，犯月星。甲申，犯天街。三月丁丑，犯東井。十一月戊子，犯天江。六年二月甲申，犯牛。七月己亥，犯諸王。七年二月壬戌，犯東井。四月癸丑，入鬼，犯積尸。五月己丑，犯權大星。八年八月丙午，入東井。癸亥，犯天罇。十月癸卯，犯鬼。辛亥，又犯。戊午，犯積尸氣。十一月己巳，又犯鬼。九年四月丁丑，犯權。五月庚戌，犯太微垣西上將星。六月癸亥，犯太微垣西右執法。

淳熙元年七月辛卯，入東井。丙午，入天罇。八月乙亥，犯鬼。二年正月庚子，犯權大星。五月甲午，犯太微西上將。八月乙亥，入氐。三年十月乙亥，犯太微西上將。十一月丙寅，犯太微東上將。四年正月己巳，入太微。七月庚申，入氐。辛酉，犯氐。八月己卯，犯房。五年九月乙亥，犯太微右執法。十月壬辰，出左掖門。十二月壬子，入氐。六年二月己酉，入氐。三月辛未，犯氐宿距星。四月丙午，守亢。六月丙申，犯氐。七月己未，犯房。八月己丑，犯天江。十一月乙亥，入羽林軍。丁丑，犯壁壘陣西第七星。七年九月乙丑，入太微。庚午，出。十二月壬午，犯氐。甲申，又入。八年五月己卯，入南斗。六月庚戌，守箕。癸酉，犯南斗。七月戊寅，入南斗。庚寅，犯狗。九月戊寅，犯秦星。壬辰，犯壁壘陣。十月辛酉，入羽林軍。九年十一月庚午，犯氐距星。辛未，入氐。十二月戊戌，犯鈎鈐。十年五月甲子，入羽林軍。六月庚子，入壁壘陣。八月癸丑，又犯。九月戊辰，退入羽林軍。十一年二月壬戌，犯諸王星。十二年三月丁未，入羽林軍。十三年四月丙子，犯輿鬼。十四年七月壬寅，犯諸王星。甲子，犯司怪。癸未，入井。十月庚辰，留守五諸侯。十五年六月庚寅，犯右執法。十六年閏五月丙戌，犯諸王。六月丙辰，入東井。八月乙巳，犯輿鬼。乙卯，順行入鬼，犯積尸氣。

紹熙元年五月丙辰，犯靈臺。二年七月丁未，入東井。庚寅，入鬼，犯積尸氣。十一月庚戌，入太微。三年正月己酉，入太微垣內留守。三月乙未，入太微垣西，犯上將星。四月丁巳，犯太微右執法。七月乙酉，入氐。八月丁未，犯房北第二星。四年十月丁酉，入太微垣內，徘徊內屏者凡四閱月。十一月己巳，犯上相。五年七月癸酉，犯氐。八月壬辰，犯房。十一月庚寅，犯壁壘陣。

慶元元年九月丙戌，入太微垣內。戊申，始出。二年三月癸卯，退犯天江。五月甲辰，守犯心大星。十月戊戌，犯氐宿距星。四年五月庚子，入羽林軍。五年十一月癸巳，入氐。

嘉泰元年五月丁丑，失行不由黃道。三年二月壬寅，犯井宿。

開禧元年正月庚辰，留守五諸侯西第四星。四月丁巳，犯權大星。六月丙午，犯太微西右執法。甲戌，入東井。十一月甲辰，入太微。十二月戊午，留守太微垣。三年二月己未，退留守權星。

嘉定元年九月辛酉，入太微順行。二年二月乙酉，退行犯太微上相。三月癸卯，退行犯左執法。己酉，留守太微垣。六月壬戌，順行入房。己丑，順行犯天江。九月己酉，順行犯南斗。三年十月己未，入太微垣，犯右執法。四年正月辛卯，入氐宿方口內。二月丁丑，犯房。四月丙戌，退行入氐。五月丙寅，犯氐。六月乙巳，犯東咸。八月壬辰，犯南斗。十一月壬子，犯壁壘陣。五年八月癸卯，入太微。九月戊申，又犯右執法。十一月丙寅，入氐。六年閏九月庚午，犯壁壘陣。十月戊戌，入羽林。七年十月甲寅，順行犯氐。八年四月戊午，入羽林軍。十年九月丁亥，留守天關。十一月壬午，退行犯月星。辛卯，留守昴宿月星。十一年四月壬戌，順行入鬼，犯積尸氣。十二年七月壬戌，順行入井。十四年七月己丑，順行犯司怪。十六年十月丁酉，入太微。十七年正月戊申，留守太微垣東上相星。

寶慶二年正月戊寅，入氐。

紹定元年七月戊戌，犯南斗。十月戊申，犯壁壘陣。十一月癸酉，順行入羽林軍。二年十一月己丑，順行入氐。三年七月丁巳，退行入羽林軍。六年二月癸卯，犯東井。

端平元年九月辛丑，入井。十二月，犯司怪。二年六月己丑，入太微。三年七月庚午，入井。

嘉熙元年正月癸酉，守鬼宿。四月庚子，犯權。五月丙子，犯將星。二年七月壬寅，順行入鬼，犯積尸氣。九月壬午，犯權大星。十月丁卯，入太微。三年五月辛未，犯太微垣執法星。八月己亥，入氐。丁巳，犯房。四年八月乙巳，犯太微垣左執法。十一月辛巳，犯太微垣東上相。甲子，順行入太微垣。

淳祐元年六月乙酉，犯氐宿東南星。丙戌，入氐宿方口內。三年正月庚辰，順行入氐。十一年八月丁酉，順行入井。十二年四月壬申，犯權。

寶祐二年二月甲辰，又犯。三年十一月丁巳，犯太微垣上相星。五年十二月丁未，入氐。六年三月庚午，退行入氐。

開慶元年閏十一月己卯，入氐。十二月丁未，入房宿鉤鈐星。

景定元年五月壬午，退行斗宿。三年五月壬戌，犯壁壘陣西方勝星。

德祐元年四月乙丑，犯天江。八月戊午，犯南斗。十月壬戌，犯壁壘陣。

塡星

開寶五年七月乙丑，犯東井。

端拱元年閏五月庚寅，退行犯建星，相去五寸許。

咸平二年七月辛巳，犯畢。四年六月丙申，犯東井。十月辛丑，犯井鉞。己未，犯東井。五年三月戊戌，犯鉞。六年九月戊戌，守輿鬼。

景德二年十月丙子，守軒轅。三年五月癸亥，犯軒轅。九月戊辰，犯靈臺。四年八月辛亥，入太微右掖。乙卯，又入太微。

大中祥符二年正月辛巳，入太微。十月癸巳，犯進賢。十一月乙卯，犯平道。三年三月辛卯，犯進賢。五月癸卯，又犯。十一月戊寅，犯亢。四年十二月壬寅，入氐。五年正月甲戌，守氐。九月戊辰，入氐。十月己巳，又入。六年四月癸未，入氐。十二月丙戌，犯東井。七年三月丁未，犯罰。五月乙酉，犯鍵閉。丙戌，犯輿鬼。六月辛酉，犯房上將。

天禧元年二月癸酉，犯建星。三年五月丁卯，犯牽牛。

天聖四年十月庚寅，犯右更。明道二年七月癸巳，犯鬼。十二月壬子，又犯。景祐元年正月丁卯，犯南斗，又犯鬼。三月戊子，又犯。三年九月辛巳，犯太微上相。四年十月己卯〔三〕，犯左執法。康定元年三月戊寅，犯平道。慶曆七年六月庚申，犯建。嘉祐三年六月丙寅，犯畢。九月庚辰，犯畢。五年六月己巳，犯井鉞。甲申，犯東井。十月甲申，退犯東井距星。六年七月己亥，犯天罇。七年八月己丑，入鬼。十一月乙巳，退犯輿鬼距星。治平元年七月壬辰，犯軒轅大星。二年九月戊辰，犯靈臺。四年九月癸卯，犯東上相。熙寧元年正月庚辰，退犯上相。二月乙巳，入太微。十月乙亥，犯東上相。二年十一月丙子，犯亢距星。三年正月丁巳，犯亢。十一月壬寅，入氐。五年五月丙午，又入。十一月己酉，犯罰南星。六年四月戊寅，犯罰南第一星。五月庚申，又退犯鍵閉。八月甲申，犯罰。七年正月丁未，犯天江東北第一星。八年八月丁巳，犯天籥西北星。九年正月壬午，犯建西第二星。

元豐二年二月丙午，犯十二國代東星。三年七月丙寅，犯壁壘陣西第五星。十月丁亥，又犯之。七年六月乙未，犯外屏。

元祐三年七月己未，犯諸王。五年六月乙巳，入東井。七月甲子，十一月丁亥，皆犯東井。六年三月庚辰，犯東井。四月己亥，入太微垣，行軌道。十一月癸巳，犯水位。七年七月己丑，入輿鬼。十二月丁丑，犯輿鬼。八年正月甲申，犯輿鬼。壬辰，退入輿鬼。丁酉，入鬼，犯積尸。

紹聖二年八月己丑，入太微垣上將。九月庚申，入太微垣軌道。三年二月己卯，入太微，犯上將。是月庚戌，四月庚辰，五月丙申，俱犯。甲辰，入太微垣，行軌道。九月乙巳，又入太微。十月甲戌，犯太微左執法。四年正月丁未，又犯。十月癸巳，犯進賢。

元符元年正月丙辰，又犯。七月癸亥，又犯。

建中靖國元年五月辛酉，犯氐東南星。

崇寧元年四月庚戌，犯房北第一星。四年十二月己卯，犯建西第二星。五年六月戊辰，又犯。

大觀元年閏八月丙午，犯泣星。

政和七年十月丙辰，犯畢。

重和元年二月甲戌，犯天街。

宣和七年十月庚子，入太微。

靖康二年正月丁巳，犯上相。

建炎三年三月乙未，犯亢。

紹興二年三月己未，犯東咸第三星。八月戊申，復犯第三星。五年閏二月庚戌，三月癸卯，五月丁丑，皆犯建星。七年六月己未，犯牛宿南星。十一年八月甲午，入羽林軍。十八年八月辛丑，順行犯東井鉞星。二十年正月辛卯，退留守東井。二十四年八月庚戌，順行入太微。二十五年三月戊午，退行犯太微垣西上將。二十六年十一月庚辰，犯平道。二十七年正月癸巳，退行犯進賢。三十年十一月辛巳，順行犯房。壬寅，順行犯鍵閉。三十一年三月己亥，退行犯鍵閉。八月庚戌，順行犯房。

乾道元年七月丙寅，留守建星。二年二月甲午，犯牛。三月庚申，留守牛宿。五月己未，掩狗國星。三年七月乙丑，犯周星。四年八月乙卯，守壘壁陣。五年四月戊子，入羽林軍。五月丙辰，留守羽林軍。七月丙戌，犯壘壁陣。九月甲戌，守壘壁陣。六年六月戊午，退入羽林軍。九月庚寅，又入守之。七年八月丁卯，退行犯壘壁陣東勝星。十月乙卯，十一月庚寅，又犯守之。

淳熙三年十月己丑，犯畢。四年六月丁丑，十月甲申，犯天關。五年正月壬戌，留守諸王。五月辛卯，入井。八月丙辰，留守東井。十一月辛巳，又犯。六年正月壬申，留守井鉞星。是月戊子，二月戊申，皆犯入東井。九月庚午，留守水位。十二月戊戌，犯天罇。七年八月壬辰，入鬼，犯積尸氣。戊申，犯鬼。十一月丙辰，又如之。八年四月戊午，入鬼。九年十一月己丑，留守權左角。十年三月辛巳，留守權大星。十月癸卯，犯太微上將。癸丑，入太微。十二月壬戌，犯上將。十一年九月甲辰，入太微。十一月己亥，留守太微垣。十二年四月庚午，守太微垣右執法。十三年三月壬午，犯太微東上相星。四月乙丑，入太微。乙巳，留守太微垣。十五年三月丁巳，五月癸亥，犯亢。十月辛卯，入氐。十六年正月辛丑，留守氐。

紹熙三年二月辛丑，留守天江。

慶元四年七月乙丑，犯壁壘陣西第五星。

嘉泰四年七月己卯，留守天廩。

開禧元年八月甲辰，留守畢。二年八月壬子，留守諸王。三年七月辛卯，犯井鉞。九月甲戌，留守井。

嘉定元年四月辛亥，犯井。二年正月癸亥，犯守井。六年三月壬戌，留守權左角少民星。閏九月己丑，順行入太微。十一月丙子，留太微垣，守右執法。七年十二月戊戌，留守太微垣東上相星。十一年正月辛巳，守氐距星。六月辛亥，留守亢。十一月丙子，入氐。十二年四月壬申，退行入氐。五月乙卯，留守氐。十三年七月乙巳，犯房。

端平二年十月己未，退行犯畢宿距星。十二月己亥，留守天街。三年正月丁卯，順行犯畢距星。

嘉熙元年八月乙酉，順行犯井東第二星。

淳祐四年四月癸未，留守太微垣，守右執法。五年四月甲申，退守上相。七年四月丁亥，犯亢。

景定元年正月庚辰，入尾。五年七月甲午，留守于畢。

咸淳二年八月庚午，入井。

太白

建隆二年九月丁丑，犯南斗。

乾德三年八月庚申，犯太微上將。四年六月辛丑，犯右執法。五年八月辛酉，又犯。

開寶元年十一月庚寅，犯房。四年四月己巳，犯東井。五年十一月己未，犯哭星。

太平興國六年八月戊子，入太微，犯右執法。

雍熙元年二月壬辰，犯昴。八月壬寅，掩軒轅第一星。十一月戊戌，入氐。戊午，又犯心前星。己未，又犯大星。二年閏九月癸未，入南斗魁。四年十月癸卯，犯進賢。

端拱元年十月辛巳，犯哭星。癸未，犯天壘。二年五月己亥，犯畢右股第一星。六月乙卯，犯天關。七月壬申，犯輿鬼東南星。八月壬子，犯軒轅大星。九月庚辰，犯左執法。

淳化元年六月庚申，犯太微垣，入端門。三年九月辛丑，犯右執法。癸卯，犯太微端門。十月壬午，入氐。四年十月乙丑，犯南斗魁第二星。

至道元年三月癸巳，凌東井第一星。五月壬戌，犯軒轅大星，相去一尺許。十一月庚戌，入氐。三年八月戊申，犯太微上將。

咸平元年七月癸酉，犯角左星。八月，犯軒轅。九月癸亥，犯南斗魁。庚辰，犯太微次將。十一月癸酉，又入軒轅。乙亥，入太微。二年正月己卯，入南斗魁。四月己未，入太微，犯次將，守屏星。甲子，又入。六月丁丑，入東井。三年二月甲寅，犯昴。八月己未，犯軒轅大星。九月壬午，犯右執法。四年九月乙亥，犯房、心。十月丙午，入南斗。閏十二月丙戌，犯角大星。己酉，犯房。辛卯，犯箕。壬辰，犯南斗魁。五年正月丁巳，犯心後星。二月庚申，掩昴。壬申，掩五車。六年四月庚辰，犯輿鬼。五月乙巳，犯軒轅。九月戊申，犯左執法。十一月癸巳，入氐。

景德元年閏九月丙寅，犯南斗。十月丙午，犯哭。二年五月己未，掩心前星。六月己丑，犯南斗。七月甲寅，犯輿鬼積尸。八月己丑，犯太微上相。三年十一月甲子，犯西咸。

大中祥符元年七月丁卯，犯水位。庚辰，犯輿鬼。丁亥，犯權。八月辛丑，犯軒轅大星。丁未，犯軒轅少民。二年八月壬寅，入氐。九月戊午，在心。戊辰，犯天江。三年正月戊辰，犯牽牛。四年四月甲子，犯輿鬼。五月戊子，犯軒轅大星。丙申，犯軒轅少民。九月己丑，犯右執法。乙未，犯左執法。十月戊申，在進賢西南。十一月丁亥，犯房上相。十二月壬戌，犯建星。五年十月戊申，犯箕。十一月甲辰，犯壁壘陣。六年正月丁酉，犯右更。五月戊午，犯天闕。六月乙丑，犯罰星。辛未，犯東井。己卯，犯天罇。七月乙未，犯輿鬼。甲寅，犯軒轅大星。八月，犯建。丁丑，掩畢，又犯右執法。七年四月甲子，犯東井。六月甲子，犯太微上將。辛未，犯執法。七月丁酉，犯角南星。十一月戊子，入氐。九年二月己卯，犯昴。甲辰，犯五車。八月癸未，犯軒轅大星。己丑，犯軒轅東南。丙申，在靈臺南，相去一尺。九月丙午，犯右執法。壬子，犯左執法。

天禧元年七月戊戌，犯右執法。八月甲午，犯房次相。十月己巳，入南斗。三年九月己巳，犯左執法。十月庚寅，犯進賢。甲辰，犯亢。十一月乙卯，入氐。四年七月丁巳，掩房。己未，犯箕。庚申，入南斗魁。辛未，犯昴。八月乙酉，犯心後星。丁亥，入南斗魁。戊戌，犯昴。庚子，掩五車。五年六月甲寅，入東井。七月戊寅，犯輿鬼。壬午，犯五諸侯、箕。丙申，犯軒轅大星。八月壬子，犯太微上相。戊午，犯右執法。

乾興元年五月庚午，犯鬼及積尸。七月己卯，犯角。

天聖元年正月庚午，犯建。二年二月丙戌，犯五車。八月庚午，犯軒轅東星。甲申，自右掖門行入太微。辛巳，犯太微上將。九月戊子，犯右執法。甲午，犯左執法。三年六月己卯，犯太微上將。十月乙卯，犯南斗。五年九月辛丑，犯靈臺。乙巳，犯明堂。庚申，犯左執法。七年五月己巳，犯畢距星。八年四月辛亥，犯輿鬼。

明道元年二月庚午，犯五車。六月乙丑，犯東井。八月壬子，掩軒轅左角。九月丙子，犯左執法。二年八月戊午，犯房。十月癸巳，犯南斗。十一月癸亥，又犯。

景祐二年三月壬寅，犯東井。四月乙卯，犯五諸侯。己巳，入鬼。九月甲午，犯右執法。十一月甲申，入氐。四年六月癸酉，犯東井。七月辛丑，犯鬼。己未，犯軒轅大星。

寶元元年四月己巳，犯東井。癸巳，犯輿鬼。七月甲辰，犯角南星。

康定元年正月乙酉，犯昴。六月丁未，犯東井。

慶曆三年五月己卯，犯軒轅大星。九月甲申，犯左執法。五年六月辛酉，犯東井。六年七月丙戌，犯左執法。八年閏正月丙寅，犯昴。二月丁酉，犯五車東南星。六月庚辰，犯東井。八月庚午，犯軒轅大星。

皇祐元年九月戊午，犯斗天相。四年十月丙子，犯南斗。五年六月癸酉，犯畢。乙未，犯井鉞。

至和二年三月壬午〔四〕，犯五車。四月辛巳，犯畢。七月癸巳，犯輿鬼。八月庚申，犯軒轅大星。九月庚辰，犯太微左執法。

嘉祐元年十月丁巳，入氐。戊辰，犯房。二年九月庚子，犯南斗。四年八月甲子，犯軒轅右角。九月丁未，犯太微左執法。十月癸酉，犯亢。癸未，入氐。十月庚子，犯罰南星。癸卯，犯東咸。十二月辛未，犯建。五年九月庚寅，犯房。乙巳，犯天江。十一月戊戌，犯壁壘陣。丁未，退犯井鉞。六年六月乙卯，犯畢距星。七月甲申，犯東井。庚寅，犯天罇。甲辰，犯輿鬼距星。八月甲子，犯軒轅大星。戊午，犯靈臺北星。七年三月癸酉，入東井。十一月乙巳，入氐。己未，犯西咸南星。癸亥，犯罰。

治平元年二月辛卯，犯昴。閏五月丙寅，入畢，不犯。六月甲子，犯東井。七月壬申，犯輿鬼。癸巳，犯軒轅大星。八月己酉，犯靈臺。甲寅，入太微。丙寅，犯右執法。十月丙申，入氐。壬子，犯心前星。二年八月乙未，犯氐。己酉，入太微。庚戌，犯右執法。九月壬午，犯斗距星。十月庚寅，入氐。丙午，犯心距星。四年閏三月庚寅，犯東井東第一星。癸卯，犯五諸侯東第一星。四月丁巳，犯輿鬼東北星。八月丁未，犯軒轅大民。甲寅，犯軒轅御女。庚午，犯靈臺。九月辛巳，犯右執法。壬午，掩之。戊子，入太微。十月乙卯，犯亢。丙寅，入氐。十一月丁丑，犯房。己卯，犯鍵閉。丁酉，犯天江。

熙寧元年八月己未，入氐。十一月辛巳，犯壁壘陣西第二星。二年六月辛亥，犯天關。庚申，犯東井距星。辛酉，入東井。七月辛未，犯天罇，犯輿鬼東南星。八月丙午，犯軒轅大星。三年五月壬子，犯靈臺。六月乙丑，犯右執法。十月癸酉，犯亢距星。十一月庚寅，入氐。丁未，犯罰。四年十一月辛丑，犯十二國代星。庚戌，犯壁壘陣西第五星。五年二月甲戌，犯昴東北第二星。六月己酉，犯畢距星。七月丁亥，入東井。十月戊寅，入氐。十一月己酉，犯罰。六年六月癸未，犯東上相。丁酉，犯左執法。八月丁丑，掩氐東南星。九月甲辰，犯天江南第二星。丙寅，犯南斗距星。丁卯，入南斗。七年二月乙未，犯壁壘陣西第七星。八年二月庚寅，犯天陰中星。三月戊戌，犯月星。癸卯，犯天街北星。辛酉，犯司怪北第二星。閏四月戊戌，犯輿鬼西北星。八月丁酉，犯軒轅御女。九月癸亥，犯右執法。辛未，犯左執法。十月丁酉，犯亢距星。丙午，入氐。九年九月丁巳，犯東咸西第一星。辛巳，犯南斗西第二星。十月庚寅，犯狗國西北星。十一月辛酉，犯壁壘陣西北星。十年六月壬寅，犯東距星。癸卯，入東井。九月己酉，入太微。

元豐元年十月丙辰，犯亢距星。庚午，入氐。十一月己丑，犯罰南第二星。十二月壬戌，犯建西第二星。二年十一月壬辰，犯壁壘陣西第五星。十二月戊戌，犯壁壘陣。三年正月甲戌，又犯外屏西第二星。二月甲寅，犯昴距星。六月癸巳，犯畢距第二星。乙未，入畢口。七月戊辰，犯東井西北第二星。己巳，入東井。戊子，犯水位西第三星。八月丙申，犯輿鬼。九月戊寅，入太微。乙酉，犯左執法。閏九月丙申，犯進賢。丁巳，犯氐距星。十月己未，入氐。四年八月甲戌，犯心距星。九月戊申，犯南斗距星。庚戌，入南斗。六年二月壬申，犯天陰東北星。三月癸未，犯司怪北第二星。四月丁卯，犯五諸侯。八月己卯，犯軒轅御女。九月乙巳，犯右執法。丁巳，犯東上相。甲子，犯進賢。十月戊寅，犯亢距星。戊子，入氐。七年十一月己酉，犯壁壘陣西第五星。十二月辛巳，犯雲雨。八年六月甲戌，順行犯天關。癸未，順行犯井距星。甲申，順行入井。七月乙未，犯天罇。八月甲戌，犯軒轅少民。辛巳，犯靈臺。

元祐元年閏二月丙辰，犯諸王。十月戊戌，犯亢。壬子，入氐。二年十二月己丑，犯壁壘陣。三年二月己亥，犯昴。六月癸未，犯天高。七月辛亥，入東井。壬戌，犯天罇。庚午，犯水位。八月丁丑，犯鬼。戊戌，犯軒轅大星。九月甲寅，犯太微垣上將。庚申，入太微，犯右執法。丁卯，犯左執法。十月丁未，犯亢南第一星。十一月甲辰，入氐。丁巳，犯罰。四年六月丙午，犯太微垣西上將。戊申，入太微。九月壬辰，入斗。五年正月丁亥，犯羅堰。十一月戊戌，犯壁壘陣。六年正月乙酉，犯外屏。二月甲寅，犯天陰。三月癸酉，犯平道。丁丑，犯天江。四月己酉，犯五諸侯。閏八月辛酉，犯軒轅御女。丁卯，犯軒轅左角。九月丁亥，犯右執法。己丑，入太微。十月庚午，入氐。十一月丙戌，犯罰。七年八月丙寅，入氐。己巳，犯月星。辛未，犯司怪。丁丑，犯房，又犯鈎鈐。十月庚戌，犯南斗。十一月庚辰，犯伐。甲申，犯壁壘陣。十二月壬戌〔五〕，犯雲雨。八年六月乙酉，犯諸王東第二星。丙辰，犯天關。丙寅，入東井。庚午，犯東井。八月庚戌，犯軒轅大星。甲戌，入太微。

紹聖元年五月戊午，犯靈臺北第一星。十月甲午，入氐。十一月丙午，犯西咸南第一星。癸丑，犯罰南第二星。二年正月乙巳，犯羅堰南第一星。十一月辛亥，犯壁壘陣西星〔六〕。庚申，犯壁壘陣西第六星。三年二月庚戌，犯昴。庚辰，入昴。五月戊午，犯畢。六月庚申，又入。戊辰，入犯天高。庚辰，犯天關。丙戌，犯司怪。七月壬辰，犯東井。癸巳，入東井。八月庚申，犯輿鬼。庚辰，犯軒轅大星。九月乙酉，犯軒轅左角。乙未，犯太微上將。己亥，入太微垣，行軌道。己酉，犯太微左執法。甲寅，犯太微上相。癸未，入氐。十一月辛丑，犯東咸。四年四月壬寅，犯五諸侯西第五星。五月己卯，犯長垣南第一星。

六月乙酉，犯靈臺北第一星。丁亥，犯太微垣西上將星。戊子，入太微。壬寅，犯太微左執法。八月壬午，犯氐東南星。壬辰，犯房南第三星。庚子，犯心大星。己酉，犯天江南第一星。十二月戊申，入建。

元符元年正月庚戌，犯建。丙辰，犯天雞。己巳，犯羅堰。二月乙未，犯壘壁陣。十二月乙亥，犯代星。己亥，犯壘壁陣。二年正月己酉，犯壘壁陣東北星。二月乙未，犯天陰東南星。三月甲辰，犯月星。庚戌，犯諸王西第一星。丁卯，犯司怪北第二星。四月辛卯，犯五諸侯西第五星。五月乙巳，入犯鬼西北星。九月癸卯，犯軒轅御女。丁巳，犯靈臺南第二星。戊辰，入太微。己巳，犯太微右執法。閏九月丙子，犯左執法。十月壬子，入氐。壬戌，犯西咸南第一星。戊辰，犯罰星南第一星。十二月乙亥，犯建西第二星。三年七月己巳，犯角南星。八月丙申，犯亢南第一星。九月丁亥，犯南斗西第二星。

建中靖國元年四月丁酉，犯外屏西第二星。六月辛亥，入東井。

崇寧元年三月壬申，犯月星。四月戊戌，犯井鉞。六月庚辰，犯進賢。十月甲戌，犯亢距星。二年正月乙巳，犯壘壁陣西第五星。八月丙子，入氐。九月戊子，犯房鈎鈐。三年二月癸亥，犯昴距星。七月戊戌，犯積薪。八月壬寅，犯鬼積尸氣。四年五月甲寅，犯軒轅大星。八月庚辰，犯罰。十二月庚辰，犯建西三星。五年正月丁未，犯靈臺，犯牛東南星。

大觀元年正月丁未，犯外屏。二月丙戌，犯月星。三月庚寅，犯天街。壬辰，犯畢。四月戊午，入井。十月辛酉，犯左執法。丙子，犯角大星。閏十月丙戌，犯亢。丁未，犯房。十一月壬子，犯心。三年七月丁丑，犯亢。八月丙戌，入氐。庚子，犯房鈎鈐。三年二月癸卯，犯壁壘陣。五月辛亥，犯天陰。六月壬辰，入井。四年四月己卯，犯井鉞。庚辰，犯井。辛巳，入井。十月戊午，入氐。十一月庚寅，犯天江。

政和元年十一月甲戌，犯天江。三年六月戊午，入太微垣，犯右執法。四年十二月乙卯，入羽林軍。五年三月辛未，犯天街。四月乙卯，犯五諸侯。十一月壬辰，犯罰。六年九月庚戌，犯南斗。十一月庚寅，犯壁壘陣。七年八月癸酉，入太微。

重和元年六月庚午，犯上將。十一月壬申，犯天江。

宣和二年五月丁丑，犯天陰。三年八月己亥，犯鈎鈐。十月丁未，入井。四年二月辛丑，犯壁壘陣。五年五月甲寅，犯鬼。十一月庚午，犯房。六年七月庚子，犯亢。七年五月壬辰，犯畢。

靖康元年四月丁未，犯井東扇北第一星。五月壬申，入鬼，犯積尸氣。十一月庚午，犯亢。壬午，入氐。閏十一月戊戌，犯鍵閉。

建炎三年七月辛巳，入太微。閏八月丙戌，犯心前星。四年正月癸亥，犯建星。

紹興元年九月丁酉，犯軒轅左角。乙卯，入太微。丙辰，犯右執法。癸亥，復犯。十月戊辰，入太微。己丑，犯亢南第二星。十一月己亥，入氐。二年九月庚申，犯天江。三年六月甲午，入井。八月乙酉，犯軒轅左角少民星。四年四月庚辰，犯司怪。五月辛亥，犯輿鬼。十一月甲子，入氐。五年正月乙卯，犯建。十一月己丑，犯壁壘陣。庚寅，入羽林。六年五月辛卯，犯畢。六月辛酉，入井。七月己巳，復犯井東北第二星。己卯，犯水位。八月戊申，犯軒轅大星。九月戊辰，順行入太微垣，乙酉，始出。丁亥，犯進賢。十月辛丑，入亢。己酉，入氐。辛亥，又如之。七年五月辛巳，犯鬼宿西北。六月丙辰，犯太微垣西上將。八年十二月戊午，入羽林軍。乙亥，經行壁壘陣，入羽林軍。九年二月壬申，犯月星。四月癸亥，犯五諸侯西第五星。五月甲申，入鬼，犯積尸氣。九月乙巳，入太微垣，犯左執法，丁未，始出。十年四月丙子，入氐。十一年六月乙亥，犯井距星。十二年五月甲午，犯鬼西北星。乙未，犯積尸氣。十七年四月丙午，順行犯五諸侯。九月己卯，順行入太微垣。庚辰，順行犯右執法。十一月乙丑，順行入氐。十九年六月乙卯，犯井鉞。丙辰，犯東井。丁巳，入東井。二十一年十一月己酉，順行入羽林軍。二十二年六月甲子，犯東井。乙酉，入東井。七月辛亥，順行入鬼，犯積尸氣。九月壬辰，順行入太微垣。庚子，犯左執法。十月甲戌，入氐。二十三年八月辛酉，順行犯亢。二十五年四月戊子，順行犯五諸侯。

八月癸卯，順行犯權左角少民。十月癸卯，順行入氐。二十六年七月壬戌，順行犯太微左執法。八月丁亥，順行犯亢距星。戊戌，順行入氐。九月乙丑，順行犯天江。十月甲申，順行犯南斗。閏十月辛酉，順行犯壁壘陣。二十七年六月丙申，順行犯井鉞。己亥、甲辰，皆入東井。七月戊子，順行犯權左角少民星。二十八年三月甲申，犯司怪。十一月庚午，順行入氐。二十九年十一月癸未，順行犯壁壘陣西勝星。戊戌，順行入羽林軍。三十年六月丙辰，順行犯天關。壬申，入東井。八月癸亥，順行犯權大星。丁巳，犯權左角少民星。十月庚申，順行入氐。三十一年六月戊辰，掩犯太微右執法。七月壬辰，順行犯角宿距星。三十二年正月丁亥，順行犯建。二月己亥，順行犯牛。

隆興元年六月丙子，入東井。八月乙酉，犯權左角少民星。九月辛丑，入太微。庚戌，犯左執法，入守垣內，壬子，始出。十月辛酉，順行犯進賢。十一月戊戌，犯房。庚子，犯鍵閉。十二月庚申，順行犯天籥。辛未，犯建。二年八月庚辰，順行入氐。辛巳，犯氐。十月己卯，犯天籥。丙寅，順行犯南斗。己巳，順行犯狗。十一月甲申，順行入天田。甲辰，順行犯壁壘陣。

乾道元年五月戊午，順行犯諸王。六月辛巳，入東井。丁未，順行犯鬼。八月癸未，入太微。十二月庚子，順行入羽林軍。二年三月己酉，順行犯天街。己亥，順行入鬼。九月己酉，犯明堂。十一月辛亥，順行入氐。十二月壬辰，順行犯南斗。三年十一月丁丑，犯羽林軍。四年五月己卯，犯畢。辛巳，入畢口內。六月丁酉，犯天關。癸卯，犯司怪。辛亥，入東井。七月庚申，犯天罇。甲戌，犯鬼。八月己亥，犯權。丙辰，入太微，九月丙寅，出。十月丁酉，入氐。五年九月庚申，犯心宿大星。七年八月丁卯，犯權左角少民星。九月甲申，犯右執法，入太微垣，甲午，出。十月丁卯，入氐。十一月己卯，犯房。丙戌，犯東咸。八年八月壬戌，入氐。甲子，犯氐東南星。九月癸酉，犯房。甲戌，犯鉤鈐。戊子，犯天江。十一月丁亥，犯壁壘陣。

淳熙元年十一月甲午，入氐。辛亥，犯罰。十二月壬午，犯建。二年十一月丁卯，入羽林軍。三年五月癸亥，犯畢。六月己卯，犯天關。丁亥，犯井鉞。辛卯，入東井。八月戊戌，入太微，犯右執法。四年七月乙卯，犯角宿距星。九月辛丑，犯心前星。六年六月乙未，入東井。八月癸卯，犯權、御女星。十月戊申，入氐。七年八月乙巳，入氐。八年五月甲辰，入東井。九年十一月乙亥，入氐。十年閏十一月己亥，犯壁壘陣。十一年七月壬申，入東井。八月丁巳，犯權大星。十二年六月癸酉，犯太微右執法。十四年六月甲戌，入井。九月丁未，入太微。戊申，順行犯太微右執法。丙寅，犯進賢。十五年九月丙申，犯房。十月辛未，犯南斗魁。十六年閏五月丙戌，入井。

紹熙元年十一月戊午，入氐。三年七月己卯，犯天江。八月甲辰，犯權左角少民星。

四年九月甲戌，犯心東星。

慶元元年六月丁卯，入東井。九月戊子，入太微，戊戌，始出。

嘉泰三年六月甲寅，入井。十月甲寅，入氐。四年六月乙未，犯斗。

開禧元年六月壬子，入井。二年五月辛卯，犯權大星。十一月壬戌，入氐。三年十一月癸巳，順行入壁壘陣。

嘉定元年六月甲戌，犯井鉞。四年六月庚子，入井。八月庚寅，犯權大星。七年十一月丙寅，順行入氐。十年七月乙酉，犯角。十二年六月庚辰，順行入井。八月壬申，順行犯權星、御女。丁丑，犯權左角少民星。十三年十月丁巳，順行犯南斗。十五年十一月丙午，順行入氐宿方口內。

紹定五年七月甲申，順行入井。

端平二年七月丙午，順行入井。八月丁巳，犯太微右執法。

嘉熙二年十月戊辰，順行入氐。四年六月己亥，順行犯畢距星。癸丑，犯天關。七月乙丑，順行入井。八月己酉，順行犯權大星。

淳祐元年十月庚辰，順行入氐。三年閏八月丁丑，順行犯權大星。十月丙戌，順行入氐。四年九月癸亥，順行犯斗。六年五月壬戌，順行犯權大星。十月己酉，順行入氐。八年七月戊申，入井。九年七月癸酉，犯進賢。十月辛丑，十一月辛未，順行入氐。十一年二月甲寅，順行犯昴。七月壬申，順行入井。閏十月癸亥，順行入氐。十二年九月丙午，順行犯斗宿距星。

寶祐四年六月丁亥，順行入井。

開慶元年七月辛亥，順行入井。八月庚子，順行犯權。

景定元年八月壬子，犯房。三年十月庚午，順行入氐。五年六月戊午，順行犯天闕。己巳，與太陰並行入井。

咸淳四年七月庚午，順行入斗。

德祐元年七月丙子，入東井。十一月辛巳，犯房。

辰星

景德四年九月戊子，見東方，在亢。

大中祥符四年六月己巳，犯軒轅大星。六年十月壬戌，入氐。

天聖八年四月壬寅，犯鬼積尸。

熙寧四年十一月丁亥，犯罰南第一星。五年九月癸酉，入氐。

元豐八年十月癸未，入氐。

元祐五年七月丁亥，犯軒轅大星。六年十月庚午，犯鍵閉。

元符元年五月戊午，入輿鬼，犯積尸氣。十月辛丑，犯西咸。二年閏九月壬辰，入氐。

紹興二十一年十月庚午，二十八年十月癸卯，俱入氐。

隆興二年十月壬申，入氐，至戊寅出，凡七日。

校勘記

〔一〕三月庚申犯輿鬼積薪又犯哭星　殿本考證說：「按此文有誤，積薪當作積尸。木星行遲，不能於一日間既犯輿鬼，復越數度而犯其西之積薪也。至哭星在虛，懸隔七次，必無既犯輿鬼，而又犯對衡之理。疑哭星當作鑽星。」

〔二〕七年正月壬寅犯五諸侯　「五」字原脫，據通考卷二八九象緯考補。

〔三〕四年十月己卯　「四年」，原作「二年」。按上文已有三年，此「二年」當係「四年」之誤。通考卷二八九象緯考正作「四年」，據改。

〔四〕至和二年三月壬午　「至和」，原作「政和」。按前有皇祐，後有嘉祐，均爲仁宗年號，「政和」當爲「至和」之誤。永樂大典卷七八五六作「至和」，據改。

〔五〕十二月壬戌　「十二月」，原作「十一月」，據通考卷二九〇象緯考、永樂大典卷七八五六改。

〔六〕十一月辛亥犯壁壘陣西星　「亥」字下原有「二年」二字。按上文已有二年，下文亦有三年，此「二年」當衍。永樂大典卷七八五六無此二字，據刪。

宋史卷五十六

志第九

天文九

歲星晝見

嘉祐五年三月乙未，歲星晝見。六年六月壬申，晝見。七年六月丙子，晝見。八年七月癸亥，晝見。
治平元年六月壬戌，晝見。
元符二年八月癸未，晝見。

太白晝見經天

開寶元年六月丁丑，太白晝見。戊寅，復見。

淳化元年六月庚午，七月丁丑，十一月戊戌，皆晝見。

咸平三年六月己未，晝見。四年十二月丙寅，晝見在南斗。六年五月甲午，八月庚午，皆晝見。

景德元年十一月辛亥，晝見。二年四月甲辰，晝見。三年七月乙巳，晝見。庚申，又見。十二月癸酉，又見。

大中祥符元年七月庚申，晝見。四年六月丙午，八月乙巳，皆晝見。六年四月壬午，晝見。七年七月癸卯，晝見。九年五月庚午，晝見。

天禧三年六月辛卯，復見。四年七月丁巳，晝見。五年六月丙午，晝見。

乾興元年十一月壬辰，又見。

天聖三年六月壬戌，十二月戊寅，皆晝見。五年五月壬寅，晝見。

明道元年七月，晝見三十日。

慶曆三年八月甲寅，晝見。

皇祐三年四月丙午，晝見。

至和元年五月壬辰，九月己丑，十月辛卯，皆晝見。三年四月己丑，晝見。

嘉祐二年六月己未，晝見。四年正月庚寅，晝見。七月辛丑，晝見。五年九月庚寅，晝見。六年六月乙丑，晝見。七年五月戊午，晝見。七月己酉，經天，復見。十月乙未，晝見。

治平元年正月戊戌，晝見。六月辛酉，晝見。二年七月丁丑，晝見。十二月辛亥，又見。四年二月丁酉，晝見。閏三月癸未，晝見。五月辛巳，晝見。七月癸卯，八月丁未，晝見。

熙寧元年十一月癸酉，晝見。二年六月壬戌，晝見。三年五月癸巳，九月壬子，五年二月癸亥，五月丙午，八年三月戊午，七月戊寅，皆晝見。九年十月乙酉，晝見。十年五月甲戌，晝見。

元豐元年四月癸亥，晝見。三年七月戊子，晝見。四年七月己丑，晝見。六年八月己卯，晝見。七年十月乙卯，晝見。

元祐元年六月庚戌，晝見。十月庚寅，晝見。三年〔二〕二月辛丑，晝見。七月辛未，又見。六年四月壬寅，晝見。閏八月乙丑，又見。七年十一月辛巳，晝見。八年四月己未，晝見。

紹聖元年五月己酉，晝見。九月庚申，又見。二年十一月丙申，晝見。三年五月壬子，晝見。四年六月己酉，晝見。

元符二年五月甲辰，晝見。八月癸巳，又見。

崇寧元年六月己酉，晝見。三年正月癸卯，晝見。

大觀二年十一月丁未，晝見。四年十月戊戌，又見。

政和三年十二月辛酉，晝見。六年十月乙丑，晝見。七年三月辛未，晝見。

重和元年十月己卯，晝見。

宣和二年六月丁丑，晝見。六年十一月丙子，晝見。

建炎元年十月甲戌，紹興元年四月壬申，晝見。四年六月庚子，十一月戊申，晝見經天。六年正月壬辰，晝見經天。十七年七月辛巳，晝見。二十八年六月壬辰，晝見。

隆興元年七月丙申，經天晝見。二年六月戊辰，晝見。七月庚子，經天晝見。

乾道元年三月甲寅，晝見。乙亥，晝見經天。二年四月甲申，晝見。五月甲寅，經天晝見。庚午，晝見。三年九月戊子，四年五月乙丑，晝見，與日爭明。六月辛卯，經天。五年六月庚寅，晝見。十一月甲子，晝見。庚午，晝見。

淳熙三年五月癸酉，經天晝見。四年十一月壬戌，又見。六年七月乙丑，晝見。癸未，經天。九年六月庚申，晝見。甲子，經天。九月癸巳，十一年五月乙卯，十二年六月戊寅，晝見。七月丁酉，經天晝見，至八月壬申始滅。十四年六月辛卯，晝見。七月辛丑，經天。

紹熙元年五月丙子，晝見，與日爭明。四年七月乙丑，十一月甲戌，晝見。

慶元元年三月庚寅，經天晝見。七月己亥，晝見。四年九月壬寅，晝見。癸卯，經天。

嘉泰元年六月丙午，經天晝見。十一月己巳，晝見。十二月己卯，經天晝見。三年六月癸亥，經天晝見。

開禧元年三月庚申，二年五月壬寅，三年十二月乙巳，晝見，與日爭明。

嘉定元年五月甲子，四年七月壬戌，五年九月丙午，六年二月丁丑，晝見。七年五月丁丑，八月乙巳，九月壬戌，晝見。九年五月癸酉，十年五月乙丑，晝見。癸酉，經天。十一月庚辰，晝見。戊戌，經天。十二年二月庚子，晝見。三月丁亥，經天晝見。六月辛未，晝見。辛亥，經天，晝見。十三年九月甲午，十四年三月甲午，十五年五月庚戌，九月辛未，晝見。十七年六月丁卯，晝見經天。

寶慶元年六月辛卯，晝見。

紹定五年四月丁丑，晝見。五月癸巳，經天。

端平元年十一月壬戌，經天。二年四月丁亥，七月戊戌，晝見經天。

嘉熙元年二月己酉，二年五月辛巳，八月辛酉，晝見經天。三年十二月辛酉，四年二月丁未，淳祐元年六月庚寅，晝見。十月戊戌，晝見。乙巳，經天。二年十二月壬戌，晝見。三年七月己亥，四年八月壬辰，五年二月辛卯，晝見經天。六年四月辛酉，八月壬子，晝見。九月戊辰，晝見經天。七年十月辛巳，九年十二月戊申，十一年二月乙卯，七月癸亥，寶祐二年九月丁卯，三年十月甲戌，四年五月丁未，五年七月己未，開慶元年六月壬寅，景定三年四月庚寅，閏九月甲申，五年四月戊午，晝見。五月乙亥，咸淳元年七月丁酉，四年九月癸酉，德祐元年七月丙子，晝見。

五緯相犯

建隆元年正月甲子，太白犯熒惑于婁。十月壬申，又相犯于軫。三年十一月甲戌，熒惑犯歲星于房。

乾德四年六月甲辰，太白犯熒惑于張。

開寶四年十月甲辰，太白犯熒惑于牽牛。

太平興國八年三月乙巳，熒惑犯歲星。

端拱二年正月丁亥，辰星犯歲星于須女。十一日壬辰，熒惑犯歲星。

淳化二年三月癸丑，太白犯歲星于婁。五年六月丙午，太白、歲星相犯于柳。十一月丙子，太白犯辰星于虛。

至道元年五月戊午，熒惑犯塡星于奎。

咸平元年二月甲寅，太白犯塡星。三年四月癸亥，辰星掩太白。六年正月庚戌，太白犯塡星。

景德二年六月己亥，太白犯歲星。三年七月戊辰，辰星犯歲星。己酉，太白犯歲星。四年七月癸巳，熒惑犯歲星。八月乙未，熒惑又犯歲星。

大中祥符元年九月壬申，太白犯塡星。二年十一月癸亥，熒惑犯歲星。四年十一月庚午，太白犯塡星。辛未，辰星犯塡星。五年正月壬午，熒惑犯歲星。七年三月乙巳，熒惑犯歲星。九年六月甲戌，熒惑犯歲星。

天禧元年四月壬辰，太白犯歲星。二年六月戊午，太白犯歲星。七月癸酉，辰星犯太白。五年九月庚子，太白犯歲星。十月己巳，熒惑犯塡星。

天聖元年三月丁丑，熒惑犯歲星。二年九月戊申，太白犯熒惑，十一月壬子，辰星犯太白。三年五月癸未，太白、辰星相犯于井。五年六月辛卯，熒惑犯塡星。壬辰，掩塡星。七年五月辛未，太白犯塡星，在畢宿一度半。八年六月乙酉，太白犯熒惑。

景祐元年閏六月庚辰，太白犯塡星。十一月甲寅，又犯熒惑。二年五月丁亥，又犯塡星。九月辛巳，熒惑犯塡星，在張六度。四年七月己未，太白犯熒惑。九月辛亥，熒惑犯塡星，在翼十五度。

康定元年九月壬申，辰星犯塡星。

慶曆三年九月甲申，太白犯歲星。

皇祐三年十一月丁丑，熒惑犯塡星。

嘉祐元年九月乙巳，太白犯歲星。三年閏十二月甲戌，熒惑犯歲星，躔斗四度。五年正月壬辰，太白犯歲星。六年三月癸巳，熒惑犯歲星，在營室。七月己丑，太白犯塡星，躔井十二度。閏八月己亥，太白犯辰星，在軫四度。七年正月庚申，太白犯歲星，在營室。六月丁丑，太白犯熒惑，在翼一度半。八年四月己丑，太白犯歲星，在胃。是日，熒惑晨見東方。五月庚辰，熒惑犯歲星，在昴四度。

治平元年十一月庚午，辰星犯太白，在尾十六度。二年四月丁巳，太白犯歲星。五月癸亥，辰星犯太白。戊子，太白犯塡星，在張五度。八月己亥，熒惑犯歲星，躔柳七度半。十月丙申，又犯塡星，在翼二度。三年十二月癸卯，太白犯熒惑，躔危四度。四年九月癸巳，太白犯塡星。丙申，犯歲星。十月甲子，熒惑犯塡星。十一月己卯，又犯歲星。十二月丁卯，太白犯熒惑。

熙寧元年十一月己丑，太白犯熒惑。三年正月己未，熒惑犯歲星。十月乙酉，太白犯塡星。八年三月庚寅，太白犯塡星。十年七月癸酉，太白犯歲星。

元豐二年五月庚寅，熒惑犯歲星。四年十月乙亥，熒惑犯太白。五年三月丙戌，太白犯塡星。十二月丙寅，辰星犯歲星。七年十一月甲寅，太白犯歲星。

元祐元年閏二月戊申，太白犯熒惑。八年四月乙卯，太白犯熒惑。

紹聖元年閏四月庚午，熒惑犯塡星。三年九月丙午，太白犯塡星。

元符元年十二月乙未，太白犯熒惑。二年閏九月癸未，辰星犯塡星。十月乙巳，太白犯塡星。十二月辛亥，熒惑犯塡星。三年四月丙辰，熒惑犯塡星。

崇寧元年十一月壬寅，太白犯塡星。三年十一月庚寅，太白犯辰星。

大觀元年十二月乙酉，太白犯熒惑。二年正月甲寅，太白犯歲星。二月壬午，熒惑犯歲星。十月丁酉，太白犯塡星。十一月壬申，太白犯歲星。三年三月辛未，太白犯歲星。四年二月辛未，太白犯歲星。五月甲辰，熒惑犯歲星。

政和元年二月辛丑，太白犯塡星。十二月乙未，又犯。三年七月乙丑，熒惑犯太白。四年十月甲子，熒惑犯歲星。七年正月癸卯，熒惑犯歲星。

宣和二年十月己卯，太白犯熒惑。三年閏五月壬午，熒惑犯歲星。六年二月己卯，熒惑犯歲星。七年七月乙未，太白犯歲星。

靖康元年六月辛丑，太白犯歲星。

紹興十九年六月壬戌，太白犯塡星。二十年九月戊子，熒惑犯歲星。二十一年閏四月甲午，辰星犯塡星。二十六年七月癸亥，太白犯熒惑。二十七年四月壬寅，太白犯歲星。二十八年十月乙未，辰星犯塡星。三十年七月己亥，太白犯歲星。

隆興元年九月丁酉，太白犯熒惑。十二月甲子，太白犯塡星。二年正月丁亥至己丑，熒惑犯守歲星。十一月甲午，辰星犯歲星。

乾道三年十一月乙亥，太白犯歲星。四年三月丁卯，熒惑犯塡星。六年七月乙巳，熒惑犯歲星於畢。八年五月癸巳，太白犯歲星。九年二月庚申，熒惑犯歲星。七月丁巳，太白犯歲星。

淳熙二年閏九月丁巳，太白犯熒惑。八年七月丁丑，太白犯塡星。十一年七月庚戌，太白犯歲星。十四年十月庚辰，塡星犯太白。十六年五月乙未，太白犯熒惑。

紹熙二年十二月戊子，太白犯歲星。

慶元元年九月戊子，太白犯熒惑。四年十月壬午，太白犯歲星。五年十一月辛丑，熒惑犯歲星。十二月辛未，太白犯塡星。六年四月癸巳，熒惑犯塡星。

嘉泰二年五月庚戌，熒惑犯塡星。

開禧二年六月甲寅，熒惑犯歲星。三年十月丁未，太白犯熒惑。

嘉定十年七月戊子，熒惑觸歲星。

寶慶二年十月辛亥，熒惑犯塡星。十一月辛酉，熒惑犯歲星。

紹定元年十月甲子，五年六月乙丑，端平元年六月辛巳，三年六月丁未，嘉熙四年八月癸丑，寶祐四年十二月戊午，熒惑俱犯塡星。

開慶元年九月戊辰，太白犯熒惑。

咸淳十年十月丙寅，熒惑犯塡星。

德祐二年正月癸酉，熒惑犯歲星。

五緯相合

歲星

建隆三年十一月壬申，與熒惑合于房。

開寶元年正月壬寅，與塡星、太白合于婁。

淳化五年六月丙午，與太白合于柳。

至道元年五月庚戌，與太白、太陰同度不相犯。

景德四年九月戊子，與塡星合于翼。

天禧二年八月癸丑，與熒惑合于張。

紹興十六年三月乙丑，與塡星、太白合于昴。十月戊戌，與塡星合于畢。十七年七月壬戌，與太白合。二十二年十二月乙丑，與熒惑合于尾。三十一年六月甲寅，與太白合于張。

隆興元年十一月庚寅，與太白合。

乾道元年十二月庚子，與塡星合于南斗。二年十一月丁巳，與塡星合于牛。六年五月戊寅，與太白合于畢。七年六月庚戌，與太白合于井。

淳熙十四年四月癸未，與塡星合于軫。十月己丑，與太白合于氐。

慶元元年四月辛酉，與太白合于井。

開禧元年七月癸未，與塡星合。二年二月甲子，與塡星合于昴。

端平二年十月己未，與太白合于心。

嘉熙四年五月甲子，與太白合于婁。

寶祐三年八月丁卯，歲星、熒惑在柳。

景定元年正月庚辰，與熒惑行入尾。

熒惑

雍熙二年七月丙戌，與歲星合于軫。

建炎四年六月戊子，與塡星合于亢。九月壬戌，與歲星合于斗。

紹興二年六月丙午，與塡星合于房。十一月乙亥，與歲星合于室。三年八月戊子，與太白合于張。四年二月戊子，與塡星合于箕。五年閏二月丙午，與歲星合于昴。六年正月丁亥，與塡星合于斗。七年五月甲申，與歲星、太白合于柳。閏十一月丁卯，與辰星合于氐。八年二月己未，與塡星合于女。十三年九月辛未，與太白合于尾。十五年八月庚寅，與太白合于氐。二十年三月甲午，與太白合于畢。九月戊子，又合于軫。十一月戊子，與太白行入氐。二十二年十月己卯，與太白合于氐。十一月壬子，與歲星合于心。二十六年七月庚申，與塡星合于軫。二十九年閏六月己未，與歲星合于井。三十年七月庚子，與塡星合于氐。三十一年十一月丁未，與歲星合于翼。三十二年八月辛未，與塡星合于尾。十一月壬戌，與太白合于羽林軍。

隆興元年七月壬寅，與辰星合于柳。十二月壬申，與歲星合于氐。二年四月癸未，與歲星合于氐。八月癸酉，與塡星合于箕。

乾道元年八月辛巳，與太白合于翼。二年二月乙酉，與歲星合于斗。三月癸酉，與塡星合于牛。四年二月庚申，與塡星合。五月壬戌，與歲星合。五年十一月甲子，與太白合于房。戊辰，與辰星合于心。辛巳，又合于尾。六年二月甲申，與太白合。辛卯，合于女。三月戊午，合于危。乙丑，與塡星合于室。七月辛巳，與歲星合于土。九月癸卯，合于畢。八年四月辛丑，與塡星合于奎。九年三月辛丑，與歲星合于柳。四月乙丑，又合于星。

淳熙二年六月丙寅，合于軫。四年九月己亥，合于尾。六年十一月甲子，合于危。九年二月壬寅，合于胃。十一年三月甲寅，合于井。

紹熙三年九月乙亥，與塡星合于尾。

慶元四年五月庚子，又合。八月甲戌合于虛。六年四月癸巳，合于室。

嘉泰四年五月乙亥，合于胃。

開禧三年十月丙辰，與太白合于箕。

嘉定元年五月戊辰，與塡星合于井。八月庚寅，與歲星合于張。六年三月癸卯，合于斗。七年三月辛巳，與太白合于參。八年四月戊午，與歲星合于室。九年十月庚午，與辰星合于房。十年七月戊寅，與歲星合于昴。十五年五月丁丑，合于軫。

寶慶二年十月辛亥，與歲星、塡星合于女。

紹定元年十月丁巳，與塡星合于危。二年正月丁亥，與歲星合于婁。三年十月己巳，與塡星合于室。五年六月乙丑，與塡星合于婁。

端平元年六月庚午，與塡星合于胃。三年六月癸卯，合于畢。

嘉熙三年八月癸亥，與太白合于斗。四年七月己丑，與太白合于鬼。八月己酉，與塡星合于柳。

淳祐四年九月癸丑，合于軫。

寶祐元年五月丁酉，與歲星合于昴。

景定三年四月庚子，合于危。十一月丁未，與塡星合于婁。五年六月戊辰，與歲星合。八月壬寅，與塡星合。

咸淳十年十月丙寅，與塡星行在軫。

塡星

端拱二年九月乙巳，與熒惑合于危。

淳化二年正月癸丑，與太白合于須女。

至道元年五月乙卯，與熒惑合于東壁。

紹興十年十二月戊子，十一年三月庚子，與太白合于室。
隆興二年十月辛巳，合于斗。
乾道二年五月己未，與歲星合于南斗。
淳熙五年閏六月己酉，與熒惑合于井。
淳祐六年十月乙未，與歲星、熒惑合于亢。
寶祐六年十一月甲戌，與熒惑順行在危。十二月辛丑，與太白、熒惑合于室。

太白

乾德四年六月己亥，與熒惑合于張。
開寶三年五月庚戌，與塡星合于畢。六月乙未，與歲星合于東井。五年十月甲辰，與熒惑合于牽牛。
雍熙四年十二月丁巳，與塡星、歲星合于南斗魁。
淳化二年三月癸丑，與歲星合于婁，太白在南。三年正月丙辰，與熒惑合于婁，歲星在胃。
至道元年五月丙辰，與歲星合于七星，不相犯。

大中祥符元年九月乙酉，與歲星合于角、亢。

建炎四年十一月辛丑，與歲星合于南斗。十二月壬午，與熒惑合于危。

紹興元年九月丁酉，與熒惑合于張。十一月乙卯，與塡星合于心。二年十一月甲子，與熒惑合于危。癸未，與歲星、熒惑合于室。三年四月戊子，與歲星合于奎。四年二月丁酉，合于婁。五年正月乙卯，十月戊申，與塡星合于斗。六年七月癸酉，與歲星合于井。七年四月丁巳，與熒惑合于東井。五月乙亥，與熒惑、辰星合于井。十一月癸巳，與熒惑合于尾。八年正月乙巳，與塡星合于女。十一月丙午，合于虛。九年三月癸卯，與熒惑合于井。十一月壬申，與歲星合于角。十年十一月丁未，與塡星合于危。十三年十二月乙巳，合于奎。十四年六月癸卯，與熒惑合于井。十七年二月庚戌，與塡星合。庚申，與歲星合。十二月庚戌，與辰星合于南斗。十九年六月戊午，與塡星合于井。七月丁未，與歲星、辰星合于張。二十年三月戊寅，與熒惑合于昴。四月庚戌，與塡星合于東井。六月甲寅，與歲星合于翼。十月丙午，與歲星、熒惑合于軫。己巳，與熒惑合于角。二十二年九月庚申，與熒惑、辰星合于角。十月庚午，與熒惑合于亢。二十三年六月甲子，與塡星合于張。九月癸卯，與歲星合于尾。閏十二月癸卯，合于南斗。二十五年九月壬申，與塡星合于軫。十一月壬申，與辰星合于尾。二十六年七月丙辰，與熒惑合。壬戌，與熒惑、塡星合于軫。二十七年三月辛卯，與熒惑、歲星合于奎。二十八年二月丁未，與歲星合于胃。六月乙未，與熒惑合。十一月己未，與塡星合于亢。三十年七月丙申，與歲星合于柳。三十一年六月壬寅，合于星。九月庚午，與塡星合于房。十二月甲辰，合于尾。

隆興元年八月庚辰，與熒惑合于張。十月丁丑，與歲星合于亢。十二月辛酉，與塡星合于箕。二年八月己卯，與歲星合于氐。十月丙辰，與塡星合于箕。

乾道元年七月乙亥，與熒惑合于張。三年正月癸亥，與塡星、歲星合。十一月壬申，與歲星合。五年四月乙巳，與熒惑合于井。十一月甲子，合于房。十二月癸巳，合于尾。六年正月甲子，合于斗。三月壬戌，與塡星合。五月乙丑，與歲星合于昴。七年二月丙寅，與歲星合于畢。三月甲午，與熒惑合于井。八年五月癸未，與歲星合于井。九年三月辛酉，與塡星合于奎。七月甲寅，與歲星合于張。

淳熙元年正月丁未，與塡星合于奎。十月乙丑，與歲星合于軫。二年閏九月甲寅，與熒惑合于尾。三年二月庚辰，與塡星合于胃。五月乙丑，合于畢。六月癸巳，與熒惑合于井。四年九月壬子，與熒惑、歲星合于尾。五年正月庚戌，與歲星合于斗。十一月壬戌，合于牛。六年三月丁丑，六月丁酉，與塡星皆合于井。八年六月壬申，合于柳。九年二月丙寅，與熒惑合于昴。五月乙亥，與塡星合于柳。十一月乙亥，又與熒惑合于氐。十一年七月壬寅，與歲星合于柳。八月己卯，與塡星合于翼。九月乙卯，與辰星、熒惑合于亢。十二年六月癸酉，與塡星合于翼。十五年六月丙子，與塡星合于亢。甲申，與歲星合于氐。

紹熙元年十一月丁丑，與塡星合。五年十一月庚戌，與熒惑合于危。

慶元元年三月庚寅，與歲星合于參。六月庚午，合于井。八月癸酉，與熒惑合于張。二年十一月丙子，與塡星合于牛。三年八月甲戌，與熒惑、歲星合于翼。四年十月戊寅，與歲星合于角。五年十二月辛未，與塡星合于危。

嘉泰元年五月戊午，與熒惑合于柳。二年正月丁巳，與熒惑、歲星合于南斗。十二月癸酉，與歲星合于女。

開禧二年二月壬申，與塡星、歲星合于昴。

嘉定元年六月戊寅，與塡星、熒惑合于井。二年四月丁丑，與塡星合于井。四年八月乙酉，與塡星合于室。五年九月丁未，與歲星合于心。七年六月庚子，與塡星合于翼。十一月丁卯，與熒惑合于氐。九年九月庚寅，與塡星合于角。十二年閏三月甲寅，七月壬寅，與歲星合于井。十三年八月丙戌，與塡星合于房。

寶慶二年正月壬午，與歲星、塡星合于女。三年八月甲申，與熒惑合于星、翼。

紹定三年閏二月乙酉，與歲星合于畢。五年八月壬申，合于張。六年五月庚戌，與熒惑合在柳。

端平元年正月丁未，合于斗。二年二月壬午，與塡星合于胃。三年九月庚申，與歲星合在尾。

嘉熙元年六月乙未，與塡星合于井。四年七月甲戌，與熒惑合于井。

淳祐三年閏八月壬寅，與塡星合于翼。六年三月戊午，與熒惑合于畢。十年十二月戊戌，與歲星合于危。十一年七月庚寅，與熒惑合于軫。九月戊戌，與塡星合于箕。

寶祐五年六月丙戌，與歲星合于翼。

景定五年四月庚午，與歲星合于婁。

咸熙〔三〕三年七月己亥，與塡星合于井。

德祐元年十月丁巳，與塡星合。

辰星

景德三年七月己酉，與歲星、太白合于柳。

紹興四年三月乙亥，與太白合于畢。七年五月戊子，與熒惑、太白合于柳。九年九月乙巳，與歲星合于角。十七年三月乙卯，與塡星合。二十一年閏四月壬辰，與塡星合于東井。二十三年四月丙寅，與太白合于畢。二十八年十月丙申，與填星合于亢。隆興二年十一月庚寅，與歲星合。十二月丁亥，與太白合。乾道元年三月甲戌，與熒惑合于畢。四年二月壬子，與太白合于胃。五年六月庚寅，與歲星合。七年四月丙寅，淳熙四年五月乙巳，與太白合于井。十五年六月庚寅，與太白合于張。十二月壬戌，與歲星合于尾。紹熙四年三月辛巳，與太白會于昴。

五緯俱見

乾德五年三月，五星如連珠，聚於奎、婁之次。景德四年七月，五星當聚鶉火而近太陽，同時伏。慶曆三年十一月壬辰，五星皆見東方。靖康元年六月丙辰，填星、熒惑、太白、歲星聚。乾道四年二月壬子，六月辛丑，八月己亥，六年五月乙亥、十月庚申，八年十月癸卯，五星俱見。淳熙十三年閏七月戊午，五星皆伏。八月乙亥，七曜俱聚於軫。

老人星

乾德三年八月辛酉，四年八月乙卯，六年正月戊申，開寶二年七月丁亥〔三〕，太平興國四年八月乙亥，五年八月己卯，六年八月己卯，八年八月辛卯，雍熙三年八月己酉，四年八月辛亥，端拱元年八月乙卯，二年八月己亥〔四〕，淳化元年八月丁卯，二年八月辛未，三年八月戊寅，四年九月己亥，五年八月乙丑〔五〕，至道元年八月己亥，二年閏七月己亥，三年八月辛丑，咸平元年八月癸丑，二年八月癸亥，三年八月丁卯，四年八月甲子，五年八月乙丑，六年八月丙子，景德元年八月癸酉，二年八月庚辰，三年八月庚寅，四年二月己卯，八月甲午，大中祥符元年正月丁亥，八月丙申，二年二月壬辰，八月乙巳，三年二月辛巳，八月己酉，四年正月戊寅，八月丙寅，七年正月癸丑，八月己巳，八年七月癸酉，九年正月甲寅，八月壬午，天禧元年八月癸巳，二年正月丁巳，八月辛卯，三年八月己亥，四年八月己亥，五年二月丙午，八月乙巳，老人星皆出丙。

治平四年二月癸巳，八月戊申，熙寧元年正月乙未，八月己卯，二年二月乙卯，八月壬戌，三年正月甲寅，八月癸酉，四年二月己未，八月丁丑，五年二月己未，閏七月己亥，六年正月庚午，八月丁酉，七年二月甲申，八月庚寅，八年二月己丑，八月庚戌，九年二月丁酉，八月庚子，十年正月己卯，九月戊申，元豐元年二月乙酉，八月丙午，二年二月壬戌，八月乙卯，三年二月甲寅，八月己未，四年八月丁卯，五年二月甲戌，八月己巳，六年二月己未，八月丁丑，七年二月辛巳，八月己卯，八年二月庚辰，八月辛巳，元祐元年二月戊寅，八月庚子，二年二月庚寅，九月辛亥，三年二月癸巳，八月己亥，四年二月壬子，八月丁未，五年正月甲午，八月辛亥，六年二月己亥，閏八月壬戌，七年正月壬子，八月壬戌，八年二月丙寅，八月己巳，九年二月乙丑，紹聖元年八月丙子，二年二月壬午，八月丁丑，三年二月庚午，八月癸未，四年二月甲申，八月甲申，五年二月庚辰，元符元年八月辛卯，二年二月乙未，九月壬辰，崇寧元年二月壬寅，八月癸未，二年二月甲寅，八月庚戌，三年二月戊午，八月辛酉，四年二月庚申，八月丙寅，五年二月戊辰，八月甲戌，大觀元年二月乙亥，八月丁丑，二年二月甲午，八月壬午，三年二月戊子，八月癸巳，四年二月乙未，閏八月丁酉，政和元年二月癸卯，八月己亥，二年二月乙巳，八月己酉，三年二月甲午，八月己未，四年二月己酉，八月辛未，五年二月庚申，八月甲子，六年閏正月壬戌，八月丁卯，七年正月戊午，八月丙子，重和元年二月壬申，八月乙亥，宣和元年二月癸未，八月癸未，二年二月辛巳，八月己丑，三年二月丙戌，八月癸巳，四年二月己亥，八月辛丑，五年二月庚子，八月丙午，六年二月戊申，八月辛亥，七年二月癸丑，八月庚申，建炎四年七月戊辰，皆見於丙。

景星

開寶四年八月癸卯，景星見。

景德三年四月戊寅，周伯星見，出氐南騎官西一度，狀如半月，有芒角，煌煌然可以鑒物，歷庫樓東，八月，隨天輪入濁，十一月，復見在氐。自是常以十一月辰見東方，八月西南入濁。

大中祥符七年正月己酉，含譽星見。其年九月丙戌，又見，似彗有尾而不長。

天聖元年二月己亥，奇星見。二年八月丙子，四年七月壬申，又見。

明道二年二月戊戌，含譽星見東北方，其色黃白，光芒長二尺許。

景祐二年正月己丑，奇星又見。

至和〔六〕三年二月辛卯，八月己未，嘉祐二年八月庚午，三年八月丙辰，四年正月庚戌，八月癸未，五年八月庚午，六年正月癸丑，八月壬辰，七年正月辛亥，八年正月辛酉，治平元年二月己丑，七月癸巳，二年二月癸巳，八月己亥，三年正月庚辰，八月庚戌，奇星皆見。

彗孛

彗星

開寶八年六月甲子，出柳，長四丈，辰見東方，西南指，歷輿鬼至東壁，凡十一舍，八十三日而滅。

端拱二年七月戊子，又出東井積水西，青白色，光芒漸長，辰見東北，旬日夕見西北，歷右攝提，凡三十日至亢沒。

咸平元年正月甲申，又出營室北，光芒尺餘，至丁酉，凡十四日滅。六年十一月辛亥，旄頭犯輿鬼。甲寅，有彗孛于井、鬼，大如杯，色青白，光芒四尺餘，歷五諸侯及五車入參，凡三十餘日沒。

天禧二年〔七〕六月辛亥，彗出北斗魁第二星東北，長三尺許，與北斗第一星齊，北行經天牢，拂文昌，長三丈餘，歷紫微、三台、軒轅速行而西，至七星，凡三十七日沒。

景祐元年八月壬戌夜，有星孛于張、翼，長七尺，闊五寸，十二日而沒。十二月己未夜，有星出外屏，有芒氣。

皇祐元年二月丁卯，彗出虛，晨見東方，西南指，歷紫微至婁，凡一百一十四日而沒。

嘉祐元年七月，彗出紫微，歷七星，其色白，長丈餘，至八月癸亥滅。

治平三年三月己未，彗出營室，晨見東方，長七尺許，西南指危洎墳墓，漸東速行近日而伏；至辛巳，夕見西南，北有星無芒彗，益東方，別有白氣一，闊三尺許，貫紫微極星井房宿，首尾入濁，益東行，歷文昌、北斗貫尾；至壬午，星復有芒彗，長丈餘，闊三尺餘，東北指，歷五車，白氣爲岐橫天，貫北河、五諸侯、軒轅、太微五帝坐內五諸侯及角、亢、氐、房宿；癸未，彗長丈五尺，星有彗氣如一升器，歷營宿至張，凡一十四舍，積六十七日，星氣孛皆滅。

熙寧八年十月乙未，星出軫度中，如塡，青白，丙申，西北生光芒，長三尺，斜指軫，若彗，丁酉，光芒長五尺，戊戌，長七尺，斜指左轄，至丁未入濁不見。

元豐三年七月癸未，彗出西北太微垣郎位南，白氣長一丈，斜指東南，在軫度中，丙戌，向西北行，在翼度中，戊子，長三尺，斜穿郎位，癸卯，犯軒轅，至丁酉入濁不見，庚子晨，復出於張度中，至戊子，凡三十有六日，沒不見。

紹聖四年八月己酉，彗出氐度中，如塡，有光，色白，氣長三丈〔八〕，斜指天市左星，九月壬子，光芒長五尺，入天市垣，己未，犯天市垣宦者，庚申，犯天市垣帝坐，戊辰，沒不見。

崇寧五年正月戊戌，彗出西方，如杯口大，光芒散出如碎星，長六丈，闊三尺，斜指東北，自奎宿貫婁、胃、昴、畢，後入濁不見。

大觀四年五月丁未，彗出奎、婁，光芒長六尺，北行入紫微垣，至西北入濁不見。

靖康元年六月壬戌，彗出紫微垣。

紹興元年九月，彗星見。十二月戊寅，二年八月甲寅，見于胃，丙辰，行犯天司空，至九月甲戌始滅。十五年四月戊寅，彗星見東方，丙申，復見于參度，五月丁巳，化爲客星，其色青白，壬戌，留守張，至六月丁亥乃消。十六年十一月庚寅，彗星見西南危宿。二十六年七月丙午，彗星見東井，約長一丈，光芒二尺，癸丑，又犯五諸侯。三十一年六月己巳，彗星見北斗天權星東北，太史妄稱爲含譽。

淳熙二年七月辛丑，有星孛于西北方，當紫微垣外七公之上，小如熒惑，森然蓬孛，至丙午始消。

嘉定十五年八月甲午，彗星見右攝提，光芒三尺餘，體類歲星，凡兩月，歷氐、房、心乃沒。

紹定三年十一月丁酉，有星孛于天市垣屠肆星之下，明年二月壬午乃消。五年閏九月，彗星見東方，十月己未始消。

嘉熙四年正月辛未，彗星見于室，至三月辛未乃消。

景定五年七月甲戌，彗星見于柳，芒角燭天，長十餘丈，日高方斂，凡月餘，己卯，退行見于輿鬼，辛巳，在井，丙申，見于參，戊戌，在參宿度內，八月末，光芒稍減，凡四月乃滅。

客星

建隆二年十二月己酉，出天市垣宗人星東，微有芒彗，三年正月辛未，西南行入氐宿，二月癸丑至七星沒〔九〕。

太平興國八年二月甲辰，出太微垣端門東，近屏星北行。

端拱二年七月丁亥，出北河星西北，稍暗，微有芒彗，指西南。

淳化元年正月辛巳，出軫宿，逆至張，七十日，經四十度乃不見。

景德二年八月甲辰，出紫微天棓側，孛孛然如粉絮，稍入垣內，歷御女、華蓋，凡十一日沒。三年三月乙巳，出東南方。

大中祥符四年正月丁丑，見南斗魁前。

天禧五年四月丙辰，出軒轅前星西北，大如桃，速行，經軒轅大星入太微垣，掩右執法，犯次將，歷屏星西北，凡七十五日入濁沒。

明道元年六月乙巳，出東北方，近濁，有芒彗，至丁巳，凡十三日沒。

至和元年五月己丑，出天關東南，可數寸，歲餘稍沒。

熙寧二年六月丙辰，出箕度中，至七月丁卯，犯箕乃散。三年十一月丁未，出天囷。

元祐六年十一月辛亥，出參度中，犯掩廁星，壬子，犯九斿星，十二月癸酉入奎，至七年三月辛亥乃散。

紹興八年五月，守婁，魯分也。九年二月壬申，守亢，陳分也。

乾道二年三月癸酉，出太微垣內五帝坐大星西，微小，色青白。

淳熙八年六月己巳，出奎宿，犯傳舍星，至明年正月癸酉，凡一百八十五日始滅。

嘉泰三年六月乙卯，出東南尾宿間，色青白，大如塡星。甲子，守尾。

嘉定十七年六月己丑，守犯尾宿。

嘉熙四年七月庚寅，出尾宿。

校勘記

〔一〕三年　原作「十三年」，據本書卷十七哲宗紀、通考卷二九三上象緯考刪「十」字。

〔二〕咸熙　按宋無「咸熙」年號，此在景定之後，疑爲「咸淳」之誤。

〔三〕七月丁亥　本書卷二太祖紀、宋會要瑞異一之一、通考卷二九四象緯考均作「七月乙亥」。是月丙午朔，三十日乙亥，無丁亥日。

〔四〕八月己亥　宋會要瑞異一之一、通考卷二九四象緯考均作「八月癸亥」。是月己酉朔，十五日癸亥，無己亥日。

無乙丑日。

〔五〕八月乙丑　宋會要瑞異一之一、通考卷二九四象緯考均作「八月己丑」。是月庚辰朔，十日己丑，

〔六〕至和　原作「政和」，據宋會要瑞異一之一、通考卷二九四象緯考改。

〔七〕二年　原作「三年」，據本書卷八眞宗紀、長編卷九二、編年綱目卷八改。

〔八〕氣長三丈　通考卷二八六象緯考、長編卷四九〇引天文志均作「氣長三尺」。

〔九〕至七星没　「七星」，原作「七月」，據通考卷二九四象緯考改。

宋史卷五十七

志第十

天文十

流隕一

流隕

建隆元年正月戊午，有星出東北方，青赤色，北行，初小後大，尾跡斷續，光燭地。四月，有星出天市垣。六月癸酉，有大星赤色，出心大星。甲申，有星色赤，出太微垣，歷上相。乙未，有大星色赤，流虛東北。九月癸亥，有星出昴。甲子，有星如缶出卯，光明燭地。十二月戊辰，有星青赤色，出參旗西南，慢行而沒，蒼光燭地。三年六月丁酉，有星出天市，入南斗魁。

乾德元年二月丙午，有星如桃，色赤，出弧矢東南沒，有光明。二年二月乙丑，有星黃白色，出太微五帝坐南，速行至外廚沒，其體散落，光燭地。三年六月丁巳，有星如桃，色黃赤，出北斗魁，經太微垣北，過角宿西，漸大，行五尺餘，沒，尾跡凝天有光明。十二月丁巳，有星出天河，青白色，南行至天倉沒，初小後大，光燭地。四年正月乙未，有星出天社，青白色，速行，尾跡三丈餘，初小後大，沒，有光明。四月甲寅，有星出天乳，青赤色，東南行，貫房沒，光燭地。閏八月己丑，有星出天船，青白色，西北速行，沒於文昌。

開寶元年七月戊子，有星出大角，青白色，北行沒，明燭地。九月戊子，有星出文昌，赤黃色，東北速行而沒。二年六月己卯，有星出河鼓，慢行，明燭地。三年九月庚午，廣州民見衆星皆北流。四年八月辛卯，有星出織女，西北行，尾跡三丈餘，沒，久有聲。五年八月乙巳，有星出王良，西北行，四丈餘，有聲而散。七年九月甲午，有星出室，西北行，星體散落有聲，明燭地。

太平興國三年十月甲寅，有星出天船，赤黃色，至天棓，星體散落，明燭地。八年三月丙寅，有星晝出西南，當未地，青白色，尾跡二丈餘，沒于東南，有光明。七月辛巳，有星如稱權，沒于婁。八月壬寅，有星出紫微鉤陳東，赤黃色，向北速行，近北極沒。

雍熙元年十月丁酉，有星出昴，赤色，東南蛇行二丈餘，沒。二年正月壬戌，有星出東井，其大倍於金星，入輿鬼沒。四年六月庚戌酉初，有星出西北，色青白，入濁，當戌地，有聲如雷。八月乙亥，有星出天關東，色赤黃，尾貫月。

端拱元年四月辛亥，有星出天津，赤黃色，蛇行，有聲，明燭地，犯天津東北。閏五月辛亥丑時，有星出奎，如半月，北行而沒。乙卯，有星出紫微鉤陳西，色青，尾跡短，赤光照地，北行而沒。九月癸丑，有星出西南，如太白，有尾跡，至中天，旁出一小星，行丈餘，又出一小星，相隨至五車沒。二年四月辛亥戌時，有星出東南，色白，墜于氐、房間。壬申，有星出漸臺，血色赤〔一〕，東南急行，掩左旗，過河鼓沒。

淳化元年九月辛巳，有星出羽林，色青，南行，光奪月。十一月壬午，流星出天關，南行，歷東井、郎位、攝提，至大角東北墜於地，光芒四照，聲如隤牆。二年正月丙申，有星出水府西，色赤黃，經參旗分爲三星，相從至天苑東沒，光燭地。七月癸酉，有星出雲雨側，色青白，緩行三尺餘，沒。三年三月己酉未時，西北方有星西北速行，色青白，有尾跡。四月己卯，有星出文昌，西南速行至柳分爲二星而沒。六月己丑，有星出天市垣屠肆東，色青白，西北慢行丈餘，分爲三星，從而沒。四年五月乙未平明，有星東南出南斗，色青白，西北行而沒。五年八月己酉，常星未見，有星出東方，色青白，東北慢行，至濁沒，大約出奎、婁間。九月庚午，有星出昴北，緩行，過卷舌，至礪石沒。

至道元年四月乙巳，常星未見，有星出心北，色青赤，急行而墜。七月癸丑，有星出危，色青白，入羽林沒。二年五月辛丑，有星出紫微北，尾跡丈餘如彗而有聲，墜于壁、室間。五月己未，日未及地五尺間，有星出中天，色赤黃，有尾跡，東行速行二丈餘，沒。六月己卯，有星出牽牛西，歷狗國，光芒丈餘，墜東南，及地無聲。又有星出翼，貫天廟，墜于稷星東，光燭地。九月丁酉平明，有星出北方，東行三丈餘，分爲三星，從而沒。三年九月丁丑，有星二，隕于西南，一出南斗，一出牽牛，有光三丈許。

咸平五年三月丙午，有星晝出心，至南斗沒，赤光丈餘。八月辛巳，有星出營室，色白。丙申，有星流出東方，西南行，大如斗，有聲若牛吼，小星數十隨之而隕。戊戌，又有星千數入輿鬼〔三〕，至中台，凡一大星偕小星數十隨之，其間兩星，一至狼星，一至南斗沒。丁未，有星晝出紫微垣，貫北斗沒。壬子，有星出中天，尾跡數道如迸火，西流至狼、弧沒。六年五月乙未，有星出王良西，又出北極稍東北，至垣外沒，有聲如雷。六月庚午，有星晝出東北方，色黃白，有尾跡。七月壬辰，有星出昴，尾跡丈餘，色白，隱隱有聲，至狼星沒。十一月癸丑，有星出畢，至屏星北沒，尾跡蛇行，屈曲三丈餘，久方沒。十二月乙酉，威虜軍有星歷城西北，尾跡長數里，光照地，落蕃帳，有聲如雷者三。

景德元年六月戊午，有星晝出西南方，赤黃，有尾跡，速流丈餘，沒。十月戊申，天雄軍有星出北方，隕于西北，光丈餘。十二月庚辰，有星出文昌，慢行西北，分爲數星，至紫微垣東北沒。戊子，有星出昴，至參旗迸爲數星沒。二年正月丙子，日未沒，有星速流西南。二月己亥，有星出太微上將，光燭地。四月癸卯，有星北流入天倉，尾跡丈餘。十月戊寅，有星出太微垣內屏北，至翼分爲三星，隨而沒，尾跡青白色。十一月壬子，有星出南晝〔三〕，聲如雷，光燭地。三年五月乙卯，有星出天津東北，紫微垣北〔四〕，分爲四星，隨而沒，赤黃，有尾跡。六月乙亥，有星出雲雨星北，至羽林天軍南，迸爲三星沒。丁酉，有星出胃北，入天囷迸爲數星，光燭地。七月庚申，有星出靈臺，有炬彗，聲如雷，至南北沒〔五〕，赤光照地。十一月辛丑，有星出中台東北，速流，有聲，光燭地。四年三月庚申，有星晝出南方。六月丙辰，有星出北方，慢流至八穀，迸爲數星沒，光燭地。己未，有星出天市，分爲三星，至尾沒。七月辛卯，有星出敗瓜南，慢流，歷河鼓，入天市，至宗人東北，迸爲二星沒，色赤黃，有尾跡。十二月癸巳，有星出弧矢，赤黃色，尾跡丈餘，光燭地，速流入濁。

大中祥符元年二月戊申，有星十餘，急流入濁，色赤黃，有尾跡。五月辛未，有星如太白，出天市垣宗人東南，尾跡丈餘，闊三寸，向北慢流，至女牀西，分爲數星沒。六月戊申，有星出北斗魁內，赤黃，有尾跡，稍北速行，迸爲數星沒。八月己丑，有星晝出中天，如太白，有尾跡，急流東南，近日沒。九月乙丑，有星出天倉，急流東南，星體散落。二年三月己未，有星出大津南，至離珠沒，尾跡五丈餘，照地明。四月丙申，有星出八穀，有尾跡，速流而西，至五車東，迸爲數星沒。五月乙亥，有星晝出東方，如太白，尾跡赤黃，流至日北沒。八月丙申，有星出北斗杓，西南急行，至郎將西，分爲數點。九月乙丑，有星出南河，如桃，色赤，至中台沒。三年三月丁未，有星出天市宗人東北，尾跡二丈，至左旗，迸爲數星沒，光燭地。五月丁亥，有星出北斗魁，如桃，色青白，尾跡二丈餘。六月丁巳，有星出文昌，至上台沒。乙卯，有星出傳舍，如桃，色赤黃，至紫微沒。壬申，有星出建星，入南斗沒，赤黃，有尾跡。七月庚辰，有星出宗人西，北流入濁，光照地。八月丁未，有星出貫索，至帝座沒，尾跡光明。壬戌，有星出文昌，至北極沒，尾跡丈餘。九月庚辰，有星出軒轅左，入太微垣沒。十月庚戌，有星出東方，赤黃，無尾跡，分爲數星，稍南沒。四年二月辛亥，有星出東方，尾跡赤黃，二丈餘。四月乙丑，有星出柳，色赤黃，至翼沒。五月戊子，有星出東方，赤黃色。六月壬戌，有星出觜東北，流入濁。七月壬申，有星出紫微宮，速流至天皇沒。戊寅，有星自內階流經文昌，至上台，迸爲數星，隨而沒。十月戊午，有星出東北，入濁。又星出七星南，至天稷沒，尾跡丈餘。五年二月戊申，有星出貫索，經庫樓，迸爲數星沒。八月戊午，有星大小二十餘，皆有尾跡，北流。又一星光燭地，出紫微垣外，尾丈餘，闊三寸許，東北流，至傳舍沒。庚申，星出天耗北，尾跡十丈餘，明燭地，至文昌沒。六年乙巳，有星晝出南方，赤光迸逸，照地明。十一月丁巳，有星出太微郎位東，色赤黃，有尾跡，至軫北，迸爲數星沒。十二月癸亥，有星出西南，色青白，入東北沒。七年三月丙戌，有星出南河，大如杯，至玉井沒。四月辛酉，星出鉤陳，尾跡赤黃。七月丁未，有星晝出東南方，色黃，急流而北。九月辛亥，有星出軍市，至柳迸爲三星沒。十一月癸未，有星晝出日西南，尾跡二丈餘，闊三寸許，青白色，西流而沒。己丑，有星出南河，至弧矢沒，光燭地。八年二月丁卯，有星出郎將北，迸爲三星。四月癸丑，有星出亢西，至右攝提，迸爲數星，隨而沒。五月乙酉，有星青白色，出人星，至騰蛇沒，光燭地。丙申，有星西南流，迸爲數星沒，明照地。八月己亥，有星出參，南流入濁。九年四月庚子，有星晝出，赤黃色，急流西北沒。

天禧元年四月己巳，有星出軫，至器府北沒，光照地。六月，有星出河鼓，速流至天田，迸爲數星沒。十二月癸巳，有星出東北，尾跡赤黃，急流西南沒。二年八月乙卯，有星二，有尾跡，赤黃，一出五車，一出狠北，入濁。戊午，有星出酒旗，至明堂沒，光燭地。九月戊子，有星出西南，至天園沒。十一月辛酉，有星出南河，色赤黃，至柳沒。三年六月乙巳，有星出昴，急流至天倉沒。十二月壬寅，有星出軒轅，尾跡黃，慢流至太微垣，久之，有聲如雷。四年正月丁丑，有星出王良，明照地，至騰蛇沒。五年四月丙辰，有星出軒轅前星，大如桃，狀若粉絮，犯次將，入太微垣，歷屛星，凡七十五日，入濁沒。己未，有星出南方，如二升器，色青赤，北流入濁，尾跡三丈許。　七月辛巳，有星出文昌，光明燭地。　十月乙巳，有星出天津西。

乾興元年三月庚寅，夜漏未上，星出七星，曳尾緩行，至翼沒。　五月己巳，星出天棓，速行入紫微極星西沒。　癸酉，星出張，西北入濁。　壬午，星出危，赤黃，有尾跡，速行而東，炸烈如迸火，隨至羽林軍南沒，明燭地。　己丑，星出北河，至軒轅沒。　九月己巳，星出羽林，流至芻藁沒。　己丑，星出天市垣旁，緩行經天，過天市垣，至營室沒。　壬辰，星出營室，行至天倉沒。　十月丁酉，星出右旗，如太白，西南速行，至天弁沒，明燭地。　十一月壬辰，常星未見，有星出五車，南行至奎沒。

天聖元年正月丙戌，星出北斗魁西，至八穀沒。　三月戊辰，星出貫索，至五車沒。　六月戊戌，星出天弁，至建星沒。　己丑，星出北斗星，東北入濁沒。　庚寅，星出五車，至五諸侯沒。　閏九月癸巳，星出五車，至參沒。　丙申，星出東壁，至天倉沒。　甲辰，常星未見，星出營室，至外屏沒。　己酉，星出翼，南行入濁。　二年辛丑，星出五車，至畢沒。　六月丁卯，晝漏上，星出中天，赤黃色，有尾跡，西南緩行入濁。　辛巳，星出牽牛，南入濁。　九月辛卯，星出太微，沒于右執法。　四年正月壬午，星出亢，東南流入濁。　丁巳，星出靈臺，至翼沒。　丙午，星出北斗魁，近文昌沒。　其夜，又有星出箕，南行入濁。　四月丙寅，星出太微從官側，南行入濁。五月辛巳，星出天市垣市樓側，東北流入濁。閏五月丙辰，星出天船，沒于紫微鉤陳側。六月乙亥，星出土司空，東南入濁。八月乙未，星出天棓，近天倉沒。九月丁未，星出王良，西北入濁。十一月丙辰，星出東井，沒于南河側。十二月丁丑，星出鈎陳，沒于天棓側。戊戌，星出太微，至文昌沒。五年正月壬寅，星出天社，西南入濁。九月癸卯，星出天廚，北流入濁。丁未，星出北辰，沒于天牀側。甲子，有星出北河，沒于東井。六年四月甲申，夜漏欲盡，有星大如斗器，自北方至於西南，光照地，有聲如雷，曳尾跡長數丈，久之，散爲蒼白雲。七年二月乙丑，星出天乳，貫天市，入濁。八年二月丁酉，星出軒轅大星側，如杯，速行至器府沒。

明道元年三月癸巳，星出中台，貫北河，入東井沒，炸烈有聲，明燭地。食頃，又有星出天市垣宗人側，東流入濁。四月乙巳，星出貫索，大如杯，沒于鈎陳側，光照地。八月癸亥，星出天船，近鈎陳沒，明燭地。乙丑，星出胃，大如杯，有尾跡，西北緩行，迸爲六七小星，相隨沒于大陵，明燭地。丙寅，星出營室，西南速行，至危沒。良久，又有星出天園，至天社沒，光燭地。九月丙子，星出婁，沒于雲雨側，尾跡久方散。食頃，又有星出天大將軍，近奎沒，尾跡久方散，明燭地。續又星出北辰，西北速行，至內階沒。又有星出天苑，沒于天園，明燭地。

景祐元年八月己卯，星出東井，行至廁星沒，尾跡久方散，明燭地。乙酉，星出北斗魁，西北速行，入紫微東南垣沒。又有星出文昌，西北速行，至紫微鈎陳沒，尾跡久方散，明燭地。九月丁亥，星出天津，如太白，青色，有尾跡，沒于危。良久，星出五車，沒天廩。己丑，星出東井，如太白，赤黃色，有尾跡，向東速行，至柳沒，光照地。其夜，星出婁，至奎沒，明燭地。十一月乙卯，星出軒轅大星側，如太白，赤黃，向東速行，入濁，明照地。二年八月庚申，星出大陵，如太白，赤黃色，東南緩行，沒于昴，尾跡久方散，明燭地。九月丙午，常星未見，星出婺女，緩行，近南斗沒。十一月辛丑，星出五車，至觜觿沒，明燭地。四年閏四月癸未，夜漏未上，星出天津，大如杯，東北行入濁。己亥，星出上台，至軒轅沒。五月辛亥，星出華蓋，至北辰沒。六月壬申，星出天津，入天市垣，至宗人沒。是夜，星出王良，如太白，青白色，有尾跡，東南速行，至婁沒，明燭地。己卯，星出梗河，沒于亢。七月戊申，有星數百皆西南流，其最大者一星至東壁沒，光燭地，久之不散。九月庚子，星出南河，東南速行，近狼星沒，青白色，有尾跡如太白，明燭地。己酉，星出牽牛，如太白，青白色，西南入濁。丁卯，星出紫宮，沒天棓，有尾跡，明燭地。

寶元元年正月戊戌，星出左攝提，如太白，赤黃色，至天市西垣沒，明燭地。二月甲午，星出河鼓，至七公沒。三月辛丑，星出東井，沒參側。庚戌，星出大角，至氐沒。辛亥，星出北斗魁，如太白，青白色，有尾跡，東北速行入濁，光照地。四月壬申，有星出中台，如太白，青白色，有尾跡，向北速行入濁，明燭地。又星出天江，如太白，有尾跡，西南速行，至房沒。八月壬申，星出東井，如太白，東北速行，沒輿鬼，明燭地。十月壬午，星出天津，至營室沒。己丑，星出東井，如太白，赤黃，有尾跡，至狼側沒，明燭地。十一月癸丑，星出中台，至軒轅沒。二年正月庚申，星出翼，如太白，行至角沒。三月癸丑，星出右旗，赤黃，有尾跡，向南速行，沒于建星，明燭地。五月庚戌，星出房，至積卒沒。閏十二月甲寅，星出文昌，如太白，有尾跡，西北速行，至五車沒，明燭地。

康定元年三月戊寅，有星出文昌，如太白，青白色，北行入濁。四月丁未，有星出紫宮東垣上衞側，至北辰沒。癸丑，星出北斗，北行入濁。六月庚戌，星出天弁，西北入濁，明燭地。九月戊寅，星出天船，東行，入五車沒。十月壬辰，星出天津，速行至紫宮西垣沒。壬戌，中天有星大如盌，赤黃，有尾跡，西南速行，沒于濁，光照地，良久有聲如雷。十一月乙亥，星出文昌，北行，明燭地，入濁。

慶曆元年八月癸未，星出天船，如太白，東北速行入濁，青白色，明燭地。己亥，星出奚仲，大如杯，色青白，西南緩行，沒于天津側，明燭地。辛丑，有星經天廩，東南緩行入濁。乙巳，夜漏未上，星出營室，如太白，東行入濁，青白色。九月己酉，星出奎，如太白，有尾跡，西行，沒于東壁，明燭地。丙辰，星出畢，如太白，有尾跡，西北速行，至王良沒。丁卯，星出北辰，如太白，北行入濁，明燭地。戊辰，星出壁壘陣，如太白，赤黃，有尾跡，西南入濁，明燭地。二年二月庚子，星出房，如太白，赤黃，有尾跡，西南速行，入濁沒，明燭地。三月戊寅，星出鉤陳側，如太白，赤黃，有尾跡，西行緩行，至天棓沒，明燭地。四月丁丑，星出貫索，大如醆，青白色，有尾跡，東北慢行，至閣道沒，明燭地。丙申，星出貫索，如太白，赤黃色，西北速行，沒于中台側，明燭地。七月壬寅，星出河鼓，大如杯，青白色，西速行，至牽牛沒，明燭地。己酉，星出婺女，如太白，青白色，有尾跡，東南慢行入濁，明燭地。乙丑，星出天津，如太白，赤黃，向西速行，至貫索沒，尾跡久方散，明燭地。八月壬申，星出北斗杓，如太白，青白色，西北行，沒于濁。乙亥，夜漏未上，星出箕，南行入濁。又有星出天倉，如太白，東南入濁沒。壬午，星出危，東南行，至濁沒。九月辛亥，星出天船，如太白，東行入濁，青白色，有尾跡。庚申，星出婁，至東壁沒。乙丑，星出婁，至天倉沒。丁卯，星出五車，東北流，沒于文昌側。閏九月辛未，星出羽林軍，如太白，赤黃色，西南行入濁。乙亥，星出婁，西行入濁。十二月庚申，有星出弧矢，南行入濁，赤黃，有尾跡，燭地。三年二月壬寅，星出上台，至軒轅沒，有尾跡，明燭地。四月戊申，夜漏未上，中天星出大角，如太白，西行至軒轅沒。辛亥，星出女牀，至天市西垣沒。丙辰，星出牽牛，如太白，西南緩行，至天淵沒。七月己卯，星出北斗魁，西北行入濁。甲申，星出貫索，如太白，速行至北斗柄沒。甲寅，星出閣道，如太白，東北速行入濁，有尾跡，明燭地。十月戊申，星出柳，如太白，西南速行，至弧矢沒，尾跡久方散。五年五月辛巳，星出紫宮鉤陳側，北行入濁。六月辛酉，星出奎，如太白，西行，至天倉沒，有尾跡，明燭地。壬戌，星出營室，如太白，赤黃色，東南速行，過危，至虛沒，有尾跡，明燭地。七月甲午，星出建星，如太白，向南速行，至濁沒。乙巳，星出牽牛，如太白，南行，至濁沒。八月甲寅，星出八穀，東北入濁。少頃，又星出天將軍，如太白，西北速行，至王良沒，有尾跡，其色赤黃。己卯，星出文昌，大如醆，直北速行入濁，有尾跡，明燭地。壬午，星出北河，至柳沒。十月甲寅，星出畢，東南速行，至天苑沒，赤黃，有尾跡。丙辰，星出張，東南速行，至濁沒。丙寅，星出天津，大如杯，東南速行，至危沒，赤黃，有尾跡，明燭地。六年三月乙未，星出大角，如太白，西南速行，至濁沒。庚戌，星出文昌，如太白，向北速行入濁，青白色，有尾跡，明燭地。六月丁巳，星出營室，大如杯，光燭地，有聲，北行，至王良沒。七月癸巳，星出昴，至參沒。九月辛巳，星出王良，如太白，東北速行入濁。乙巳，星出南河，如太白，東北速行，沒于輿鬼側。七年四月己酉，星出營室，東北速行入濁。戊辰，星出郎位，如太白，至梗河沒，有尾跡，明燭地。六月己巳，星出天田，赤黃色，有尾跡，西南緩行，至折威沒。戊辰，星出尾，西南速行入濁。九月乙亥，星出河鼓，入天市垣，至宗人沒。戊寅，星出天苑，如太白，南行，至天園沒，有尾跡，明燭地。庚辰，星出東井，沒于狼。丙戌，星出北落師門，西南緩行，至濁沒。十二月癸亥，星出五車，赤黃色，西北速行，至天船沒。八年正月乙酉，星出天廁側，西南速行入濁，有尾跡，明燭地。丁酉，星出柳，直南速行入濁。二月乙酉，星出文昌，青白色，東北速行，至濁沒。四月己巳，星出奎，如太白，東北速行，至婁沒。五月壬寅，星出氐，如太白，向西南速行，入濁沒。戊午，星出房，色赤黃，東南入濁。六月戊寅，星出北落師門，西南速行，沒于濁。己卯，星出北斗，至郎位沒，有尾跡，明燭地。癸巳，星出天津，至紫宮西垣沒。七月庚申，星出七公，如太白，西北速行，入濁沒。八月乙亥，星出天市，西南速行入濁，有尾跡，色赤黃。是夜，星出東壁，赤黃色，東北速行，至濁沒。九月壬寅，星出天倉，如太白，東北速行，至胃沒。甲子，星出天苑，西南速行，入濁沒。十月乙酉，星出匏瓜，如太白，向東速行，至天津沒。十二月乙丑，星出南河，如太白，東南行，至弧矢沒。己丑，星出天市垣，東南行，至濁沒。

皇祐元年三月庚子，星出軫，西南速行，沒于翼。四月辛巳，星出織女，向南速行，入天市垣，至宗人沒，明燭地。甲申，星出心，如太白，東南速行入濁。六月丙寅，星出紫宮鈎陳側，如太白，北行入濁。己巳，星出匏瓜，赤黃，有尾跡，向南速行，至建星沒。丁丑，星出造父，如太白，向西南速行，至天棓沒，有尾跡，明燭地。九月壬子，星出閣道，東南速行，至婁沒，有尾跡，明燭地。十一月癸巳，星出文昌，向東速行，至五車沒，有尾跡，明燭地。十二月乙丑，星出亢，赤黃色，向東北緩行，至天市垣西沒。丁酉，星出文昌，向北速行，沒于北辰側。二年四月癸未，星出氐，赤黃色，東南速行，至心沒，有尾跡，明燭地。五月乙巳，星出貫索，向東速行，至女牀沒。七月己丑，星出奎，赤黃色，西南緩行，沒于營室側。九月辛卯，星出織女，如太白，向西速行，入濁沒。十二月丁未，星出庫樓，如太白，赤黃色，至翼沒。三年七月丙辰，星出南斗，赤黃色，尾跡凝天，向南緩行，至濁沒。八月庚辰，星出奎，如太白，西北速行，沒于濁。九月癸丑，星出上台，東北入濁。十月乙巳，星出天槍，如太白，西北速行入濁。四年三月庚申，星出郎將，東行，至貫索沒。壬申，星出文昌，沒于五車側。四月辛巳，星出天市垣市樓側，至南斗沒。癸卯，星出東壁，沒于天船側。六月庚子，星出危，如太白，東南速行入濁。壬寅，星出天船，如太白，東北入濁。八月丁酉，星出天倉，如太白，西南速行，至濁沒。戊戌，星出參旗，如太白，西南速行，至天苑沒。九月丙午，星出婁，西南速行入濁。戊申，星出紫宮北辰側，赤黃色，西南速行，至貫索沒，尾跡凝天，明燭地。己酉，星出營室，如太白，東南速行入濁。是夜，星出參，如太白，東南速行入濁，尾跡赤黃。甲子，有星出南河，如太白，東北入濁。十月丁丑，星出天棓，西北速行入濁，有尾跡，明燭地。丙申，星出天倉，如太白，西南速行入濁。十一月丙申，星出北河，沒于北斗璇星側。五年正月壬寅，夜漏未上，星出東井，如太白，東北速行，至濁沒，有尾跡，明燭地。五月庚戌，星出北斗魁側，西北速行入濁，尾跡赤黃。庚申，星出大角，如太白，西北行，至中台沒，青白色，有尾跡。六月癸酉，星出紫宮北辰側，赤黃色，北行，至濁沒。七月癸卯，星出王良，至天津沒。甲辰，星出奎，如太白，速行沒于危。是夜，星出紫宮北辰側，色赤黃，西南速行，至天市垣東沒，有尾跡，明燭地。乙巳，星出王良，速行至營室沒。戊午，星出貫索，西南速行，入天市垣至宦者沒。八月丙戌，星出紫宮北辰側，至王良沒。是夜，又星出危，沒婺女側。癸亥，星出大陵，至營室沒，有尾跡，明燭地。九月乙亥，星出參，如太白，西北速行，至昴沒，有尾跡，明燭地。

至和元年七月壬戌，星出王良，色赤黃，向北速行，至天船沒，有尾跡，明燭地。八月壬寅，星出上台，東北行入濁。二年七月甲申，星出牽牛，如太白，赤黃色，南行入濁，有尾跡，明燭地。九月己卯，星出弧矢，如太白，西南速行，至丈人沒，尾跡青白。又有星出軒轅，向北速行，至中台沒。庚辰，星出天廩，東南緩行，至天苑沒。十一月戊辰，星出南河，向南行，至弧矢沒。辛酉，星出弧矢，色赤黃，南行入濁。十二月甲申，星出太微東垣，如太白，赤黃色，東南速行，至軫沒。辛卯，星出柳，如太白，赤黃色，直北速行入濁。

嘉祐元年三月辛酉，星出庫樓，沒于尾。乙亥，星出紫微北辰東，如太白，色赤黃，西南速行，至右攝提沒。壬午，星出張，至東甌沒。九月壬午，星出東井，如太白，赤黃色，向北速行，至文昌沒。二年正月丁酉，星出文昌，如太白，速行入紫宮北辰沒。辛丑，星出華蓋，緩行至北辰沒。甲辰，星出觜觿，緩行至畢沒。二月甲子，星出紫宮東垣，大如杯，東北行入濁。七月乙亥，星出北斗魁西，如太白，西北速行入濁。丁丑，星出王良，如太白，赤黃色，西南緩行，至亢沒，有尾跡，明燭地。九月丙子，星出王良，如太白，赤黃色，向西速行，至騰蛇沒，有尾跡，明燭地。丁亥，星出南河子星側。戊戌，晝漏上，中天有星出狠，大如杯，東南速行，至濁沒，尾跡青白。三年正月乙未，星出參，赤黃色，向西速行，至天廩沒。五月甲午，星出河鼓，如太白，赤黃色，東北緩行，至虛沒。七月辛未，星出天船，東北行，至濁沒。乙酉，星出北河，如太白，赤黃色，東南緩行，散爲數道，至狠沒，尾跡凝天。丁酉，有星出危，西南速行入濁。其夜，又有星出天苑，緩行入濁。八月丙午，星出天綱，東南速行入濁，尾跡赤黃。戊申，星出危，西南速行入濁，有尾跡，明燭地。己未，星出牽牛西，速行至牽牛北沒。癸亥，星出王良，向南速行，至天津沒。夜漏盡，有星出柳，如太白，赤黃色，西北行，至北斗沒。乙丑，星出文昌，向西速行，至北極沒。九月庚午，星出婁，向南速行，至土司空沒。甲申，出天將軍，如太白，青白色，向西速行，至濁沒。庚寅，星出五車，如太白，赤黃色，東北速行，至北河沒，有尾跡，明燭地。辛卯，星出王良，北行至鈎陳沒。四年二月己亥，星出翼，入濁。夜漏盡，又有星出營室，沒于鈎陳。癸卯，星出天槍，至郎將沒。乙卯，星出角，西行，至翼沒。五月辛丑，星出右攝提，西行入濁。己酉，星出大角，至軫沒。癸丑，星出營室，大如杯，赤黃色，西南速行，至羽林軍沒，炸烈有聲。六月癸亥，星出天倉，至天苑沒，有尾跡，明燭地。甲子，星出天津，至北辰沒。辛未，星出胃，沒于鈎陳。又星出天船，至王良沒。乙亥，星出墳墓，至北落師門沒。又有星出天船，東南速行，至昴沒。癸未，星出氐宿，西南行入濁。己丑，星出畢，速行至五車沒。八月乙亥，夜漏盡，星出輿鬼，速行至五車沒。又星出輿鬼，速行至太微北落。癸未，星出軍市，速行至弧矢沒。己丑，星出天囷，至天倉沒。九月己亥，星出紫宮鈎陳側，大如盌，東北速行，曳尾長五尺，初直後曲，流至北辰東沒，後尾跡凝結如盤，食頃散。又有星出太微西，東北速行入濁。辛丑，星出天津，速行至織女沒。癸丑，星四，皆如太白，赤黃色，有尾跡，明燭地：一出天棓，西南速行，至天市垣候星沒；一出危，西南速行，至女沒；一出畢，南行沒于天苑側；一出五車北，速行至鈎陳沒。十月乙丑，晝漏上，星出天大將軍，西南行，至濁沒，色青白，尾跡凝天，良久散。其夜，星出參，至弧矢沒。丁卯，星出婺女，東南至濁沒。戊辰，星出東井，東行，至柳沒。戊寅，星出狼，南行，至濁沒。丁亥，星出天倉。乙未，星出上台南，速行至北河沒。十二月甲子，星出貫索，至女牀沒。五年正月辛卯，星出畢，大如盌，赤黃色，速行至天倉沒，明燭地，尾跡炸烈而散，有聲如雷。四月辛未，星出氐，緩行，東南入濁沒。癸酉，星出婺女，至羽林軍沒。庚辰，夜漏盡，星出大角，西南行，至濁沒，尾跡青白。癸未，星出女牀，東行，至河鼓沒。乙酉，星出騎官，西南行，至濁沒。甲午，星出天市東，如太白，向東速行，至河鼓沒，尾跡赤黃。丙申，星出貫索，東北行，至北斗柄沒。辛亥，星出天棓，西南行，入天市至宦者沒。六月己未，星出婁，東北行，至濁沒。壬戌，星出天倉，東南行，至濁沒。辛巳，星出天津，西南行，至天市垣宦者沒。又有星出王良，至土司空沒。癸酉，星出南斗，大如杯，行入濁。八月庚申，星出東壁，東行入濁。丙寅，夜漏未上，星出虛，大如杯，東南入濁。甲午，星出五車，至文昌沒。乙卯，星出天苑，南行入濁。十月乙亥，星出軒轅星北斗魁旁，沒，尾跡赤黃。十一月壬辰，星出五車，至畢沒。十二月壬申，有星出北河，至輿鬼沒。戊寅，星出弧矢，至南河沒。己卯，夜漏未上，星出軫，至氐側沒。六年六月丁巳，星出天市垣宦者側，沒于氐。己巳，星出天市垣車肆側，西南行，至尾沒。七月乙酉，星出螣蛇，至危沒。其夜，又有星出婁，大如杯，赤黃色，速行入羽林沒。丙戌，星出天津，至危沒，尾跡赤黃。庚寅，星出文昌，北行，至濁沒。八月丁巳，星出婁，東北速行，至昴沒。戊辰，星出鈎陳，北行入濁。己卯，星出天市垣北，東行，入濁沒。丁卯，星出狼，大如杯，至天社沒，明燭地，尾跡凝天，良久散。九月甲寅，星出營室，西南行入濁。癸亥，星出柳，東行，至翼沒。十一月癸丑，星出東北維，去地五丈許，大如盌，向東北緩行入濁，尾跡青白。壬申，星出參旗，至濁沒。丙子，星出狼，大如杯而赤黃，緩行至弧矢沒，有尾跡，明燭地。十二月辛丑，星出貫索，如太白，東北速行，入天市，至候星沒，尾跡青白。七年正月乙亥，星出下台，至上台沒。二月己卯，星出北河，大如杯，色赤黃，速行，沒于閣道側，有尾跡，明燭地。壬辰，星出東井，如太白，至畢沒。四月庚子，星出太微郎位，如太白，西南緩行，至張沒，尾跡赤黃。六月丁丑，星出北落師門，南行入濁。七月丁未，星出牽牛，至南斗沒。又有星出羽林軍，至北落師門沒。己酉，星出壁壘陣，如太白，向西速行，至敗臼沒，尾跡赤黃。辛酉，星出天紀，西北速行入濁。八月己卯，星出文昌，至下台沒。乙未，星出天苑，南行入濁，尾跡赤黃。己亥，星出天津，西南入濁。九月丙辰，星出土司空，東南入濁。丁卯，星出東壁，大如杯，西行，至虛沒，有尾跡，赤黃，明燭地。十月丙子，星出昴，如太白，西北速行，至天大將軍沒，尾跡赤黃。丁丑，星出大陵，如太白，南行，至天倉沒。庚寅，星出南河，至天社沒，明燭地。丁酉，星出天廟，南入濁。己亥，星出參，如太白，西南行，至天園沒，尾跡青白。八年正月辛酉，星出軫，赤黃色，東南速行，入庫樓沒。三月癸卯，星出匏瓜，東南至危沒，赤黃色，有尾跡，明燭地。癸亥，星出文昌，北行入濁，有尾跡，明燭地。又有星出傳舍，速行至北辰沒。五月癸卯，星出天市垣宗人側，東南速行，至鼈星沒。己亥，星出招搖，赤黄色，行南向，入氐沒。七月乙丑，星數百，縱横西流。八月庚寅，星出閣道，東南速行，入濁沒。甲子，星出上台，大如杯，赤黄色，向東速行，至下台沒。

治平元年二月丁卯，星出紫宫鉤陳側，西北入濁沒，明燭地，尾跡炸烈有聲。六月辛酉，夜漏未上，星出河鼓，東南速行，至危沒。七月癸未，星出危，西南速行，入天市垣沒。八月辛亥，星出北辰，大如杯，速行至鉤陳沒，尾跡青黄。丁巳，星出奎，大如盌，速行至五車沒。壬戌，夜漏盡，星出奎，西南行，至濁沒。九月癸酉，星出北斗魁，大如醆，東北速行，至濁沒，尾跡赤黄。十二月癸丑，星出軍市，東南速行，至濁沒。二年二月丁酉，星出太廟，色青白，西南入濁。乙卯，星出中台，色赤黄，西北慢行，至內階沒。五月壬戌，星出北斗魁，如杯，色青白，北行，至濁沒。六月己丑晝，有星出中天，大如盌，西速行，至濁沒，尾跡赤黄。八月己未，星出河鼓，大如醆，色赤黄，速行至天市垣內宗星沒。丁巳，星出危，至濁沒。九月癸酉，星出北斗魁，東北速行，至濁沒。三年四月癸巳，星出房，至濁沒，明燭地，尾跡炸而散。七月庚申，晝漏未上，星出紫宫，西行，曳尾長二丈，沒，尾跡青白。九月丁丑，有星出參，至天倉沒。十一月己卯，星出王良，西北速行，至濁沒，尾跡青黄。

校勘記

〔一〕血色赤　通考卷二九一象緯考作「大如盌色赤」。

〔二〕又有星千數入輿鬼　「千」，通考卷二九一象緯考作「十」。

〔三〕有星出南晝　通考卷二九一象緯考作「有星出胃南」。殿本考證認爲「晝」字當在「出」字上，「南」字下脫「方」字。局本作「有星晝出南方」。

〔四〕紫微垣北　按通考卷二九一象緯考此四字上有「至」字，疑脫。

〔五〕有星出靈臺有炬彗……至南北沒　同上書同卷作「有星出虛旁有短彗……至東北沒」。

宋史卷五十八

志第十一

天文十一

流隕二

熙寧元年正月辛卯，星出張西南，如太白，速行入濁沒，赤黃。乙未，星出左攝提西，如太白，東南急行，至庫樓北沒，赤黃，有尾跡。二月戊午，星出常陳南，如太白，西慢行至軒轅東沒，赤黃，有尾跡。辛酉，星出北斗魁東，如太白，南急行，至軒轅大星南沒，赤黃，有尾跡。壬戌，星出角東，如太白，西急行，至翼沒，赤黃，有尾跡。戊辰，星出大角南，如太白，東南急行，至氐沒，赤黃，有尾跡。己巳，星出天市垣內宦者，如太白，西南急流，至氐沒，青白，有尾跡。四月壬寅，星出軒轅南，如太白，東南慢行，至軫沒，赤黃，有尾跡。己西，星出天市垣內宦者西，如太白，西南慢流，至織女沒，青白，有尾跡。壬戌，星出天棓東，如太白，東北慢行，至天津沒，赤黃，有尾跡。五月乙亥，星出天棓，如太白，東北急行，至天津沒，青白，有尾跡，照地明。六月癸卯，星出天槍南，如太白，西南速行，至角沒，赤黃，有尾跡。又星出平星南，如太白，西南急行，入濁沒，青白，有尾跡。乙巳，星出軫東，如太白，緩行入濁沒，青白，有尾跡，照地明。丁未，星出牽牛西，如太白，東南速行，入濁沒，赤黃。戊申，星出騎官北，如太白，南緩行，入濁沒，青白。又星出壘壁陣，如太白，東南速行，至濁沒。戊午，星出閣道北，如歲星，東北緩行，入濁沒，青白。庚申，星透雲出天棓西，如太白，北急行，至天市垣西牆沒，赤黃，有尾跡。壬戌，星出王良南，如歲星，東北急行，至天大將軍沒，赤黃，有尾跡。有星出紫微垣內，至鉤陳沒，赤黃，有尾跡。又星出紫微垣內北極南，如太白，西北速行，至西咸北沒，赤黃，有尾跡。甲子，星出尾北，如杯口，西緩行，至平星沒，赤黃，有尾跡。丙寅，星出氐北，如歲星，西南急流，入濁沒，赤黃，有尾跡。七月乙亥，星出虛南，如歲星，西急行，至天市垣西牆沒，赤黃色，有尾跡。丙子，星出東壁東，如太白，東南急行，入濁沒，赤黃，有尾跡。丙戌，星出天大將軍北，如歲星，東北慢行，入濁沒，青白。乙未，星出九坎北，如太白，西北緩行，至牽牛分迸而沒，赤黃。又星出右旗，如太白，西緩行，入濁沒，青白，有尾跡，照地明。己亥，星出天廩北，如太白，南急行，至天苑沒，赤黃，有尾跡，照地明。八月癸卯，星出天棓東，如太白，北速行，入濁沒，赤黃，有尾跡，照地明。甲辰，星透雲出虛北，如歲星，北緩行，至奎沒，赤黃。乙巳，星出女牀東，如杯口，西北急流，至天市垣牆河中北沒，赤黃，有尾跡，照地明。又星出參北，如太白，東速行，入濁沒，赤黃，有尾跡，照地明。又星出王良南，如太白，西南急行，至天津沒，赤黃，有尾跡，照地明。丙午，星出左攝提南，如太白，西北慢行，至濁沒，赤黃，有尾跡。丁未，星出牽牛，如杯口，東南緩行，入濁沒，青白，有尾跡。癸亥，星出壘壁陣，如太白，西南緩行，至狗國沒，赤黃，有尾跡，照地明。乙丑，星出壘壁陣北，如太白，西南速行，至十二國沒，赤黃，有尾跡。九月甲戌，星出上台南，如太白，東北急行，至內平星沒，赤黃，有尾跡，照地明。庚辰，星出北斗魁中，如歲星，西北緩行，入濁沒，青白。又星出弧矢西，如太白，西南急行，至天社沒，青白，有尾跡，照地明。辛巳，星出紫微垣內北極星北，如太白，北急行，入濁沒，赤黃，有尾跡，照地明。癸未，星出紫微垣南，如太白，北急行，至北斗沒，赤黃，有尾跡。戊子，星出畢南，如太白，東南慢行，入濁沒，青白，有尾跡，照地明。癸巳，星出織女西，如太白，西南慢流，入天市垣內沒，赤黃，有尾跡，照地明。甲午，星出中台北，如太白，東南急流，至下台沒，青白，照地明。丙申，星出天津北，如歲星，西北急流，至女牀沒，赤黃。丁酉，星出軒轅，如太白，西北慢流，至紫微垣內北極沒，赤黃，有尾跡，照地明。十月庚子，星出羽林軍東，如太白，東急行，入濁沒，赤黃，有尾跡，照地明。又星出壘壁陣西，如杯口，西南速行，入濁沒，青白，照地明。壬寅，星出鉤陳西，如太白，北急行，至北斗沒，赤黃，有尾跡。又星出東井北，如歲星，東北急行，至柳沒，赤黃，有尾跡。又星出扶筐，如太白，西北急行，至濁沒，赤黃，有尾跡，照地明。甲辰，星出壘壁陣東，如太白，南急行，入濁沒，赤黃，有尾跡，照地明。又星出天津西，如太白，西北緩行，入濁沒，青白，照地明。又星出昴南，如太白，西南緩行，至天囷沒，赤黃，有尾跡，明燭地。又星出郎位東，如太白，東北速行，至右攝提沒，赤黃，明燭地。庚戌，星出婁南，如歲星，西南速行，至昴沒，青白，有尾跡。乙卯，星出天市垣南牆西，如太白，西急行，入濁沒，青白。壬戌，星出軒轅西，如太白，東南急行，至張沒，赤黃，有尾跡。癸亥，星出婁北，如太白，西急流，至濁沒，赤黃，有尾跡。十一月庚午，星出鉤陳東，如太白，東北急流，至北斗魁沒，青白，有尾跡，照地明。癸未，星出營室東，如太白，西南急行，至羽林軍沒，赤黃，有尾跡。十二月己亥，星出王良北，如太白，東慢行，至五車沒，赤黃，有尾跡，照地明。庚子，星出天倉東，如太白，東南急行，至濁沒，青白，有尾跡。辛酉，星出太微垣東牆，如太白，速行至柳沒，黃白，有尾跡。

二年正月庚寅，星透雲出紫微垣內鉤陳西，如太白，西慢行，入濁沒，青白。二月甲辰，星出平星南，如太白，南急行，入濁沒，赤黃，有尾跡。三月壬辰，星出天市垣西牆東，如太白，北急行，至天紀沒，赤黃，有尾跡。癸巳，星出貫索南，如太白，東南慢行，至濁沒。四月庚戌，星出軒轅東，如杯口，北慢行，至北斗沒，赤黃，有尾跡。辛酉，星出閣道西，如太白，東南速行，至東壁沒，青白，有尾跡。五月己丑，星出太微垣內五帝坐，如杯口，東行至角宿沒，青白，有尾跡，照地明。六月己亥，星出心西，如歲星，西南急行，至庫樓沒，赤黃，有尾跡。乙巳，星出氐南，如太白，南緩行，入濁沒，赤黃，有尾跡。壬子，星出天津，如太白，西北速行，至天槍沒，青白，有尾跡。辛酉，晝有流星；夕有星透雲出織女，西南急行，入濁沒，赤黃，有尾跡。癸亥，星出太微垣東牆，如太白，西急行，入濁沒，青白，有尾跡。甲子，星出尾北，如太白，南急行，入濁沒，青白。七月丁卯，星出危南，如太白，西南急行，至壘壁陣沒，赤黃，有尾跡。辛未，星出梗河東，如太白，西北速行，至天槍沒，赤黃，有尾跡。丁亥，星出天船西，如太白，東北速行，入濁沒，赤黃，有尾跡。甲午，星出天津西，如太白，西南緩行，至心沒，赤黃，有尾跡。八月丁酉，星透雲出鉤陳西，如太白，西南急流，至天棓沒，赤黃，有尾跡。癸亥，星出北斗魁北，如太白，北急流，入濁沒，青白，有尾跡。九月甲子，星出婁北，如歲星，西北急行，至王良沒，青白，有尾跡。甲戌，星出右旗，如太白，西南急行，至天市垣西牆沒，赤白，有尾跡。丁丑，星出五車東，如歲星，東北速行，至北河沒，青白，有尾跡。十月乙未，星出天苑南，如太白，速行入濁沒，赤黃，有尾跡。甲辰，星出畢東，如太白，南急行，至濁沒，赤黃，有尾跡。癸丑，星出胃東，如太白，西南急流，至天苑沒，青白，有尾跡。甲寅，星出卷舌西，如歲星，西南急行，至婁沒，青白，有尾跡。十一月丙寅，星出織女北，如太白，西南急行，至河鼓沒，青白，有尾跡，照地明。壬申，星出羽林軍內，如歲星，西南急行，至濁沒，青白。己卯，星透雲出大陵北，如太白，西南急行，至東壁沒，青白，有尾跡。閏十一月辛酉，星出天倉，如歲星，西南緩行，至濁沒，青白。

三年正月丙申，星出右攝提，如太白，東北速行，入濁沒，赤黃，有尾跡。己未，星出畢，如杯，西南緩行，至濁沒，青白，有尾跡。二月丁卯，星出七星南，如太白，西南急行，至濁沒，青白。己丑，星出太微西扇上將南，如盂，西急行，入濁沒，赤黃，有尾跡，明燭地。又星出文昌中，如杯，西北急行，入濁沒，赤黃，有尾跡，明燭地。又星出北斗魁南，如盂，西北急行，入濁沒，赤黃，有尾跡，明燭地。庚寅，星出紫微垣西牆東，如杯，北慢流，至濁沒，赤黃，有尾跡，明燭地。三月戊戌，星出七公，如杯，速行入紫微垣中鉤陳沒，青白，有尾跡，明燭地。壬寅，星出天市垣西牆東，如杯，東南急流，至騎官沒，青白，有尾跡。己未，星出軫北，如太白，西北慢行，至明堂沒，赤黃，有尾跡。四月壬戌，星出紫微垣內帝星南，如太白，北急行，至鉤陳沒，赤黃，有尾跡。癸未，星出文昌南，如杯，西北慢行，至濁沒，青白，有尾跡，照地明。甲申，星出軒轅東，如太白，東南慢行，至太微垣左執法，赤黃。六月己巳，星出牽牛東，如太白，東急流，至濁沒，赤黃，有尾跡。壬申，星出紫微垣西牆北，如太白，東北慢流，至濁沒，赤黃。庚辰，星出羽林軍東，如杯，東南急流，入濁沒，青白，有尾跡。七月庚子，星透雲出紫微垣西牆，如太白，南慢行，至天市垣西牆沒，青白，有尾跡。八月丙戌，星出紫微垣西牆，如杯，北急行，至濁沒，赤黃，有尾跡。九月己亥，星出紫微垣西牆，如太白，西北慢流，至濁沒，青白，有尾跡。丁未，星透雲出天船，如太白，西慢流，至內階沒，赤黃，有尾跡。庚戌，星出紫微垣東牆，如太白，東北急流，至鈎陳沒，青白，有尾跡。十月己未，星出奎西，如太白，南慢行，至天倉南沒，青白，有尾跡。戊辰，星出天囷西，如太白，西南速行，至土司空沒，赤黃，有尾跡。十一月戊戌，星出五車，如太白，西南緩行，入濁沒，赤黃，有尾跡。十二月甲子，星出外屏，如太白，西南速行，入濁沒，赤黃，有尾跡。

四年正月丙午，星出五車西，如杯，南速行，入濁沒，赤黃，照地明。二月甲子，星出昴西，如杯，西緩行，入濁沒，青白。三月癸巳，星出天市垣內斗星西，如太白，西北速行，至貫索西沒，赤黃，有尾跡。五月己亥，星出左攝提，如太白，東北急行，至濁沒，赤黃，有尾跡。六月丁丑，星出營室西，如太白，西南急流，至壘壁陣沒，赤黃，有尾跡。辛巳，星出造父西，如太白，東南慢流，至天棓沒，青白，有尾跡。七月戊申，星出天津東，如太白，西慢流，至天棓沒，赤黃，有尾跡。八月己未，星出五諸侯西，如太白，東南慢流，入濁沒，青白，有尾跡，照地明。辛酉，星出天市垣西牆西，如太白，西急行，入濁沒，赤黃，有尾跡。癸亥，星出北河西，如太白，西北急行，至上台沒，赤黃。乙丑，星出南斗北，如太白，西南緩行，入濁沒，赤黃。九月甲午，星出紫微垣西牆東，如太白，東北速行，入濁沒，赤黃，有尾跡。乙巳，星出天廪，如太白，南緩行，至天苑沒，青白，有尾跡，照地明。丙午，星出北落師門南，如太白，南緩行，至天苑沒，青白，有尾跡，照地明。又星出北落師門南，如太白，南緩行，入濁沒，青白，有尾跡。十月壬子，星出紫微垣內北極北，如太白，東北緩行，至紫微垣西牆沒，青白，有尾跡。癸丑，星出外屏北，如太白，東緩行，至天囷沒，赤黃，有尾跡。甲寅，星出文昌西，如杯，北速行，至紫微垣右樞沒，青白，有尾跡，照地明。乙卯，星出牽牛，如太白，南速行，入濁沒，赤黃，有尾跡。庚申，星出天苑南，如太白，東南慢行，至濁沒，赤黃，有尾跡。戊辰，星出天囷東，如杯，東緩行，至濁沒，青白，有尾跡。癸酉，星出五車東，如太白，東北急行，至濁沒，赤黃，有尾跡，照地明。十一月壬辰，星出天棓西，如杯，西北緩行，至濁沒，赤黃，有尾跡。庚子，星出太微垣左執法南，如太白，東南慢行，至角沒，赤黃，有尾跡。

五年七月己丑，星出七公南，如太白，西南急行，至天市垣西牆沒，赤黃。癸巳，星出太微垣東，如杯，西急行，入濁沒，青白，有尾跡如鉤，南行。十月戊寅，星出紫微垣內後宮東，如杯，北慢行，入濁沒，赤黃，照地明。又星出文昌西，如杯，急行至卷舌沒，赤黃，有尾跡，照地明。甲申，星出天鷄南，如杯，西慢行，至濁沒，赤黃。丁亥，星出紫微垣東，如杯，北慢行，至濁沒，青白。戊子，星出羽林軍，如太白，西南急行，至濁沒，赤黃，有尾跡。乙巳，星出婁南，如杯，西北急行，至七公沒，赤黃，有尾跡，照地明。十一月甲寅，星出七星南，如杯，西慢行，至參旗沒，青白，有尾跡。十二月辛卯，星透雲出五車東，如太白，東北急行，至文昌沒，赤黃，有尾跡。壬辰，星出招搖東，如太白，西北急行，至濁沒，青白。丙申，星出角南，如太白，南慢行，至庫樓沒，赤黃，有尾跡。

六年正月庚申，星出天市垣東，如杯，東南急行，至濁沒，青白。三月庚午，星出氐東，如盂，西慢行，入濁沒，赤黃，照地明。四月丙子，星出貫索西，如杯，北慢行，至紫微垣牆上宰沒，青白，照地明。戊寅，星出貫索西，如太白，西南急行，至亢沒，赤黃，有尾跡。己卯，星出柳北，如太白，西南急行，至南河沒，赤黃，有尾跡。五月癸卯，星出騰蛇西，如杯，西北慢行，至濁沒，青白，照地明。六月辛卯，星出營室北，如杯，東南急行，至壘壁陣沒，赤黃，有尾跡，照地明。庚子，星出天市垣吳越東，如杯，東南急行，至牽牛沒，青白，有尾跡，照地明。七月丙寅，星出壘壁陣西，如杯，南緩行，至濁沒，青白，有尾跡。戊辰，星出天關，如杯，東南緩行，至東井內沒，青白，有尾跡，照地明。己巳，星出天倉東，如太白，南速行，至天園沒，赤黃，有尾跡，照地明。八月庚辰，星出天市垣內宗正南，如太白，西南速行，入濁沒，赤黃，有尾跡。壬辰，星出羽林軍西，如杯，南緩行，入濁沒，青白，有尾跡，分迸，照地明。乙未，星出河鼓，如杯，南速行，至建沒，青白，有尾跡，照地明。九月甲辰，星出鈎陳東，如杯，北速行，入濁沒，赤黃，有尾跡，照地明。丙午，星出天苑南，如杯，南速行，入濁沒，青白，有尾跡，照地明。辛亥，星出天船西，如杯，西速行，穿北斗沒，赤黃，有尾跡，照地明。辛酉，星出鈎陳東，如杯，西南速行，至天紀沒，赤黃，有尾跡，照地明。丁卯，星出文昌西，如杯，西北速行，至王良沒，赤黃，有尾跡，照地明。十一月甲辰，出弧矢東，如盂，西南緩行，至天社沒，青白，有尾跡，照地明。辛酉，出軒轅南，如杯，南緩行，入濁沒，赤黃，有尾跡，照地明。

七年正月丁未，出角南，如太白，東南速行，至濁沒，青白。丁巳，出張南，如杯，西南緩行，至濁沒，赤黃，有尾跡。二月壬申，出天棓北，如杯，東北緩行，至造父沒，青白，有尾跡，照地明。辛卯，出軫北，如杯，東慢行，至角沒，青白，有尾跡，照地明。三月甲子，出西咸北，如杯，南急行，至氐沒，赤黃，有尾跡，照地明。四月壬申，出軒轅西，如太白，西北慢行，至五車沒，青白，有尾跡。又出漸臺南，如杯，東北急行，至天津沒，青白，有尾跡，照地明。丙戌，星出天市垣蜀星西，如杯，東北慢行，至候星沒，青白，有尾跡，照地明。六月辛未，星出輦道東，如太白，北急行，至鈎陳沒，赤黃，有尾跡。又星出狗國南，如太白，東北慢行，至天田南，曲尺東行，至天壘城沒，赤黃。己卯，星出天市垣內列肆西，如太白，西南慢行，入濁沒，赤黃色，有尾跡。庚辰，星出華蓋北，如杯，東北慢行，至天船沒，赤黃，有尾跡。乙酉，星出壘壁陣北，如太白，東南急行，入濁沒，赤黃，有尾跡。庚寅，星出梗河西，如太白，西南急行，至氐沒，赤黃，有尾跡。又星出五車北，如太白，東北急行，至北河沒，青黃，有尾跡，照地明。辛卯，星出危西，如太白，西南急行，至南斗沒，赤黃，有尾跡。壬辰，星出紫微垣牆內鉤陳北，如太白，西北急行，至北斗魁內沒，赤黃，有尾跡，照地明。七月甲寅，星出王良北，如盂，北慢行，至文昌沒，赤黃，有尾跡。丁巳，星出天津北，如太白，北急行，至紫微垣牆內沒，赤黃，有尾跡，照地明。戊午，星出大陵北，如太白，東北慢行，至濁沒，赤黃，有尾跡。壬戌，星出羽林軍東，如太白，東南急行，入濁沒，赤黃，有尾跡。癸亥，星出天倉，如杯，東南急行，入濁沒，青白，有尾跡。八月戊寅，星出北斗天樞南，如太白，東北慢行，至文昌沒，青白，有尾跡。癸未，星出羽林軍內，如杯，北慢行，至大陵沒，赤黃，有尾跡。乙酉，星出天紀西，如太白，東慢流，至奚仲沒，赤黃，有尾跡。九月丁酉，星出羽林軍南，如太白，南慢流，至濁沒，赤黃，有尾跡。辛丑，星出王良西，如太白，西北急流，至濁沒，有尾跡。丙午，星出天囷東，如太白，東急流，至九斿沒，青白，有尾跡，照地明。戊申，星出天倉北，如杯，東北慢流，至濁沒，青黃。甲子，星透雲出營室東，如太白，西南急流，至左旗沒，赤黃。十月丙子，星出天倉西，如杯，西南慢流，至敗臼沒，赤黃，尾跡分裂，照地明。又星出軫東，如杯，東南急流，至濁沒，赤黃，有尾跡，照地明。丙戌，星出五車，如杯，東北慢流，至濁沒，赤黃，有尾跡，照地明。戊子，星出天苑南，如太白，西南急流，至濁沒，赤黃，有尾跡。又星出右樞星東，如太白，東北慢流，至濁沒，青白。

八年正月壬子，星出貫索西，如杯，東北急流，至濁沒，赤黃，有尾跡，照地明。二月乙亥，星出七星，如太白，西緩行，至弧矢沒，赤黃，有尾跡。三月丁酉，星出積水東，如太白，西北速行，至五車東沒，赤黃，有尾跡。戊戌，星出貫索東，如太白，東北速行，至織女沒，赤黃，有尾跡。四月癸亥，星出北斗天樞北，如杯，北速行，至鉤陳沒，赤黃。閏四月癸巳，未昏，星出土司空南，如太白，西南速行，至天廟沒，赤黃，有尾跡，照地明。又星出心東，如杯，南速行，至濁沒，赤黃，照地明。五月壬戌，星出尾東，如太白，西南速行，至濁沒，赤黃，有尾跡。戊寅，星出文昌西，如太白，西北緩行，至濁沒，赤黃。六月癸巳，星出天市垣西牆西，如太白，西南緩行，入氐沒，赤黃。戊戌，星出天市垣齊星東，如太白，西南緩行，至濁沒，赤黃，有尾跡。又星出齊星北，如太白，西南速行，至天市垣內列肆沒，赤黃，有尾跡。又星出文昌東，如太白，北行至濁沒，赤黃，有尾跡，照地明。乙巳，星出北落師門南，如太白，南速行，至濁沒，赤黃。壬子，星出北斗魁東，如杯，北緩行，至濁沒，青白，有尾跡，照地明。七月辛酉，星出天津北，如太白，東北緩行，至天船沒，赤黃，有尾跡，照地明。庚午，星出北斗搖光西，如杯，北速行，至濁沒，赤黃。癸未，星出奎北，如太白，東北速行，至大將軍沒，赤黃，有尾跡。甲申，星出天市垣東，如太白，西南速行，至濁沒，赤黃。八月癸巳，星出壘壁陣南，如太白，南緩行，至濁沒，赤黃。九月壬戌，星出織女南，如太白，西南緩行，至濁沒，赤黃。乙丑，星出織女南，如太白，西北速行，至濁沒，赤黃，有尾跡。丙寅，星透雲出河鼓北，如太白，東南緩行，至危沒，赤黃。又星出天倉南，如太白，西南速行，至濁沒，赤黃，有尾跡。又星出中台東，如太白，東北速行，至濁沒，青白，有尾跡。十月壬辰，星出軍市西，如太白，西南速行，至濁沒，赤黃，有尾跡，照地明。乙未，星出弧矢西北，如杯，東南緩行，至濁沒，青白，有尾跡，照地明。丙申，星出大陵西，如杯，西北緩行，至閣道沒，青白。又星出五車西，如太白，北速行，至天船沒，青白，有尾跡。

九年正月丙子，星出七公北，如太白，東北急行，至濁沒，赤黃，有尾跡。己卯，星出天船東，如杯，西北急行，至天大將軍沒，赤黃，有尾跡，照地明。三月甲子，星透雲出天市垣內宗正西，如太白，西北慢行，至太微垣內五帝坐沒，赤黃，有尾跡。又星透雲出紫微垣西，如杯，西北急行，至濁沒，赤黃，有尾跡，照地明。丙子，星出卷舌東，如太白，南慢行，至濁沒，赤黃，有尾跡。四月庚寅，星出天市垣，如杯，北急行，至紫微垣沒，青白，有尾跡，照地明。辛亥，星出心南，如太白，南急行，入濁沒，赤黃，有尾跡。五月庚申，星出天津，如杯，東南慢行，入濁沒，赤黄，有尾跡，照地明。丁丑，星出尾北，如太白，東南急行，入濁沒，赤黄，有尾跡。戊寅，星出心南，如太白，南急行，入濁沒，赤黄。壬午，星出天津北，如太白，西南急行，至天江沒，赤黄，有尾跡。六月丙戌，星出華蓋西，如太白，西北急行，至濁沒，赤黄，有尾跡。戊子，星出車府東，如太白，東南急行，至濁沒，赤黄，有尾跡。壬辰，星出牽牛東，如太白，南慢行，至濁沒，赤黄，有尾跡，照地明。甲辰，星出閣道北，如杯，西南急行，至鉤陳沒，赤黄，有尾跡，照地明。乙巳，星透雲出虛南，如太白，南急行，入濁沒，赤黄，有尾跡。丙午，星出東壁北，如杯，南急流，至羽林軍沒，赤黄，有尾跡。己酉，星出閣道南，如太白，西急行，至車府沒，赤黄，有尾跡。辛亥，星出天市垣內斛星南，如太白，東南急流，至建沒，赤黄，有尾跡。又星出北斗內大理北，如太白，東北急行，至濁沒，赤黄，有尾跡。又星出天槍南，如太白，西南急行，至濁沒，赤黄，有尾跡，照地明。癸丑，星出天棓南，如太白，東南慢行，至天津沒，赤黄，有尾跡。七月乙卯，星出羽林軍西，如太白，西南急行，至濁沒，赤黄，有尾跡。戊寅，星出外屏西，如太白，東北急行，至天囷沒，赤黄，有尾跡。壬午，星出王良西，如杯，東北慢行，至濁沒，青白，有尾跡。八月戊子，星出大角東，如太白，南緩行，至氐沒，赤黄，有尾跡。又星出王良北，如太白，西北急流，至天津沒，青白，有尾跡。壬寅，星出危北，如杯，西南急流，至濁沒，赤黄，有尾跡，照地明。甲辰，星出梗河南，如太白，西急流，至濁沒，青白，有尾跡，照地明。戊申，星出外屏北，如太白，南急流，至土司空沒，赤黃，有尾跡。辛亥，星出營室西，如太白，南急流，至墳墓沒，赤黃。壬子，星出參西，如太白，東南急流，至狼星沒，赤黃，有尾跡，照地明。又星出紫微垣內後宮東，如杯，北急流，至濁沒，赤黃，有尾跡，照地明。癸丑，星出天大將軍，如太白，急流至造父沒，赤黃，有尾跡，照地明。九月丁巳，星出昴北，如杯，東北急流，至五車沒，赤黃，有尾跡。又星出紫微垣少輔東，如杯，西北急流，至濁沒，赤黃，有尾跡，照地明。戊午，星出南河東，如歲星，東慢流，至七星沒，赤黃，有尾跡。辛酉，星出牽牛西，如太白，東慢流，至危沒，赤黃，有尾跡。戊辰，星出王良西，如太白，西北慢流，至北斗沒，青白，有尾跡。丁丑，星出危西，如太白，南慢流，至牽牛沒，青白，有尾跡。庚辰，星出紫微垣牆右樞北，如太白，北急流，至濁沒，赤黃，有尾跡，照地明。十月己酉，星出天囷西，如太白，東南緩行，至天苑沒，赤黃，有尾跡。己丑，星出昴南，如太白，西北緩行，至內階沒，赤黃，有尾跡，照地明。庚子，星出五車西，如杯，緩行至鉤陳沒，赤黃。辛丑，星出屏星，如盂，向東速行，入濁沒，赤黃，有尾跡，照地明。癸卯，星出天倉北，如太白，東北緩行，至天囷沒，赤黃，有尾跡。丁未，星出柳東，如太白，東速行，入濁沒，青白，有尾跡。十一月甲寅，星出參旗西，如太白，南緩行，至天苑內沒，赤黃，有尾跡。庚午，星出弧矢東，如太白，東南緩行，入濁沒，赤黃，有尾跡。十二月癸未，星出天苑東，如太白，西南緩行，至濁沒，赤黄，有尾跡。庚子，星出婁東，如杯，西南緩行，至濁沒，青白，有尾跡，照地明。甲辰，星出軍井西，如太白，南緩行，至天囷沒，赤黄，有尾跡。

十年正月丁丑，星出紫微垣内相南，如太白，南緩行，至太微垣右執法沒，赤黄，有尾跡。辛巳，星出參西，如太白，西南速行，至天苑沒，赤黄，有尾跡。二月丙戌，星出五車大星西，如太白，赤黄色，北急流，至大陵沒，有尾跡。癸巳，星透雲出北斗北，如太白，速行入濁沒，青白，有尾跡。戊申，星出天弁東南，如杯，東速行，入濁沒，赤黄，有尾跡，明燭地。三月丁巳，星出右樞東，如太白，東北速行，至濁沒，赤黄，有尾跡。四月甲申，星出河鼓北，如太白，東速行，至濁沒，青白，有尾跡。甲辰，星出郎位北，如太白，西急流，至下台南沒，赤黄，明燭地。己酉，星出積卒北，如杯，南急流，至濁沒，青白，有尾跡，明燭地。又星出太微垣内屏南，如太白，西南慢流，至翼南沒，赤黄，有尾跡，照地明。五月甲戌，星出庫樓北，如太白，西南慢流，至濁沒，赤黄。乙亥，星出五車西南，如太白，西北急流，至文昌沒，赤黄，有尾跡。丁丑，星出天市垣内候北，如太白，東北急流，至左旗沒，赤黄，有尾跡。六月辛丑，星出天市垣西，如杯，西北急流，至右攝提沒，赤黄，有尾跡，照地明。乙巳，星出王良東，如太白，西北急行，至紫微垣内鈎陳沒，赤黄，有尾跡。丙午，星出天鷄南，如太白，南慢流，至濁沒，青白，有尾跡。戊申，星出南斗南，如太白，東南急流，至濁沒，赤黄，有尾跡。七月庚戌，星透雲出北斗南，如太白，西南急流，至氐宿沒，赤黃，有尾跡。又星出天市垣內宗人東，如太白，南急流，至尾沒，赤黃，有尾跡。甲寅，星透雲出氐，如太白，西北急流，至濁沒，赤黃，有尾跡。乙亥，星出人星西南，如太白，西北急流，至織女沒，赤黃，有尾跡。八月己卯，星出左攝提東，如杯，東慢流，至天大將軍沒，赤黃，有尾跡，照地明。壬午，星出鈎陳東，如太白，東北慢流，至濁沒，青白，有尾跡，照地明。壬辰，星出天船西，如太白，西慢流，至紫微垣沒，赤黃，有尾跡。甲辰，星出軍市西，如太白，東南慢流，至濁沒，青白，有尾跡，照地明。九月庚戌，星出內階北，如杯，北慢流，至文昌沒，青白，有尾跡，照地明。戊辰，星透雲出織女，如太白，西北急流，至紫微垣內北極沒，赤黃，有尾跡，照地明。又星出紫微垣內北極東，如太白，北急流，至濁沒，青白，有尾跡。己巳，星出司怪西，如太白，東北急流，至濁沒，赤黃，有尾跡，照地明。庚午，星出天船北，如太白，西北急流，至紫微垣內階沒，青白，有尾跡。壬申，星出紫微垣少尉東，如杯，北急流，至濁沒，青白，有尾跡，照地明。丙子，星出河鼓北，如太白，西急行，至濁沒，青白，有尾跡。十月己卯，星出七星北，如太白，東急行，至濁沒，赤黃。乙酉，星出天紀北，如杯，西慢行，至濁沒，赤黃，有尾跡，照地明。丁亥，星出昴南，如杯，西急行，至營室北沒，赤黃，有尾跡，照地明。又星出東井北，如杯，東急行至軒轅沒，赤黃，有尾跡，照地明。辛卯，星出天棓北，如太白，北急流，至濁沒，赤黃，有尾跡。己亥，星出霹靂北，如太白，西北急行，至濁沒，赤黃，有尾跡，照地明。庚子，星出紫微垣內，如太白，北急流，至濁沒，青白，照地明。辛丑，星出軒轅西第三星北，如杯，東南慢流，至天狗沒，赤黃，有尾跡，照地明。乙巳，星出紫微垣內鈎陳東，如太白，東北慢行，至濁沒，青白。十一月癸丑，星出天廟西，如太白，西南急行，至濁沒，赤黃，有尾跡，照地明。甲寅，星出天廚北，如杯，西行至天棓沒，赤黃。又星出天船北，如太白，西北急行，至騰蛇沒，赤黃，有尾跡，照地明。乙卯，星出紫微垣內五帝坐南，如太白，東北急行，至角沒，青白，有尾跡。十二月甲申，星出天廟東南，如杯，南急行，至濁沒，赤黃，有尾跡。

宋史卷五十九

志第十二

天文十二

流隕三

元豐元年正月丁卯，星出天紀，向南速行，至天社北沒，赤黃。庚午，星出天紀南，如太白，西南慢行，至天社沒，赤黃，有尾跡。閏正月壬寅，星出紫微垣內鈎陳北，如杯，北慢行，至濁沒，青白，有尾跡。甲辰，星出柳北，如杯，西急行，至天廩沒，赤黃，有尾跡，照地明。二月己酉，星出太微垣內，如杯，西南急行，至翼沒，有尾跡，照地明。癸亥，星出角南，如杯，西南急行，至土司空沒，青白。三月丁酉，星出箕東，如杯，西南急行，至濁沒，赤黃，有尾跡，照地明。四月丙寅，星出閣道東，如杯，北急行，入濁沒，赤黃，有尾跡，照地明。六月甲辰，東南方光燭地，有星如盂，出瓠瓜，至內階沒，分裂，有聲如雷。己巳，星出左攝提西，如太白，西南急行，至太微垣內五諸侯沒，赤黃，有尾跡，照地明。辛未，星出外屏北，如太白，東北慢行，至濁沒，青白，有尾跡。七月甲申夕，星出大角南，如太白，北慢行，至北斗沒，赤黃，有尾跡。庚子，星出天市垣內列肆東，如杯，西慢行，至亢沒，青白，有尾跡。八月己酉，星出紫微垣內陰德南，如杯，北急行，至濁沒，赤黃，有尾跡，照地明。乙卯，星出營室北，如盂，西北慢行，至濁沒，赤黃，有尾跡，照地明。丙辰，星出貫索西北，如太白，西慢行，至濁沒，青白，有尾跡。甲子，星隔雲照地明，東北急行，至濁沒。九月庚辰，星出鉤陳北，如杯，西北急行，至濁沒，赤黃，有尾跡。甲申，星出七公北，如太白，西北慢行，至濁沒，青白，有尾跡。己亥，星出天囷南，如杯，東南慢行，至濁沒，青白，有尾跡，照地明。又星出東井西，如杯，東北急行，至濁沒，赤黃，有尾跡，照地明。十月乙巳，星出天津北，如太白，西北急行，至天棓沒，赤黃，有尾跡，照地明。十二月丙寅，星出北河北，如杯，東南急行，至弧矢沒，赤黃，有尾跡，照地明。

二年三月戊子，星出氐內，如太白，東北緩行，至天市垣內候星沒，赤黃，有尾跡，照地明。五月戊辰，星出軫中，如太白，西速行，至濁沒，赤黃，有尾跡，照地明。庚午，星出天廚東，如太白，東北速行，至天津沒，赤黃，有尾跡，照地明。甲午，星出氐南，如太白，南速行，至濁沒，青白。丙申，星出織女北，如杯，北速行，至紫微垣內太子沒，赤黃，有尾跡，照地明。丁酉，星出紫微垣上宰北，如杯，北速行，至右樞沒，青白，照地明。六月戊戌，星出尾東，如杯，南速行，至濁沒，青白，照地明。庚子，星出危東，如杯，東緩行，至濁沒，青白，有尾跡，照地明。七月乙巳，星出雷電北，如太白，東速行，至霹靂，赤黃，有尾跡。庚子，星出氐北，如杯，西速行，至濁沒，青白，照地明。庚寅，星出天津西，如杯，南急行，至河鼓沒，赤黃，有尾跡，照地明。八月癸卯，星出天囷西，如太白，東南速行，至濁沒，赤黃，有尾跡。九月戊辰，星出天弁，如太白，西南速行，至天市垣沒，青白，有尾跡，照地明。十月丁未，星出天船北，如太白，西南速行，至營室沒，青白，有尾跡。乙卯，星出北斗西，如太白，東北速行，至濁沒，赤黃，有尾跡。十二月壬子，星出輿鬼東，如太白，東北速行，至軒轅沒，赤黃，有尾跡，照地明。

三年正月癸未，星出右攝提西，如太白，青白色，東北速行，至濁沒，有尾跡。二月辛丑，星出弧矢南，如太白，東南速行，至濁沒，青白，有尾跡。五月庚午，星出尾南，如太白，南速行，至濁沒，青白，有尾跡。辛未，星出中台北，如太白，東南緩行，至天江沒，赤黃。丁丑，星出織女西，如杯，東北速行，至濁沒，青白，有尾跡。六月己亥，星出南斗南，如杯，南速行，至鼊星沒，青白，有尾跡，照地明。壬子，星出天津東，如杯，東速行，至濁沒，青白，有尾跡，照地明。七月甲子，星出天棓，如杯，北急行，至濁沒，赤黄，有尾跡。丙寅，星出天棓北，如杯，西南急流，至濁沒，赤黄，有尾跡，照地明。己丑，星出北斗西，如太白，東北急流，至濁沒，赤黄，有尾跡，照地明。八月乙卯，星出天囷北，如太白，東南慢流，至弧矢沒，赤黄，有尾跡，照地明。戊午，星出紫微垣內大理西，如太白，北慢流，至濁沒，青白，有尾跡。閏九月辛卯，星出輿鬼南，如杯，急流至軒轅沒，赤黄，有尾跡，照地明。庚戌，星出紫微垣內鉤陳北，如太白，北急流，至天棓沒，青白，照地明。十月庚申，星出狼東，如太白，東南急流，至濁沒，青白，有尾跡，照地明。十一月丙辰，星出廁星東，如太白，東南慢流，至濁沒，青白。

四年正月戊戌，星出五車北，如杯，西南急流，至天囷沒，赤黄，有尾跡，分裂。六月戊寅，星出紫微垣內廚南，如太白，南慢流，至大角沒，赤黄，有尾跡。八月丁巳，星出壁壘陣南，如杯，西南慢流，至濁沒，青白，有尾跡，照地明。癸亥，星出文昌北，如太白，東北慢流，至濁沒，青白，有尾跡。癸酉，星出貫索南，如太白，東南至天市垣秦星沒，赤黄色，有尾跡，照地明。戊寅，星出婁，大如太白，東急流，至濁沒，青白。己卯，星出文昌西，如太白，北慢流，至紫微垣內鉤陳沒，赤黄，有尾跡。九月己酉，星出天街，如杯，北急行，穿五車北沒，赤黄，有尾跡，照地明。庚戌，星出天倉南，如太白，南急行，至濁沒，赤黄，有尾跡，照地明。十一月己丑，星出紫微垣內六甲，如太白，東北慢行，入濁沒，赤黄，有尾跡，照地明。乙未，星出鈎陳北，如太白，東北慢行，至濁沒，赤黃，有尾跡，照地明。

五年四月庚申，星出角東，如太白，東南急行，至濁沒，赤黃。辛未，星出紫微垣內鈎陳北，如太白，急行至濁沒，青白。五月己丑，星出天津西，如太白，西北急行，至紫微垣內鈎陳沒，赤黃，有尾跡。六月丁卯，星出天槍東，如太白，西急行，至天罇沒，赤黃，有尾跡，照地明。己卯，星出郎位，如太白，東南急行，至濁沒，赤黃，有尾跡，照地明。七月辛巳，星出天市垣內列肆西北，如杯，西急行，至濁沒，赤黃，有尾跡，照地明。十月庚戌，星出參南，如太白，東南急行，至濁沒，青白。辛亥，星出參旗南，如杯，東急行，至軍井沒，青白，有尾跡。甲寅，星出騰蛇西，如太白，南速行，入虛沒，赤黃，有尾跡，照地明。甲子，星出中台南，如太白，東北速行，至濁沒，赤黃，有尾跡。十一月辛巳，星出五車西南，如太白，西北速行，入雲沒，赤黃，有尾跡，照地明。甲申，星出天津北，如太白，東北速行，至紫微垣內鈎陳沒，赤黃，有尾跡。十二月庚申，星出東壁西，如太白，西南速行，至濁沒，赤黃，有尾跡。戊辰，星出畢南，如太白，西南速行，至濁沒，赤黃。壬申，星出中台北，如太白，東北速行，至濁沒，赤黃。

六年四月辛酉，星出軒轅西南，如杯，西緩行，至天罇沒，青白，有尾跡，照地明。閏六月丙子，星出貫索東北，如杯，西南急行，至濁沒，青白，有尾跡，照地明。戊寅，星出貫索西，如盂，西緩行，至濁沒，赤黃，有尾跡，照地明。己卯，星出天槍東，如太白，西南急行，至濁沒赤黃，有尾跡。癸卯，星出壁壘陣西南，如太白，西南慢行，至濁沒，青白，有尾跡，照地明。八月癸巳，星透雲出王良南，如太白，西南急行，至室沒，青白，有尾跡。甲午，星出螣蛇北，如太白，西北急行，至濁沒，青白，有尾跡。丙申，星出天船北，如太白，西北急流，至文昌沒，赤黃，有尾跡，照地明。九月癸卯，星出五車東，如杯，北急行，至濁沒，赤黃，照地明。乙巳，星出輿鬼東北，如太白，西北速行，至紫微垣內文昌沒，赤黃，有尾跡，照地明。庚申，星出危北，如太白，西南急行，至牽牛沒，赤黃，有尾跡。乙丑，星出織女西南，如太白，西北急行，至濁沒，青白，有尾跡。十月辛丑，星出大角西，如太白，南慢行，至角距星沒，青白，有尾跡，照地明。

七年四月辛未，星出牛星東，如杯，西南慢行，至濁沒，赤黃，有尾跡。丙子，星出亢，如太白，西南急行，至角沒，赤黃，有尾跡，照地明。六月庚辰，星出天棓南，如太白，西南急行，入天市垣內候星沒，青白，有尾跡。癸巳，星出紫微垣東，如杯，東北流行，至濁沒，赤黃，有尾跡。戊子，星出王良西，如杯，西北速行，至女牀沒，赤黃，有尾跡，照地明。丁酉，星出鼈星南，如太白，東南急行，至濁沒，赤黃，有尾跡，照地明。七月丙午，星出閣道北，如杯，北慢行，至濁沒，青白。己未，星出胃東，如太白，東急行，至濁沒，青白，有尾跡。八月辛未，星出文昌東，如太白，西北速行，至濁沒，青白，有尾跡，照地明。癸巳，星出天津東，如太白，西南急流，至河鼓沒，青白，有尾跡。十一月乙卯，星出虛南，如杯，西南急行，至濁沒，赤黃，有尾跡，照地明。丁巳，星出七星東，如太白，東南急行，入濁沒，赤黃，有尾跡，照地明。

八年正月丙午，星透雲出角南，如杯，東南速行，至濁沒，赤黃，有尾跡，照地明。二月丙寅，星出婁南，如太白，西速行，至濁沒，赤黃，有尾跡。庚辰，星出太微垣左執法北，如太白，東南速行，至濁沒，赤黃，有尾跡。癸巳，星出紫微垣內鉤陳東，如盂，西北速行，至濁沒，青白，有尾跡，照地明。六月己丑，星出右旗西，如杯，向南急流，至濁沒，青白，有尾跡，明燭地。七月庚申，星出胃宿，如杯，急流至天囷沒，青白，有尾跡，明燭地。十月壬申，透雲星出王良西，如太白，急流至織女北沒，赤黃，有尾跡，明燭地。丁丑，透雲星出天囷南，如太白，東南慢流，至濁沒，青白，有尾跡。戊子，透雲星出奎東，如太白，西北急流，至濁沒，赤黃，有尾跡，明燭地。庚寅，星出昴南，如太白，急流至濁沒，青白，有尾跡，明燭地。十二月乙巳，星出紫微垣鉤陳東，如太白，向北速行，至太子沒，黃赤，有尾跡，明燭地。

元祐元年正月癸巳，星出狼星南，向東南急流，至濁沒，赤黃，有尾跡，明燭地。癸丑，透雲星出近軫南，如太白，東南急流，至濁沒，青白，有尾跡，明燭地。二月丙戌，透雲星出近紫微垣文昌西，向西北急流，至王良北沒，赤黃，有尾跡，明燭地。又星出上台北，向西北急流，至王良南沒，赤黃，有尾跡，明燭地。閏二月庚戌，星出五車南，向西北慢流，至濁沒，青白。五月壬申，星出女北，向東急流，至虛亰沒，青白，有尾跡，明燭地。六月甲辰，星出天津西，如太白，西南急流，至尾北沒，赤黃，有尾跡，明燭地。七月丁巳，星出墳墓東，如太白，慢流至壁南沒，青白，有尾跡，明燭地。九月庚申，星出天苑南，如太白，向南急流，入濁沒，赤黃，有尾跡，明燭地。壬戌，星出天津北，如太白，西北急流，至濁沒，赤黃，有尾跡。十月庚寅，星出羽林軍南，如太白，西南急流，至濁沒，赤黃，有尾跡。辛丑，透雲星出近五車西，如太白，西南急流，至天囷北沒，青白，有尾跡。丙午，星出室南，如太白，西南急流，至濁沒，赤黃，有尾跡，明燭地。戊申，星出紫微垣北，如太白，西北急流，至濁沒，青白，有尾跡。十二月庚寅，星出天苑南，如太白，東北急流，至濁沒，赤黃，有尾跡。

二年正月癸酉，星出柳南，如杯，東南急流，至濁沒，赤黃，有尾跡，照地明。辛巳，星出軫南，如杯，向南急流，至濁沒，赤黃，有尾跡，照地明。壬子，星出柱史西，如盂，西北急流，至鈎陳東沒，赤黃，有尾跡。四月丙午，星出天棓南，如太白，東北急流，至天津沒，赤黃，有尾跡，照地明。六月壬寅，星出文昌東，如杯，向北急流，至濁沒，赤黃，有尾跡，照地明。九月甲寅，星出天市垣中山北，如太白，向西急流，至天紀西沒，赤黃，有尾跡，照地明。丁丑，星出雷電南，如太白，向西急流，入天市垣內至宗正東沒，赤黃，有尾跡，照地明。

三年三月己酉，星出亢南，如杯，向南慢行，至濁沒，赤黃，有尾跡，照地明。六月壬午晝酉時八刻後，星出西南甲位，如盂，向東急流，至卯位沒，青白，有尾跡。庚子，星出壁南，如杯，東南急流，入羽林軍內沒，赤黃，有尾跡，照地明。甲辰，星出天市垣魏星西，如太白，西北急流，至梗河西沒，赤黃，有尾跡。又有星出霹靂南，如杯，東南急流，至羽林軍東沒，赤黃，有尾跡，照地明。八月癸巳夕，有星自中天向東急流，至濁沒，青白，有尾跡，照地明。十一月戊申，星出北斗天璇，如杯，流至南河沒，赤黃，有尾跡，照地明。閏十二月甲子，星出天廚北，如太白，向北急流，至濁沒，赤黃，有尾跡。

四年二月己酉，星出五諸侯西，如太白，急流至五車北沒，赤黃，有尾跡，明燭地。三月戊戌，星透雲出織女東，如太白，速行至天津西沒，赤黃，明燭地。己亥，星透雲出氐西，如太白，速行至濁沒，赤黃，有尾跡，明燭地。四月壬寅，星出車肆南，如太白，速行至濁沒，青白，有尾跡，明燭地。五月癸巳，星出天弁南，如太白，速行至尾北沒，赤黃，有尾跡，明燭地。八月甲辰，星出天津東，如太白，慢流至霹靂東沒，青白，有尾跡。九月己巳，星出天津東南，如太白，速行至女牀西北沒，赤黃，有尾跡，明燭地。壬午，星透雲出天棓北，如太白，速行至濁沒，赤黃，有尾跡。十月丁巳，星出天津東南，如太白，速行至濁沒，赤黃，有尾跡，明燭地。十一月乙酉，星出司怪西南，如杯，慢流至參旗沒，赤黃，有尾跡。

五年正月己酉，星出右攝提，如杯，西北緩行，至濁沒，青白，有尾跡，明燭地。四月癸丑，星出天廚，如太白，急流北至濁沒，赤黃，有尾跡，明燭地。又星出天棓，如杯，急流北至濁沒，青白，有尾跡，明燭地。又星出天市垣斗星西北，如杯，急流至北斗西沒，青白，有尾跡，明燭地。五月癸酉，星出文昌，如太白，急流北至濁沒，赤黃，有尾跡，明燭地。六月庚申，星出室北，如太白，東北緩行，至濁沒，青白，有尾跡。辛酉，星出氐，如太白，西北急流，至濁沒，青白，有尾跡。又星出紫微垣少尉，如太白，西北急流，至濁沒，赤黃，有尾跡，明燭地。七月辛未，星出危，如太白，東南急流，至濁沒，青白，有尾跡，明燭地。癸未，星出天市垣屠肆西，如太白，急流西至貫索南沒，赤黃，有尾跡，明燭地。丁亥，星出自天市垣市西，如太白，西南急流，至心沒，赤黃，有尾跡，明燭地。八月甲午，星出房西，如太白，東南急流，至心沒，赤黃，有尾跡，明燭地。庚子，星出內廚，如太白，急流至文昌北沒，赤黃，有尾跡，明燭地。癸卯，星出八穀西，如太白，東北急流，至濁沒，青白，有尾跡。九月辛巳，星出軍市西，如太白，東南急流，至濁沒，赤黃，有尾跡。乙酉，星出漸臺西，如太白，急流至濁沒，青白，有尾跡。辛卯，星出羽林軍內，如太白，西南急流，至濁沒，赤黃，有尾跡，明燭地。十月甲午，星出柳，如杯，緩北行，至濁沒，有尾跡，明燭地。己未，星出車府西，如太白，急流北至天津西南沒，青白，有尾跡，明燭地。又星出紫微垣柱史南，如杯，西南緩行，至天津東沒，赤黃，有尾跡，明燭地。十一月壬戌，星出紫微垣內極星北，如太白，急流北，至濁沒，青白，有尾跡。十二月己亥，星出柳，如太白，西北流，至北河沒，赤黃，有尾跡，明燭地。丙辰，星出卷舌西，如太白，急流西，至濁沒，青白，有尾跡。

六年二月辛丑，星出翼東，如杯，東南急流，至濁沒，赤黃，有尾跡，明燭地。丙辰，星透雲出郎將西，如太白，東北速行，至紫微垣內少尉沒，赤黃，有尾跡，明燭地。五月乙酉，星出天市垣內宗人南，如杯，西北急流，至宋星南沒，赤黃，有尾跡，明燭地。丁亥，星出貫索東，如太白，東南急流，至候東沒，赤黃，有尾跡。六月丙辰，星透雲出太微垣內郎位北，如太白，西南急流，至濁沒，赤黃，有尾跡。七月癸亥，透雲星二，皆如太白：一出天槍東，西南急流，至亢東沒；一出奎東，西南急流，至壁壘陣東沒　赤黃，有尾跡。九月甲寅，星出天津北，如太白，東北慢流，至內階沒，赤黃，有尾跡，明燭地。十月壬戌，星出婁南，如太白，東南慢流，至天苑沒，赤黃，有尾跡，明燭地。丁卯，星出東北方，如杯，急流至濁沒，赤黃，有尾跡。又星出王良南，如太白，東南急流，至濁沒，赤黃，有尾跡，明燭地。

七年二月戊午，星出敗瓜東南，如太白，急流至虛東沒，赤黃，有尾跡，明燭地。甲戌，星出平星西，如太白，急流至濁沒，赤黃，有尾跡。己卯，星出紫微垣帝星西北，如杯，急流至濁沒，青白，有尾跡，明燭地。癸未，星出心東，如太白，急流至尾南沒，青白，有尾跡，明燭地。三月辛亥，星出北極天樞北，如太白，急流至濁沒，青白，有尾跡，明燭地。四月癸亥，星出輦道東，如太白，急流至濁沒，青白，有尾跡，明燭地。甲子，透雲星出天市垣燕星南，如太白，急流至濁沒，赤黃，有尾跡。辛巳，星出牛西北，如杯，急流至壁壘陣西沒，青白，有尾跡，明燭地。六月庚午，星出騰蛇南，如太白，急流至匏瓜東北沒，赤黃，有尾跡，明燭地。乙亥，星出閣道東，如太白，急流至天船北沒，赤黃，有尾跡，明燭地。八月辛未，星出奎距星西南，如太白，急流至濁沒，青白，有尾跡，明燭地。九月甲辰，星出參旗西，如太白，急流至參東南沒，青白，有尾跡，明燭地。

八年正月甲申，星出天市垣內候南，如杯，東南急流，至箕南沒，赤黃，有尾跡，明燭地。三月庚寅，透雲星出左攝提東南，如太白，東北慢流，至濁沒，青白，有尾跡。又星出天市垣內，如太白，東北急流，至漸臺南沒，赤黃，有尾跡，明燭地。五月辛丑，透雲星出紫微垣天廚西，如太白，向北急流，至濁沒，青白，有尾跡，明燭地。六月庚申，星出氐北，如太白，慢流至角西沒，赤黃，有尾跡，明燭地。八月壬戌，星出中天，如太白，東南急流，至濁沒，青白，有尾跡。庚午，星出五車北，如太白，東北急流，至濁沒，赤黃，有尾跡，明燭地。九月辛卯，星出紫微垣，如杯，向南急流，青白，有尾跡，明燭地，至五車內沒。乙未，透雲星出羽林軍南，如太白，東南急流，至濁沒，赤黃，有尾跡，明燭地。丁酉，星出敗瓜西，如太白，西南急流，至天弁北沒，赤黃，有尾跡，明燭地。又星出王良北，如太白，向北急流，至上輔西北沒，青白，有尾跡。己亥，透雲星出天苑南，如太白，東南急流，至濁沒，赤黃，有尾跡，明燭地。癸卯，星出天苑西南，如太白，西南急流，至濁沒，赤黃，有尾跡，明燭地。十月乙巳，星出營室北，如太白，西南急流，至左旗北沒，赤黃，有尾跡，明燭地。戊申，星出天棓東南，如杯，北流，至濁沒，赤黃，有尾跡，明燭地。又星出壁西，如太白，向南慢流，至羽林軍沒，青白，有尾跡，明燭地。

紹聖元年正月壬午晝，星出中天，如太白，西南急流，入濁沒，赤黃。丙戌，星出鉤陳北，如杯，東北急流，至北斗沒，赤黃，有尾跡，明燭地。丁酉，透雲星出北斗搖光西，如太白，西北速行，至鉤陳沒，赤黃，有尾跡，明燭地。二月丙午，透雲星出壁東，如杯，西南慢流，入濁沒，青白，有尾跡。庚午，星出紫微垣內天槍西南，如杯，急流入濁沒，赤黃，有尾跡，明燭地。四月辛酉，星出北斗搖光南，如太白，向南急流，至大角沒，赤黃，有尾跡，明燭地。六月癸酉，星出人星南，如太白，急流至牛沒，赤黃，有尾跡，明燭地。丁丑晝，有飛星出東南，如太白，西北急流，至中天沒，青白，有尾跡，明燭地。乙未，星出牛東南，如太白，西南速行，入濁沒，赤黃，有尾跡，明燭地。丙申，透雲星出室北，如太白，西南速行，入天市垣，至宗正西沒，赤黃，有尾跡。八月戊戌，星出奎南，如太白，東南速行，至天囷沒，赤黃，有尾跡，明燭地。九月庚子，星出天囷南，如太白，急流至九州殊口沒，赤黃，有尾跡，明燭地。丁巳，透雲星出羽林軍南，如太白，西南急流，入濁沒，赤黃，有尾跡，明燭地。辛酉，星出天弁西，如太白，慢行至濁沒，赤黃，有尾跡，明燭地。丙寅，星出室東，如太白，急流至濁沒，青白。戊辰，星出紫微垣內鉤陳南，如杯，急流至濁沒，赤黃，有尾跡，明燭地。十月己巳，星出紫微垣內，如太白，慢行至濁沒，青白，有尾跡。癸酉，星出軒轅，如太白，急流至濁沒，赤黃，有尾跡，明燭地。甲申，星出天倉〔一〕南，如太白，慢行至上台沒，赤黃，有尾跡，明燭地。辛卯，星出鬼東，如太白，急流至濁沒，赤黃，有尾跡，明燭地。十一月庚子，星出北斗天樞西北，如杯，急流至濁沒，赤黃，有尾跡，明燭地。壬戌，星出星宿，如太白，急流至天稷西沒，赤黃，有尾跡，明燭地。又星出天廟南，如杯，慢行至濁沒，青白，照地明。十二月辛未，透雲星出柳西，如太白，東南速行，至張沒，赤黃，有尾跡，明燭地。壬申，星出天廚，如太白，急流至濁沒，青白，有尾跡。

二年三月丁未，星出危西，如杯，西急流，至敗瓜南沒，赤黃，有尾跡，明燭地。丙辰，星出天津東北，如杯，向東慢流，至室北沒，青白，有尾跡，明燭地。四月甲申，透雲星出上台南，如太白，西北慢流，至濁沒，赤黃，有尾跡，明燭地。五月癸卯，星出漸臺東，如太白，東北急流，至人星南沒，赤黃，有尾跡，明燭地。甲寅，星出閣道東北，如太白，東北急流，至濁沒，青白，有尾跡，明燭地。辛酉，透雲星出建西北，如太白，西南急流，至箕宿南沒，赤黃，有尾跡，明燭地。六月壬午，透雲星出壁壘陣北，如太白，東南急流，至濁沒，青白，有尾跡，明燭地。七月辛丑，星出九州殊口東，如太白，東南慢流，至濁沒，赤黃，有尾跡，明燭地。乙巳，星出天棓北，如杯，東北急流，至內階東沒，赤黃，有尾跡，明燭地。庚申，星出天槍西南，如太白，西南急流，至濁沒，青白，有尾跡，明燭地。九月乙未，星出北斗天樞西南，如太白，東北急流，至濁沒，青白，有尾跡，明燭地。丁酉，星出左更東，如杯，東北急流，至上台西沒，赤黃，有尾跡，明燭地。庚戌，星出外廚西南，如太白，西北急流，至濁沒，赤黃，有尾跡，明燭地。十月癸亥，星出廁星東，如太白，東南急流，至濁沒，青白，有尾跡，明燭地。甲子，星出韓道東，如太白，西南慢流，至漸臺南沒，赤黃，有尾跡。又星出騰蛇西北，如太白，西北急流，至濁沒，青白，有尾跡，明燭地。丙寅，星出天倉南，如太白，向南急流，至濁沒，赤黃，有尾跡，明燭地。戊辰，星出昴東南，如太白，向西急流，至天陰西沒，青白，有尾跡，明燭地。甲戌，星出壁南，如太白，向東南急流，至天倉南沒，赤黃，有尾跡，明燭地。丙戌，透雲星出參旗北，如太白，向東慢流，至觜北沒，赤黃，有尾跡。丁亥，透雲星出婁東，如杯，向東急流，至胃北沒，青白，有尾跡，明燭地。庚寅，透雲星出張南，如太白，東南急流，至濁沒，赤黃，有尾跡，明燭地。十一月癸巳，星出外屏西，如太白，西南急流，至羽林軍西沒，赤黃，有尾跡，明燭地。庚申，星出外屏西南，如太白，西北慢流，至濁沒，赤黃，有尾跡。十二月甲子，透雲星出中天，如杯，西南急流，至濁沒，赤黃，有尾跡，明燭地。戊辰，透雲星出五車北，如太白，西北急流，至濁沒，青白，有尾跡，明燭地。

三年二月丙子，透雲星出太微垣，如太白，慢流至濁沒，赤黃，有尾跡。四月庚申，星出貫索西南，如太白，急流至女牀東沒，赤黃，有尾跡，明燭地。五月乙未，星出平星西，如杯，急流至濁沒，青白，有尾跡，明燭地。辛丑，星出天棓南，如太白，急流至漸臺東南沒，赤黃，有尾跡。六月壬戌，星出女牀南，如太白，急流至織女西沒，赤黃，有尾跡，明燭地。七月癸丑，星出室北，如太白，急流至天倉東北沒，赤黃，有尾跡，明燭地。乙卯，透雲星出危南，如太白，急流至濁沒，赤黃，有尾跡，明燭地。丁巳，星出左更東，如太白，慢流至觜北沒，青白，有尾跡，明燭地。八月癸亥，星出天津南，如太白，急流至天棓北沒，赤黃，有尾跡。乙酉，星出天倉南，如太白，慢流至濁沒，青白，有尾跡，明燭地。九月乙未，星出七公北，如太白，慢流至角北沒，青白，有尾跡，明燭地。丁未，星出五車西北，如太白，急流至文昌南沒，青白，有尾跡，明燭地。辛亥，星出右更西，如太白，急流至壁東沒，赤黃，有尾跡，明燭地。壬子，星出天倉南，如太白，急流至濁沒，赤黃，有尾跡，明燭地。又星出昴南，如杯，慢流至諸王沒，青白。癸丑，星出北斗天璇東，如太白，慢流至輦道西南沒，赤黃，有尾跡，明燭地。又星出閣道西北，如太白，急流至大將軍西沒，赤黃，有尾跡，明燭地。甲寅，星出柳西南，如太白，急流至屏星沒，赤黃，有尾跡，明燭地。又星出文昌西北，如杯，急流至鉤陳西沒，赤黃，有尾跡，明燭地。十月己未，星出天市垣吳越星西，如太白，急流至濁沒，赤黃，有尾跡，明燭地。丁丑，透雲星出織女西南，如太白，急流至濁沒，青白，有尾跡，明燭地。壬午，星出亢池東南，如太白，急流至濁沒，青白，有尾跡，明燭地。十一月癸巳，星出五車東南，如太白，東北慢流，至濁沒，青白，有尾跡，明燭地。甲午，星出太微垣郎位西北，如太白，急流至周鼎北沒，赤黃，有尾跡，明燭地。戊戌，星出柳北，如太白，急流至軒轅西沒，赤黃，有尾跡，明燭地。壬子，星出紫微垣太一西，如太白，慢流至鈇鑕南沒，赤黃，有尾跡，明燭地。十二月丁巳，星出南河北，如太白，急流至濁沒，赤黃，有尾跡，明燭地。

四年正月甲辰，星出北斗開陽南，如太白，東北急流，至鉤陳沒，青白，有尾跡，明燭地。二月戊午，星出井南，如太白，東南急流，至弧矢西北沒，赤黃，有尾跡，明燭地。丙子，星出星宿北，如太白，向北急流，至紫微垣右樞西沒，赤黃，有尾跡，明燭地。三月己未晝，星出東南丙位，如太白，西南急流，至西南未位沒，赤黃，有尾跡。四月壬辰，星出天淵東南，如太白，南慢流，至濁沒，青白，有尾跡，明燭地。五月甲戌，星出人星東，如太白，向東急流，至濁沒，青白，有尾跡，明燭地。庚辰，星出紫微垣鉤陳西南，如太白，向北慢流，至濁沒，赤黃，有尾跡，明燭地。六月甲申，星出亢西南，向西急流，至濁沒，色赤黃，又星出室西南，急流至女西沒，色青黃：皆如太白，有尾跡，明燭地。乙未，星出紫微垣少輔東，如太白，西北急流，至北斗天權西沒，赤黃，有尾跡，明燭地。丙午，透雲星出王良西北，如太白，東北急流，至濁沒，青白，有尾跡，明燭地。戊申，星透雲出室西北，如太白，西北急流，至紫微垣內鈎陳南沒，赤黃，有尾跡，明燭地。七月丙辰，星出天津北，如太白，東北急流，至天棓西沒，色赤黃。戊午，透雲星出匏瓜南，如太白，向東急流，至人星西南沒，赤黃，有尾跡，明燭地。丙子，星出匏瓜南，如太白，西南速行，至牛西沒，赤黃，有尾跡，明燭地。八月己酉，星出天市垣南海，向西南慢流，至濁沒，色青白；又星出天大將軍西，西北急流，至室東沒，色赤黃：皆如太白，有尾跡，明燭地。九月壬子，星出女牀西北，如太白，西南急流，至天市垣內斗星北沒，赤黃，有尾跡，明燭地。乙卯，星出河鼓西，西南急流，入天市垣東海西沒，色赤黃；又星出天園東，東南急流，入濁沒，色青白：皆如太白，有尾跡，明燭地。戊午，透雲星出牛西，大如杯，西南急流，至建北沒，赤黃，有尾跡，明燭地。丁卯，星出天棓西，如太白，西北急流，入濁沒，青白，有尾跡，明燭地。十月丁酉，星出天關東北，如太白，東南慢流，至濁沒，青白，有尾跡。辛丑，透雲星出文昌北，如太白，向北急流，入紫微垣內鈎陳北沒，赤黃，有尾跡，明燭地。十二月甲申，星出太微垣內五諸侯西，如太白，西南急流，至明堂南沒，赤黃，有尾跡，明燭地。癸巳，透雲星出天廟東，如太白，東南慢流，至濁沒，青白，有尾跡，明燭地。乙巳，星出中台南，如太白，西南慢流，至八穀北沒，赤黃，有尾跡，明燭地。丁未，星出天倉北，西南急流，至壁壘陣北沒，赤黃，又星出天倉西北，西南急流，至濁沒，青白：皆如太白，有尾跡，明燭地。

元符元年二月丁亥，星出井北，如太白，急流至參沒，赤黃，有尾跡，明燭地。戊申，星出宗正東，如太白，急流至天江南沒，赤黃，有尾跡，明燭地。三月甲戌，星出明堂南，急流至土司空西沒；又星出天乳北，急流至角沒：皆如太白，赤黃，有尾跡，明燭地。四月乙酉，透雲星出卷舌，如杯，慢流至濁沒，青白，有尾跡。戊子，星出氐西，如太白，慢流至濁沒，赤黃，有尾跡，明燭地。丙午，星出文昌南，慢行至濁沒，又星出平星東南，急流至濁沒：皆如杯，青白，有尾跡。五月庚戌，星出斗宿南，如太白，急流至濁沒，赤黃，有尾跡，明燭地。戊辰，星出左旗東南，如太白，急流至下台東沒，赤黃，有尾跡，明燭地。癸酉，星出文昌東，如太白，急流至濁沒，青白，有尾跡，明燭地。六月癸巳，星出天津東南，如杯，至室東沒，青白，有尾跡。又星出室，如杯，至壁東沒，青白，有尾跡。辛丑，星出箕，如太白，急流至尾沒，赤黃，有尾跡，明燭地。壬寅，星出文昌西，如太白，慢行至濁沒，赤黃，有尾跡，明燭地。七月丁未，星出天津西北，如太白，急流至建東沒，赤黃，有尾跡，明燭地。甲寅，星出騰蛇東北，如太白，急流至閣道東沒，赤黃，有尾跡，明燭地。乙卯，星出大角東北，如太白，急流至濁沒，青白，有尾跡。丁巳戌時初刻，星出東方，如杯，急流至濁沒，赤黃，有尾跡。癸亥，星出鉤陳南，如太白，慢行至文昌北沒，赤黃，有尾跡，明燭地。八月壬辰，西南方有星自濁出，如太白，慢行經天，至紫微垣北斗天樞西北沒，赤黃，有尾跡，明燭地。九月癸亥，星出天囷東南，如太白，急流至濁沒，青白，有尾跡。丙寅，星出井西，如太白，急流至室西北沒，赤黃，有尾跡，明燭地。十月丁酉，星出壁南，如太白，急流至女西沒，赤黃，有尾跡，明燭地。十一月辛未，星出胃南，如太白，慢行至婁西南沒，赤黃，有尾跡，明燭地。

二年正月辛酉，星出太陽守東南，如太白，慢流至濁沒，青白，有尾跡，明燭地。二月丙申，星出鉤陳東，如太白，西北慢流，至濁沒，青白。壬寅，星出天市垣趙星西南，如太白，急流至吳越星沒，赤黃，有尾跡，明燭地。癸卯，星出靈臺北，如太白，向西慢行，至軒轅沒，赤黃，有尾跡，明燭地。五月戊辰，星出氐西南，如太白，西南速行，至濁沒，青白，有尾跡，明燭地。六月丁酉，星出亢池東，如太白，西北急流，至太微垣東扇上將沒，赤黃，有尾跡，明燭地。戊戌，透雲星出壁壘陣南，如太白，東南速行，至羽林軍沒，赤黃，有尾跡。八月乙未，透雲星出閣道東，如太白，東北急流，至濁沒，赤黃，有尾跡，明燭地。九月己巳，星出昴東南，如太白，向南慢流，至天苑沒，青白，有尾跡，明燭地。閏九月乙亥，星出河鼓西，如太白，西南急流，入天市垣內沒，青白，有尾跡，明燭地。又星出天苑東南，如太白，向南急流，至濁沒，靑黃，有尾跡，明燭地。十月辛丑，星出女西北，如太白，西南急流，至牛西北沒，靑白，有尾跡，明燭地。癸卯，星出上台東，如太白，西北急流，至文昌沒，靑白，有尾跡，明燭地。壬戌，星出壁南，如太白，向南急流，入羽林軍沒，赤白，有尾跡，明燭地。十一月丙子，星出陰德東，如太白，東北慢行，至北斗魁內大理西沒，赤黃，有尾跡。庚寅，星出中台東，如太白，向北急流，至濁沒，赤黃，有尾跡，明燭地。

三年五月癸巳，星出織女，如杯，西北慢流，至北斗搖光沒，靑白，有尾跡，明燭地。

校勘記

〔一〕天倉　通考卷二九二象緯考作「天槍」。

宋史卷六十

志第十三

天文十三

流隕四

建中靖國元年正月癸亥，星出西南，如盂，東北急流，入尾距星沒，青黑，無尾跡，明燭地。

崇寧元年三月庚辰，星出張，如金星，西南急流，至濁沒，赤黃，有尾跡，明燭地。五月丁卯，星出尾，如杯，西南慢流，入濁沒，青白，有尾跡，明燭地。閏六月癸酉，星出斗，向西南慢流，至建沒，青白，有尾跡，數小星從之。八月己未，星出羽林軍，如杯，急流至濁沒，青白，有尾跡，明燭地。十月壬子，星出天船，如盂，急流至五車沒，青黑，有尾跡，聲隆隆然。十二月己卯，星出婁，如金星，西南慢流，至外屏沒，赤黃，有尾跡，明燭地。二年正月戊申，星出未位，如金星，急流至北河沒，青白，有尾跡，明燭地。六月戊午，星出亢，如金星，西南急流，入濁沒，赤黃，有尾跡，明燭地。九月辛巳，星出牛，如杯，西南慢流，至狗國沒，青白，有尾跡，明燭地。十一月甲辰，星出參，如金星，西南急流，至濁沒，青白，有尾跡，明燭地。十二月丁未，星出大陵，如金星，至騰蛇沒，赤黃，有尾跡，明燭地。三年四月戊申，星出軫，如杯，西北慢流，入太微垣內屏星沒，赤黃，有尾跡，明燭地；又入太微；又入屏星。六月丙午，星出氐，如金星，東北慢流，入天市垣，赤黃，有尾跡，明燭地。八月己酉，星出建，如杯，西南急流，至鼈沒，青白，有尾跡，明燭地。十二月甲子，星出天大將軍，如盂，西北急流，入王良沒，赤黃，無尾跡，明燭地。四年正月甲申，星出角，如盂，西南慢流，入濁沒，青白，無尾跡。閏二月壬申，星出井，如金星，西北急流，入五車沒，青白，有尾跡，明燭地。三月庚子，星出紫微垣華蓋，如杯，至鈎陳大星沒，赤黃，有尾跡，明燭地。五月庚申，星出河鼓，如盂，西北急流，入濁沒，青白，無尾跡。十二月甲午，星出參，如杯，東南慢流，入軍市沒，赤黃，有尾跡，明燭地。五年六月庚午，星出西咸，如金星，東北急流，入天市垣內沒，青白，有尾跡，明燭地。六月乙酉，星出庫樓，如杯，向西急流，入濁沒，赤黃，有尾跡，明燭地。九月癸卯，星出天船，如杯，慢流至諸王沒，青白，有尾跡，明燭地。十二月壬戌，星出奎，向南急流，入天倉沒，青白，有尾跡及三丈，明燭地，聲散如裂帛。

大觀元年二月丁卯，星出參，如杯，西南急流，入濁沒，赤黃，無尾跡，明燭地。四月辛未，星出軫，如盂，向南慢流，入濁沒，青白，有尾跡，明燭地。六月乙亥，星出尾西南，如杯，西南慢流，入濁沒，青白，有尾跡，明燭地。七月庚戌，星出箕，如杯，西南急流，入濁沒，赤黃，無尾跡，照地明。二年十二月癸卯，星出奎，如盂，西北急流，入造父沒，青白，有尾跡，照地明，有聲。

政和元年四月丙辰，星出亢，如盂，西北急流，至右攝提沒，赤黃，有尾跡，照地明。五月辛巳，日未中，星隕東南。二年九月乙卯，星出斗，如杯，西南急流，入濁沒，赤黃，有尾跡，照地明。三年四月丙申，星出心，如盂，西南急流，至積卒沒，青白，有尾跡，照地明。四年九月庚子，星出墳墓，如盂，東南急流，入羽林軍沒，青白，有尾跡，照地明。七年十二月甲子，星出胃東南，如盂，西北急流，至天大將軍沒，赤黃，有尾跡，照地明。

重和元年九月庚辰，星出斗魁南，如盂，東南急流，至天淵沒，赤黃，有尾跡，照地明。

宣和元年三月丁卯，星出柳，如盂，東北急流，入太微垣，赤黃，有尾跡，照地明。十月戊子，星出雲雨，如盂，西南慢流，入羽林軍內沒，青白，照地明。二年六月庚寅，星出氐南，如太白，東北急流，入天市垣，無尾跡。十二月辛巳，星出奎西南，如杯，西南慢流，至北沒〔一〕，赤黃，有尾跡，照地明。三年七月癸未，星出斗，如太白，東南急流，入濁沒，青白，有尾跡，照地明。四年十一月丙寅，星出王良北，如杯，急流至紫微垣內上輔北沒，赤黃，有尾跡，照地明。五年二月丙午，星出北河東北，如杯，東南慢流，至軫沒，赤黃，有尾跡，照地明。六年七月丁酉，星出太陽守，如盂，東北急流，入濁沒，赤黃，有尾跡，照地明。七年十一月戊子，星出王良北，如杯，急流入紫微垣上輔北，赤黃，有尾跡，照地明。

靖康元年二月丙辰，星出張，如太白，東南急流，至濁沒，青白，有尾跡，照地明。又星出北河，如太白，東南慢流，至軫東沒，赤黃，有尾跡，照地。三月壬辰，星出紫微垣內鈎陳東南，如金星，東北慢流，至濁沒，赤黃，有尾跡，照地。五月乙未，星出權東北，如桃，西北急流，至濁沒，青白，有尾跡，照地。六月癸丑，星流大如五斗器，衆光隨之，明照地，起東南，墜西北，有聲如雷。庚申，星出紫微垣內華蓋東南，如金星，向北急流，至左樞沒。二年正月乙未，大星出建，向西南急流，至濁沒，赤黃，有尾跡，照地。

建炎四年六月乙酉，星出紫微垣鈎陳。十月辛未，星出壁。

紹興元年四月甲戌，星出東方，晝隕。七月乙未朔，星出河鼓。八月辛未，星出羽林軍。十一月庚戌，星出婁宿西南。丁巳，星出天槍北。十二月甲子朔，星出大陵西北。二年三月甲午，星出紫微垣華蓋西南。乙卯，星出角。丁巳，星出紫微垣右樞星。戊午，星出軒轅大星西南。閏四月乙巳，星出太微垣西右執法北。五月癸未，星出河鼓。五年十月壬戌，星出室東南，赤黃而大。六年十月壬子，星出壁西北。七年八月壬寅，星隕于汴。八年十一月乙巳，星出天囷東北。九年五月癸未，星出房宿東南。十七年八月己未，星出危宿，慢流至貫索沒，青白色，有尾跡，照地明，大如太白。二十六年六月丁亥，星出東北方，光明照地。二十八年六月戊戌，星晝隕，有尾長三丈，至西北沒。二十九年八月戊寅，星出紫微垣西南，約長三尺，赤黃色，西南急流，至鉤陳大星東北沒。三十一年六月乙卯，星出右攝提，赤白色，急流向東南沒，有尾跡，大如歲星。丁巳，星出，青白色，自東北急流向東南沒，有尾跡，大如盞口。甲子，星出氐，赤黃色，慢流至角宿天田沒，初小後大，如太白，後有小星隨之。九月壬午，星晝隕，約長三丈。

隆興元年六月丁丑，星出尾宿，青白色，向東南慢流沒。七月壬寅，星出天市垣內，赤色，向西北慢流，至右攝提西南沒，炸散小星二十餘顆，有聲，尾跡大如太白。丙午，又出天市垣，慢流至氐宿沒，青白色，微有尾跡，小如塡星。癸丑，星出織女，急流向貫索西北沒，青白色，明大如土星，照地。丙辰，星出輦道，急流入天棓西南沒，赤黃色，有尾跡，小如土星。八月庚申，星出羽林軍，赤黃色，向東南急流，至濁沒。戊辰，星出虛宿，赤黃色，急流至牛宿西南沒。壬申，星出天市垣，赤青色，慢流至西咸西北沒。癸酉，星出壁宿，赤黃色，急流犯王良星沒，如太白。丙子，星出羽林軍門，青白色，慢流委曲行，至東南濁沒。辛巳，星出南斗，赤黃色，慢流入羽林軍沒，有尾跡，大如金星；次有星一，赤黃色，有尾跡，亦如金星，出雲雨星，慢流向西南，至女宿之下沒。戊子，星出羽林軍門東南，慢流至濁沒，青白色，有尾跡，大如土星。又星一，青白色，出天倉，向東南急流，有尾跡，小如木星，至濁沒。九月庚戌，星出紫微垣外坐，赤黃色，向西北急流，抵紫微垣內坐尙書星沒。十一月庚寅，星出軫宿，急流向東南騎官星沒，赤黃色，有尾跡，大如木星。丁未，飛星出天船，急流向紫微垣外坐內廚西北沒，炸出二小星，青白色，有尾跡，照地，大如木星。二年二月辛酉，飛星出權星，慢流至太微垣內五帝坐大星西南沒，青白色，微有尾跡，大如歲星。六月丁丑，星出王良，青白色，急流犯天津西南沒。己卯，飛星出造父，急流入紫微垣內鈎陳大星東南沒，青白色，大如塡星。辛亥，星出天關，急流貫入畢口西北沒，有尾跡，照地明，大如太白，赤黃色。十月丙辰，星出趙國，向西南慢流，犯趙東星沒，有尾跡，大如塡星，赤黃色。十一月壬午朔，星出卯位，慢流至西南沒，有尾跡，照地明，大如太白，青白色。癸未，星出，犯弧矢，急流至天廟東南沒，有尾跡，大如太白，青白色。丁亥，星出天苑，向西南慢流，至濁沒，微有尾跡，大如太白，色赤黃。癸卯，星出羽林軍，慢流向西南濁沒，大如太白，色赤黃。辛亥，星出南河，向東南慢流，至翼宿沒，微有尾跡，大如太白，色赤黃。十二月壬午，星出弧矢，向東南至濁沒，有尾跡，照地明，大如太白，色青白。

乾道元年三月丙辰，星出周國，急流至天雞沒，微有尾跡，大如歲星，色黃白。甲子，星出張宿，慢流向西南，至濁沒，有尾跡，照地明，大如太白，色赤黃。五月丁丑，星出河鼓，白色，向東北慢流，至濁沒，有尾跡，照地明，大如太白。六月甲辰，星出東北，慢流向西南沒，有尾跡 音聲，大如太白，色赤黃。七月壬戌，星出西南，慢流至東南沒，大如歲星，色赤黃。庚午，星出代國，慢流至趙國沒，大如歲星，色青白。九月戊申，星出王良，慢流至尾宿沒。十月癸未，星出權星東南，急流至太微垣沒，有尾跡，照地明，如太白，色青白。二年二月庚子，星出西北方，急流至濁沒，明大如歲星，色青白。六月丙子，星出角宿，急流至軫宿沒，有尾跡，大如太白，色赤黃。七月己巳，星出織女，急流至天市垣內宗星沒，有尾跡，大如歲星，青白色。十一月己未，星出，急流東南蒼黑雲間沒，大如歲星，色青白。十二月，星出天關，急流至外屏星沒，有二小星隨之，赤黃色，微有尾跡，大如歲星。三年九月甲午，星出卷舌，急流至婁宿沒，有尾跡，大如歲星，黃白色。又有星青白色，出北斗，急流至少宰西北沒，大如歲星。五年七月甲子，星出宗正，赤色，慢流至女宿沒，有尾跡，照地明，大如歲星。九月丙辰，星出，赤黃色，如蛇，入天棓沒。六年九月辛巳，星出狼星，入弧矢，至濁沒，微有尾跡，大如塡星，赤黃色。十月庚戌，星出天囷，急流至濁沒，有尾跡，大如歲星，赤黃色。

七年七月戊戌，星大如拳，急流向西北方，至濁沒，有尾跡，照地如電。九月甲午，透雲星出，急流向西南方，至濁沒，高丈餘，有尾跡，照地明，大如太白，色青白。淳熙三年正月辛未，星出狼星，急流至濁沒，尾跡照地明，大如太白。四月戊戌，星出角宿，青白色。五年八月乙巳，星出狼星，急流向東南沒，微有尾跡，大如太白，青白色。六年八月壬辰，星出紫微垣鈎陳大星，慢流至濁沒，有尾跡，大如盞口，青白色。七年五月乙亥，星出天市垣內東海星，慢流，炸作三小星，有尾跡，照地，大如盞口，青白色。八月丁未，星出貫索大星西北，急流至濁沒，有尾跡，照地明，大如太白，色青白。十一年四月乙丑，星出自中天，慢流向東北方沒，微有尾跡，炸作小星相從，有聲，明大如太白，色青白。十五年二月辛未，星出太尊，大如盞口，急流至濁沒，色青白。

慶元二年九月甲午，四年六月甲午，星皆晝隕。七月壬寅，星出羽林軍下，青白色，大如椀。九月丁巳，星出奎宿，向壁壘陣沒，赤白色，大如太白。五年六月丁丑，星出東北，慢流至西南方沒，大如歲星，青白色。九月壬子，星出西南，慢流向東北沒，大如太白，青白色。

嘉泰二年四月辛巳，星出西北，急流東北至濁沒，色赤。十月乙酉，星出五車，大如歲星。四年十一月庚午，星出天津，急流入天市垣沒。

開禧元年正月庚子，星出中天，赤色，大如太白，向濁沒。七月癸亥，星出天津，入斗宿東南沒，色赤，大如太白。二年六月癸丑，星出招搖，入庫樓，色赤，大如太白。

嘉定元年六月辛未，星出天津東北，慢流向天市垣沒。二年六月壬午，星出織女東南，慢流入天市垣沒，色赤，有尾跡，照地明，大如太白。庚寅，星出中天，急流向東北，至濁沒。三年九月己酉，星夕隕。五年七月乙巳，星出中天，慢流向西南方，至濁沒。六年五月癸亥，星晝隕。九月癸卯，星夕隕。丁巳，星晝隕。十月戊戌，星出昴宿西南，慢流向天廩東南沒。壬戌，星出西南，慢流至濁沒，青白色。十二月壬寅，星晝隕。七年三月壬午，星出軫宿距星東南，慢流至濁沒。五月辛卯，星出天津西南，慢流向心宿西北沒。八年七月癸未，星出室宿距星東北，急流向天倉星西北沒。乙酉，星出織女東南，慢流向牛宿西北沒，有尾跡，照地明，大如太白，青白色。八月甲辰，星出天津西南，慢流向河鼓東北沒。十二月丙申，星出五諸侯東北，慢流向天關西南沒，有聲及尾跡，明照地，赤黃色。九年六月乙巳，星出牛宿距星東北，慢流至濁沒。十年五月壬申，星出尾宿距星西北，慢流向牛宿距星東南沒。十一年六月乙卯，星出河鼓距星西南，急流向正西，至濁沒。十二年十一月己亥，星出昴宿東南，急流至濁沒。十三年十二月丁巳，星出參旗東北，慢流至濁沒，赤黃色。十四年二月壬午，星出南河距星東南，慢流向西南，至濁沒，赤黃色。八月戊午，星出房宿距星，急流至濁沒，有尾跡，照地明，大如太白，赤黃色。十一月甲申，星出天倉距星西北，慢流向東南方，至濁沒，赤黃色。十六年十一月壬戌，星出五諸侯東北，急流向西北，至濁沒，色赤黃，隆隆有聲，及尾跡照地，大如盞。

寶慶二年四月辛亥，星出，大如太白。

紹定元年六月己酉，星晝隕。二年正月庚辰，九月壬辰，星出，大如太白。三年十一月丁未，星晝隕。四年七月庚戌，星出，大如太白。九月甲辰，星晝隕。五年八月甲寅，星夕隕。閏九月己酉，星出，大如太白。

端平元年六月丙戌，星西南行，大如太白，有尾跡，照地明。二年四月戊子，星出，大如太白。六月庚辰，星晝隕。七月丁酉，星出，大如太白。辛丑，星晝隕。十月辛卯，星出，大如太白。三年五月庚辰，星出心宿，大如太白。六月癸巳，星夕隕。

嘉熙元年正月壬午，星出，大如太白。二月己丑，星夕隕。九月癸丑，星出七公西，至濁沒。十月戊戌，星出，大如桃。二年四月甲子，七月辛卯，九月乙未，星出，大如太白。六月甲辰，八月癸亥，星晝隕。三年三月甲戌，星晝隕。八月辛丑，星出，大如太白。四年正月辛巳，六月戊午，星出，大如太白。二月辛丑，三月癸未，星晝隕。

淳祐元年六月癸酉，星出，大如太白。己卯，星晝隕。三年六月甲戌，星出氐宿距星，大如太白。八月乙卯，星晝隕。四年四月丙子，星出尾宿距星下，大如太白。六月乙未，星出畢宿，大如太白。六年七月癸酉，星出室宿，大如太白。九月甲子，星出斗宿，尾跡青白照地，大如太白。七年九月丙辰，星出室宿。八年六月甲辰，星出河鼓，大如太白。十月丙戌，星出角宿距星。九年六月壬戌，其日，星自南方急流，至濁沒，赤黃色，大如太白。十月壬申，星出織女。十年四月丁酉朔，星夕隕。十一年七月丁丑，星出畢宿距星，赤黃色，大如太白。八月己丑朔，星夕隕。十二年四月庚申，星出角宿亢星，大如太白。八月癸丑，星出角，色赤照地。

寶祐元年四月丁巳，星出，大如太白。二年七月庚戌，星出，大如太白。三年七月辛酉，星出，大如太白。十月丁丑，星出畢宿距星。五年七月丁卯，星出，大如桃。六年九月戊辰，透霞星出。

開慶元年六月己亥，星出斗宿河鼓，急流向東南，至濁沒，赤黃色，有音聲，尾跡照地明，大如太白。

景定元年七月丙子，星出東南，大如太白。十月乙卯，星出東北，急流向太陰，有音聲，尾跡照地明，大如桃。三年四月甲辰，星出，大如盞。六月己酉，星出，大如熒惑。九月丙子，星出，大如太白。閏九月丙戌，透霞星出，大如太白。庚子，星出，大如太白。四年五月戊戌，星出角宿距星。六月丁卯，星出河鼓。八月乙卯，星出天倉。五年二月壬戌，星出畢宿。五月甲午，星出河鼓大星東南，急流向西北，至濁沒，赤黃，有尾跡，照地明，大如太白。七月己卯，星出右攝提。

咸淳二年六月甲戌，星出左攝提。三年七月庚寅，星出昴宿東南，急流至濁沒，赤黃，有尾跡，照地明，大如太白。四年七月戊午，星出氐宿距星西北，急流入騎官星沒，赤黃，有尾跡，照地明，大如桃。五年五月庚申，星出斗宿距星東北，急流向牛，至濁沒。六月庚寅，星出斗宿。七月壬戌，星出東南河鼓距星西北，急流至濁沒。

德祐元年四月癸亥，有大星自心東北流入濁沒。

妖星

建隆二年五月己丑，天狗墮西南。

紹興十七年正月乙亥，妖星出東北方女宿內，小如歲星，光芒長五丈，二月丙寅始消。

淳熙十三年九月辛亥，星出，大如太白，色先赤後黃白，尾跡約二尺，委曲如蛇行，類枉矢。十四年五月，有星出濁際，大如日，與日相摩盪而入。

嘉定十一年五月癸未，蚩尤旗竟天。

端平二年春，天狗墜懷安金堂縣，聲如雷，三州之人皆聞之，化爲碎石，其色紅。
咸淳十年九月壬寅，有星見西方，曲如蚓。
德祐元年二月丁亥，有星二鬭于中天，頃之，一星墜。

星變

紹興三十一年六月戊午，大角星東北生角。
隆興二年九月戊戌，大角光體搖動。十月丙子，弧矢九星內矢一星偏西不向狼星。
乾道元年八月乙巳，大角光體搖動。
淳熙元年七月辛亥，奎宿生芒。

雲氣

乾德三年七月己卯夜，西方起蒼白氣，長五十丈，貫天船、五車，亘井宿。
開寶元年十月己未旦，西北起蒼白氣三道，長二十丈，趨東散。
太平興國四年四月己巳夜，西北有白氣壓北斗。
雍熙三年正月己未夜，赤氣如城。四年正月癸酉夜，白氣起角、亢，經太微垣，歷軒轅大星，至月傍散。

端拱元年十月壬申遲明，巽上有雲過中天，連地，濃潤，前赤黃，後蒼黑色，先廣後大，行勢如截。十一月戊午夜，西北方有氣如日脚，高二丈。

至道二年二月丙子夜，西方蒼白色氣長短八道，如彗掃，稍經天漢，參錯如交蛇。

咸平三年十月辛亥，黑氣貫北斗。十二月庚午，黑氣長三丈餘，貫心宿，入天市垣抵帝坐，久方散。四年三月丙申，白氣二，亘天。十月辛亥，黑氣貫北斗。五年正月，白氣如虹貫日，久而散。七月戊戌，白氣如陣貫東井。六年四月己巳，白氣東西亘天。丁丑，白氣貫日。五月辛亥，白氣出昴，至東壁沒。六月辛未，赤氣出貫天。丙子，白氣出河鼓左右旗，分爲數道沒。七月癸卯，白氣如彗起西南。

景德元年三月，白氣貫軒轅，蒼白氣十餘如布亘天。五月乙巳，白氣數道如芒帚，長七尺許。七月辛亥，黃氣出壁，長五丈餘。十一月癸丑，黑氣十餘道衝日。二年正月丙寅，黃白氣貫月，黑氣環之。二月丁丑，白氣五道貫北斗。十月丙子，白氣出閣道東西，孛孛有光。三年三月丙辰，北方赤氣亘天，白氣貫月。四月癸卯，黃氣如柱貫月。十月甲午，黑氣貫北斗魁。四年三月己未，白氣東西亘天。庚申，白氣出南方，長二丈許，久而不散。四月庚午，白氣貫北斗，長十丈。庚寅，白氣如布襲月，三丈許。甲午，南方有黑氣貫心宿，長五丈許。十一月己巳，中天有赤氣如彗，長七尺，在輿鬼南。
大中祥符元年〔二〕正月癸亥朔，黃氣出於艮。丁丑，白氣二，東西亘天。七月，西北方白雲氣如彗箒三十餘條。二年九月戊午，黃氣如柱起東南方，長五丈許。三年四月丁巳，中天黑氣東西亘天。十二月癸亥，靑赤氣貫太微。五年二月壬寅，白氣長五丈，出東井，貫北斗魁及軒轅。七年五月，有氣出紫微爲宮闕狀，光燭地。
天禧三年四月，黃氣如柱貫月。
天聖七年二月己卯夜，蒼黑雲長三十丈，貫弧矢、翼、軫。
明道元年十月庚子夜，黃白氣五，貫紫微垣。十二月壬戌，西北有蒼白氣亘天。
景祐元年八月壬戌，靑黃白氣如彗〔三〕，長七尺餘，出張、翼之上，凡三十三日不見。四年七月戊申夜，黑氣長丈餘出畢宿下。
寶元二年正月壬子夜，蒼黑雲起西北方，長三十尺，漸東南行，歷婁、胃、昴、畢及火木，相次中天而散。三月甲寅夜，細黑雲起西北方，長三十丈，貫王良及營室。
康定元年三月丙子夜，東南方近濁，黑色橫亘數丈，闊尺許，良久散。六月壬子，黑氣起心宿西，長五十丈，首尾侵濁，久之散。
慶曆元年八月庚辰夜，東方有白氣，長十尺許，在星宿度中，至十日，長丈餘，衝天相，居星宿大星南九十餘日沒。壬午夜，黑氣起西南，長七丈，貫危宿羽林，入濁，至天津，良久散。癸卯夜，蒼白雲起西北，闊二尺許，首尾至濁，良久沒。二年十一月壬申，黑氣貫北斗柄。八月甲申，白雲貫北斗。三年正月戊戌，中天有白氣，長二十丈，向西南行，貫日。四月癸卯，白氣二，生西北隅，上中天，首尾至濁，東南行，良久散。七月戊辰，西南生黑氣，長三丈許，經天而散。八月壬子夜，白氣貫北斗魁。四年五月甲子夜，黑氣起東北方，近濁，長五丈許，良久散。九月辛巳夜，中天有氣長二丈許，貫卷舌、南河東北，少頃散。十一月甲子夜，蒼白雲起，南近濁，久方散。八年正月丁酉夜，黑氣生，首尾至濁，漸東行，久之乃散。二月辛卯夜，西方近濁生黑氣，長三丈，良久散。

皇祐四年十一月壬寅夜，黑氣生東方，南北至濁，貫參宿、軒轅。辛酉夜，白氣起北方，近濁，長五丈許，歷北斗，久之散。

治平元年六月戊午夜，蒼白雲起東北方，長一丈許，貫畢。二年二月乙未夜，蒼黑雲起西北方，長五丈許，貫東井及北斗，良久散。四月癸巳夜，蒼黑雲起西北方，長三十尺，西至軒轅大民，北抵鉤陳。丙午夜，西北方有白氣，漸東南行，首尾至濁，貫角宿，移西北，久方散。九月庚申夜，西北蒼黑雲長三丈許，貫營室壁壘陣及天河。三年六月丁未夜，東方有蒼白雲，長一丈許，貫畢。四年二月癸巳夜，蒼白雲起南方，長三丈，闊尺，貫南門星。三月甲寅夜，西南方起蒼白雲二，長三丈，闊尺，相距二尺，貫東井南河，久之乃散。閏三月辛巳夜，蒼黑雲起南方，兩首至濁，闊尺，貫尾、箕、斗、牛、庫樓、騎官。五月戊寅夜，蒼黑雲起北方，長三丈，闊尺，貫紫微垣、王良。壬寅夜，蒼黑雲起北方，長三丈，闊尺，貫紫微垣。甲辰夜，蒼黑雲起東方，長丈，闊尺，貫天苑、五車、參旗。六月癸亥夜，白雲起東北方，長五丈，上闊下狹，貫天船、閣道、傳舍、紫微垣、天棓。戊辰夜，黑雲起北方，長三丈，闊尺，貫北斗、紫微垣、王良。八月乙亥夜，黑氣起西北方，長丈，闊尺，貫北斗。十月庚申夜，黃氣一，上下貫月中。十一月丙子夜，蒼黑氣起南方，長五丈，闊二尺，東至庫樓，北至南河，橫貫翼。十二月庚戌夜，蒼黑雲起南方，長三丈，闊二尺，貫五車、東井、五諸侯。

熙寧元年正月乙酉夜，蒼白雲起西南方，長四丈，闊尺，貫月及南河、輿鬼、軒轅。六月己酉夜，蒼黑雲起北方，長二丈，闊尺，貫北斗魁，東貫文昌。十月庚申夜，蒼黑雲起北方，東西兩首至濁，貫織女、天棓、紫微垣、北斗魁。二年四月甲辰夜，蒼白雲起東南方，長三丈，闊尺，貫天市垣。六月辛酉夜，蒼黑雲起西南方，長四丈，闊二尺，貫大角、左右攝提、天市垣、斗、女、牛。七月甲申，日下有五色雲。十一月，每夕有赤氣見西北隅，如火，至人定乃滅。三年二月庚申夜，蒼黑雲起西北方，長三丈，闊二尺，貫王良、扶箱、天廚。六月己未夜〔四〕，蒼黑雲起西北方，長丈，闊尺，貫五車；又起西北，長丈餘，貫北斗魁、文昌。五年七月丁亥夜，白雲起南方，長丈，貫氐、房、心。六年五月庚申夜，蒼黑雲起東北方，長五丈，闊二尺，貫雲雨、閣道。七年三月壬子，蒼白雲起西南方，長二丈，闊尺，貫日，經中天過，白氣如帶。四月壬申夜，蒼白雲起北方，長五丈，闊二尺，貫北斗魁、鈎陳、王良、閣道，東至奎。丙戌夜，蒼白雲起西北方，長三丈，闊尺，貫東井、紫微垣鈎陳。六月辛未夜，蒼黑雲起天河中，長五丈，南北兩首至濁，貫尾、箕，又蒼黑雲起東方，長五丈，貫羽林、外屏。甲戌，蒼白雲起西方，長三丈，貫軫、角、太微。丙戌夜，蒼白雲起南方，長二丈，貫危、室、壁及八魁。丁亥夜，蒼白雲起東方，長二丈，貫月及畢、奎、婁、外屏，又起南方，長二丈，貫危、室、壁及八魁。壬辰夜，蒼白雲起西南方，長二丈，貫天棓、紫微垣。癸巳夜，蒼黑雲起東方，長五丈，貫牛、天倉、歲、太白、卷舌。七月庚戌夜，蒼白雲起東方，長丈餘，貫參旗及參。八年二月己巳夜，蒼黑雲起西方，長丈，貫軫、軒轅。乙酉夜，蒼黑雲起東方，長三丈，貫心、天市垣列肆宗人。五月壬戌夜，蒼黑雲起西南方，長二丈，貫氐、房、心。癸亥，蒼黑雲起西方，長三丈，貫軒轅、太微垣五帝坐。十月庚子夜，黑雲起西北方，長三丈，貫畢、大陵、鈎星。九年四月庚寅夜，白氣起東北方天棓，入天市垣。辛亥夜，蒼黑雲起南方，長二丈，貫庫樓、騎官、積卒、心、尾。六月乙未夜，蒼白雲起東北方，長四丈，貫室、壁、閣道。七月己亥夜，蒼黑雲起南方，長四丈，貫軍市、天園。十月乙酉夜，蒼黑雲起西北方，長四丈，貫北斗、鈎、車府。十年六月癸未夜，蒼黑雲起南方，長三丈，闊尺，貫龜、鼈、天淵。乙巳夜，蒼白雲起東北方，長三丈，闊尺，貫五車及畢。七月丙子夜，蒼黑雲起北方，長丈，貫北斗魁。八月庚辰，蒼黑雲起東北方，長二丈，貫參、井、北河、五諸侯。九月庚申夜，蒼黑雲起北方，由北斗魁杓貫紫微垣，至天棓。十月辛丑夜，蒼黑雲起南方，長二丈，貫斧鉞、鈇鑕。

元豐二年四月戊申夜，白雲起南方，長三丈，貫庫樓、積卒、龍尾。辛亥夜，蒼白雲起南方，長三丈，貫房。五年四月壬申夜，蒼白雲起北方，長二丈，出太微垣，貫五帝坐、常陳。八年十月庚申夜，蒼黑雲生北方，長三丈，闊尺，貫北斗、文昌、天槍。

元祐三年七月戊辰夜，東北方近濁，天明照地，如月將出，偏西北有白氣經天。九月己酉夜，赤氣起北方，漸生白氣數道。

紹聖二年十一月，桂陽監慶雲見。

元符二年九月戊辰夜，赤氣起北方，紫微垣北斗星東南；次有白氣十道，各長五尺。

崇寧元年十一月己酉，赤氣隨日沒。二年五月戊子夜，蒼白氣起東南方，長三丈，貫尾、箕、斗。

政和元年十一月甲戌夜，蒼白氣起紫微垣，貫四輔。五年四月庚子，有白雲自北直徹中天，漸成五色，如華蓋。七年五月乙卯夜，赤雲、白氣起東北方。

宣和元年六月辛巳夜，赤氣起北方，半天如火。七月戊午夜，赤雲起東北方，貫白氣三十餘道。二年二月戊戌夜，赤雲起東北，漸向西北，入紫微垣。三年九月壬午夜，蒼白氣長三丈，貫月。四年九月丁丑，西方日下有赤氣。七年四月壬子夜，有赤雲入紫微垣。

靖康元年正月丁丑夜，赤白氣起西方。九月戊寅，有赤氣隨日出。九月乙未，西方日下有赤氣。十一月乙丑，日下有赤氣。閏十一月丁酉，赤氣亘天。二年正月己亥夜，西北陰雲中有火光，長二丈餘，闊數尺，時時見。二月壬午夜，白氣如虹，自南亘北，漸移西南至東北。三月戊子夜，白氣貫斗。

建炎元年八月壬申，東北有赤氣。四年五月壬子，赤雲亘天中，有白氣十餘道貫之如練，起於紫微，犯北斗及文昌，由東南而散。

紹興元年二月己巳，白氣亘天。七年正月辛未夜，東北赤氣如火，出紫微宮；二月癸卯，又如之。十一月癸卯，有赤雲如火，隨日入。八年九月甲申朔夜，有赤氣如火，出紫微垣內。十八年八月丁亥，西北方赤氣如火。二十七年二月乙酉，赤氣出紫微垣。十月壬寅，赤氣隨日出。三十年正月壬申，東北方赤氣一帶五處如火影。十一月甲午，西南方白氣自尾歷壁、婁、昴宿。十二月戊申，其夜白氣出尾宿，歷心、房、氐、亢、角，入天市，貫太微，至郎位止，有類天漢。三十一年十二月辛丑，其夜，白氣出斗宿，歷牛、女、危，至婁止，約廣六丈，類天漢，東西亘天。

隆興元年十二月壬午，其夜，白氣出危宿，歷室、壁、奎、胃、婁至昴止。二年十一月庚寅，其日，赤雲氣徧天，隨日入。

乾道元年正月庚午，其夜，白氣出奎宿，漸上，經婁、胃、昴，貫畢，入參宿內止。三月戊辰，其夜，白氣自參宿至角宿止，與天漢相接，約廣七丈。四月丁酉，其夜，蒼白氣自西北漸上，東北入天市垣〔六〕；辛丑，入北斗魁中及入文昌星；乙巳，入紫微垣內至北極、天樞中。十月己丑，蒼白雲氣長二丈，穿入翼宿。十一月丙寅，白氣出女宿，歷虛、危、室、壁、奎、婁、胃宿，入昴宿止。二年十二月庚子，白氣亘天。六年十月庚午，赤氣隨日出。十一月丁丑，赤氣隨日入。七年七月壬寅，赤氣隨日入。十月己未，赤氣隨日出。八年十月乙巳，赤氣隨日入；丙午，隨日出。九年十月壬申，其日，矞雲見。

淳熙元年十月戊寅，東北方生曲虹。三年八月丁酉，赤氣隨日入；戊戌，隨日出。五年十月丁巳，生曲虹。十年正月戊子，西南有白氣，如天漢而明，南北廣六丈，東西亘天。十四年十一月甲寅，赤氣隨日入。

紹熙〔五〕四年十一月甲戌夜，赤雲、白氣見。五年六月壬寅，白氣如帶亘天；己酉，又如之。

慶元四年八月庚辰，白氣如帶亘天。五年二月癸酉夜，白氣如帶亘天，八月癸亥，又如之。

嘉泰四年二月庚申，赤氣亘天。十一月壬申，其日，白氣如帶亘天。癸酉，虹見。

嘉定六年十月乙卯，赤氣隨日出；十一月辛卯，隨日入。

嘉熙四年二月丙辰，白氣亘天。

淳祐二年二月癸丑朔，白氣亘天。十年十一月丁丑，虹見。

景定三年七月甲申夜，白氣亘天，如匹布。

校勘記

〔一〕至北沒　通考卷二九二象緯考作「至壁沒」。

〔二〕元年　原作「九年」，據通考卷二九四象緯考及下文改。

〔三〕青黃白氣如彗　「青」，通考卷二九四象緯考作「有」。

〔四〕六月己未夜　通考卷二九四象緯考作「四年六月己未」。按熙寧三年六月庚申朔，無己未日；四年六月甲寅朔，六日己未。疑通考是。

〔五〕紹熙　原作「紹興」，據同上書同卷及上下文改。